Competencias digitales básicas. IFCT45

María José Acosta García

ic editorial

Competencias digitales básicas. IFCT45

1ª Edición

Editado por: IC Editorial
c/ Cueva de Viera, 2, Local 3
Centro Negocios CADI
29200 Antequera (Málaga)
Teléfono: 952 70 60 04
Fax: 952 84 55 03
Correo electrónico: iceditorial@iceditorial.com
Internet: www.iceditorial.com

ISBN: 978-84-1184-335-5
Depósito Legal: MA 2024-2024

Impresión: PODiPrint
Impreso en Andalucía - España

Nota de la editorial: IC Editorial pertenece a Innovación y Cualificación S. L.

Especialidad formativa

Se entiende por especialidad formativa la agrupación de contenidos, competencias profesionales y especificaciones técnicas que responde a un conjunto de actividades de trabajo enmarcadas en una fase del proceso de producción y con funciones afines.

Las especialidades formativas de Uso General, Formación Complementaria, Formación Modular y las especialidades formativas dirigidas a la obtención de certificados de profesionalidad se incluyen en el Fichero de Especialidades del Servicio Público de Empleo Estatal para su gestión en todo el territorio nacional por cualquier Administración competente.

Las especialidades complementarias, pertenecen todas a la Familia profesional de Formación Complementaria (FCO) y tienen la consideración de formación transversal en áreas que se consideran prioritarias tanto en el marco de la Estrategia Europea para el Empleo y del Sistema Nacional de Empleo como en las directrices establecidas por la Unión Europea. Se consideran áreas prioritarias las relativas a tecnologías de la información y la comunicación, la prevención de riesgos laborales, la sensibilización en medio ambiente, la promoción de la igualdad, la orientación profesional y aquellas otras que se establezcan por la Administración competente.

Las especialidades de Certificado de profesionalidad tienen una duración especificada en su normativa reguladora.

En el resultado de la búsqueda, se muestran las unidades de competencia, todos los módulos formativos con su duración y las unidades formativas del certificado correspondiente, con su duración. Las horas del certificado, exclusivo de las especialidades de certificado de profesionalidad, con alta igual o superior a 2008, son las horas totales más las horas del módulo de Prácticas Profesionales no Laborales.

- **Si la especialidad tiene unidades formativas,** las horas totales, presencial, distancia, teleformación serán igual a la suma de esas horas de las unidades formativas de los distintos módulos, sin que se repita ninguna Unidad formativa.

- **Si la especialidad no tiene unidades formativas,** las horas totales, presencial, distancia, teleformación serán igual a las sumas de esas horas de los módulos formativos, eliminando las horas de los módulos repetidos.

https://sede.sepe.gob.es/especialidadesformativas/RXBuscadorEFRED/BusquedaEspecialidades.do

(Fuente: Servicio Público de Empleo Estatal)

Índice

Unidad de aprendizaje 4

Creación del contenido

Unidad de aprendizaje 5

Configuración de la seguridad

Unidad de aprendizaje 6

Resolución de problemas

OBJETIVOS GENERALES

Los objetivos generales del **IFCT45. Competencias digitales básicas,** son:

- Adquirir las competencias digitales básicas que permitan "aprovechar la riqueza de las nuevas posibilidades asociadas a las tecnologías digitales" de acuerdo con Recomendación 2006/962/CE del Parlamento Europeo y del Consejo sobre las competencias clave para el aprendizaje permanente.
- Conocer el funcionamiento básico de los dispositivos electrónicos.
- Distinguir las posibilidades de las TIC para obtener, valorar y ordenar información digital.
- Adquirir conocimientos sobre las herramientas de comunicación en entornos digitales para compartir recursos, colaborar y participar de las comunidades de internet.
- Apreciar el potencial de las tecnologías para crear, modificar y compartir contenidos digitales.
- Distinguir los riesgos asociados al uso de las TIC y las estrategias de seguridad para la protección de los dispositivos y de la información.
- Comprender el funcionamiento correcto de los dispositivos tecnológicos más comunes para poder detectar las anomalías.

Unidad de aprendizaje 1

Uso básico del sistema operativo

Contenido

1. Introducción
2. Diferentes versiones y sistemas operativos disponibles
3. Inicio, apagado e hibernación
4. Programas básicos (navegador, explorador de archivos, visor de imágenes...)
5. Gestión de archivos y carpetas
6. Resumen

Objetivo

El objetivo general de esta Unidad de Aprendizaje es:

→ Conocer el funcionamiento básico de los dispositivos electrónicos.

Los objetivos específicos de esta Unidad de Aprendizaje son:

→ Identificar las funciones y procesos del sistema operativo que hacen posible el funcionamiento del sistema.

→ Reconocer y gestionar los elementos y aplicaciones fundamentales en el entorno de trabajo de los dispositivos electrónicos.

1. Introducción

Vivimos inmersos en la sociedad de la información. Todo a nuestro alrededor se transforma a gran velocidad, se producen cambios constantes y se suceden novedosos avances tecnológicos destinados a resolver las tareas diarias, tanto en el ámbito personal como en el laboral. Asistimos a lo que se ha venido a denominar la **era digital,** que se desarrolla basándose en las tecnologías de la información y las comunicaciones (TIC).

Para desenvolvernos en un contexto como este, resultan imprescindibles determinados conocimientos y habilidades, en consonancia con el modelo digital de nuestras sociedades. Desarrollar estos aspectos es estimulante para los individuos y para sus potenciales capacidades, sumando a ello que el desarrollo de estas competencias digitales, lo que en su nivel básico se identifica con la alfabetización digital, favorece la plena integración y participación de aquellos en las sociedades tecnológicas.

En la presente unidad entrarás en contacto con el concepto de competencia digital. Identificarás aquellas habilidades que, según los expertos, debemos cultivar para sacar partido de las tecnologías digitales, para después acceder al corazón de las herramientas tecnológicas, el sistema operativo, y analizar el funcionamiento básico de los sistemas informáticos y sus aplicaciones que serán las herramientas fundamentales para el desarrollo de las mencionadas competencias.

Como apoyo para el desarrollo de este manual, te propondremos algunos ejemplos que ayuden a introducir y contextualizar los contenidos teóricos. En nuestro caso, será Beltrán, un comercial que ha decidido ampliar sus competencias digitales para aumentar su competitividad en el mercado laboral. La simulada pero concreta experiencia de Beltrán permitirá generar una visión práctica del material que trabajaremos a lo largo de las diferentes unidades.

2. Diferentes versiones y sistemas operativos disponibles

HILO CONDUCTOR

Beltrán sabe que un mayor conocimiento de las TIC le aportará no pocas ventajas. Entre otras, le permitirá acceder al entorno digital de una forma más satisfactoria, pero, además, puede mejorar su desempeño profesional, incrementando así sus posibilidades laborales.

Por eso mismo, ha realizado un test de competencias digitales. Ha identificado sus puntos fuertes y débiles, y está preparado para asumir nuevos aprendizajes.

Aunque Beltrán posee algunos conocimientos, también tiene grandes lagunas, y el primer objetivo que se ha propuesto es conocer más en profundidad el funcionamiento de los dispositivos digitales.

El Ministerio de Educación y Formación Profesional define la competencia digital como:

DEFINICIÓN

Competencia digital
Es aquella que implica el uso creativo, crítico y seguro de las tecnologías de la información y la comunicación para alcanzar los objetivos relacionados con el trabajo, la empleabilidad, el aprendizaje, el uso del tiempo libre, la inclusión y la participación en la sociedad.

El Marco Europeo de Competencias Digitales para la Ciudadanía, conocido como **proyecto DIGCOMP,** desarrollado por la UE y los estados miembros, establece cinco áreas competenciales digitales que deben desarrollarse en los procesos educativos de las sociedades actuales:

1.Búsqueda y gestión de información y datos

- Hace referencia a la búsqueda, análisis, elaboración, tratamiento y almacenamiento de la información digital.

2. Comunicación y colaboración

- Esta área se refiere a las habilidades para conectarse, comunicarse, compartir recursos, colaborar y participar en comunidades dentro del entorno digital.

3. Creación de contenidos digitales

- En este caso, el área determina las capacidades para editar, integrar y reelaborar contenidos digitales existentes, así como crear y producir contenidos digitales originales.

4. Seguridad

- Se refiere a la protección de dispositivos y de datos personales, así como al uso responsable y sostenible del entorno digital.

5. Resolución de problemas

- La última de las áreas señala las habilidades para la resolución de problemas técnicos, para identificar las necesidades y las herramientas apropiadas y para diagnosticar las deficiencias en el aprendizaje de competencias digitales.

SABÍAS QUE......

Existen varios sitios en Internet donde puedes realizar un test autodiagnóstico de competencias digitales. Uno de los más completos es el del portal Europass que forma parte de la web oficial de la Unión Europea. Puedes acceder a través de este enlace:

Continúa en página siguiente >>

<< *Viene de página anterior*

https://redirectoronline.com/ifct450102

Como es obvio, las competencias digitales se adquieren con la formación y la experiencia personal en el entorno digital. Y te preguntarás: "¿Por qué empezar por el sistema operativo?".

La respuesta es sencilla. Es fundamental comprender el funcionamiento de las herramientas que nos permiten acceder y utilizar la información digital. Estamos hablando de la **alfabetización digital**, que implica el conocimiento y manejo efectivo de los dispositivos electrónicos y sus lenguajes.

Cuando hablamos de dispositivos electrónicos o digitales, hacemos referencia a equipos tecnológicos como un ordenador, pero también a tecnología más compacta como teléfonos móviles, tabletas, cámaras digitales, etc. En un sentido amplio, incluye a cualquier dispositivo que transmite, almacena y procesa datos digitales.

Por tanto, dedicaremos esta primera unidad a revisar algunos conceptos fundamentales que serán la base para el siguiente paso, que consistirá en el procesamiento de la información digital.

Empezaremos por identificar los **componentes básicos** de los dispositivos digitales.

Hardware	***Software***
- Es la parte física de los equipos, todo aquello que podemos ver y manipular. Es el soporte que permitirá la instalación y el funcionamiento del *software*.	- Por el contrario, la parte lógica, el *software*, es intangible. Se refiere a la información digital, secuencias de código, que hace posible que los equipos sean funcionales.

Hardware y *software* son elementos necesarios e interdependientes, es decir, los equipos necesitan disponer de ambos componentes, que son complementarios. El *software* indicará a los componentes físicos qué tareas deben realizar y cómo.

Los componentes físicos, o *hardware,* de los equipos incluyen:

- **CPU:** la unidad central de procesamiento es, básicamente, el procesador del dispositivo o, lo que es lo mismo, el centro de operaciones. Está formada por un chip (circuito electrónico) que recibe las instrucciones que envían los programas, las procesa y devuelve los resultados.
- **Memoria principal:** esta memoria está formada por un conjunto de chips que almacenan la información que está siendo procesada. Los tipos de memoria principal son:

  - RAM: contiene los datos que están siendo procesados y la información de los programas que se están ejecutando.
  - ROM: contiene una serie de instrucciones incorporadas de fábrica (denominada BIOS) para poner en marcha varias rutinas como la del arranque del sistema operativo, el chequeo inicial del equipo para comprobar que está todo operativo o la rutina que activa los periféricos.
  - CMOS: almacena datos del sistema como la fecha y la hora, que deben mantenerse en el tiempo. Por ello, dispone de una pequeña batería para mantenerse en funcionamiento aun cuando el equipo esté apagado. En caso contrario, tendríamos que configurar el reloj del equipo cada vez que iniciamos el ordenador.
  - Caché: es una memoria con alta velocidad de procesamiento que mantiene accesible aquellos datos que han de utilizarse con frecuencia durante un proceso.

- **Memoria secundaria:** los datos procesados en la memoria principal desaparecen al apagar el equipo (salvo los de la CMOS, como vimos). Existen, sin embargo, otros componentes para almacenar datos de manera permanente. Estos dispositivos constituyen la memoria secundaria (discos duros, tarjetas de memoria, *pendrives*, etc.) que podrán encontrarse instalados internamente o conectados de manera externa.

- **Conexiones:** todo el *hardware* que forma parte de los dispositivos electrónicos se encuentra conectado a través de la **placa base.** Es por tanto un elemento esencial en el que se integra el resto de componentes de manera directa o mediante cables, buses y puertos.
- **Periféricos:** con este término hacemos referencia a otros componentes conectados a los dispositivos y que permiten la entrada y salida de datos. Son los monitores, teclados, ratones, cámaras, impresoras, en definitiva, cualquier tecnología externa que nos facilita interactuar con los equipos digitales.

Por su parte, los componentes lógicos, o *software*, comprenden el conjunto de instrucciones que ordenan al *hardware* la ejecución de tareas.

NOTA

La instalación de *software* suele requerir la obtención de la **licencia** de uso del programa, es decir, el permiso del propietario del *software* para su instalación y utilización. Existen excepciones; son las llamadas licencias de ***software* libre.** Estos programas, por lo general, poseen un código abierto, por lo que se pueden copiar, usar y modificar, y están disponibles en la red para descarga.

Podemos identificar dos tipos de *software* que utilizan los usuarios de dispositivos electrónicos:

***Software* de sistema**
- Son los llamados **sistemas operativos.** Este *software* es indispensable. Está dedicado a realizar funciones de control del *hardware* de los dispositivos para que el *software* de aplicación ejecute tareas concretas.

***Software* de aplicación**
- Por su parte, estos componentes ofrecen a los usuarios herramientas para realizar tareas específicas en el dispositivo. Es lo que conocemos como **programas o aplicaciones** y, según el tipo de tarea que realizan, podemos encontrar programas de ofimática, de correo electrónico, navegadores, editores de imagen, reproductores de música y vídeos, antivirus, juegos, en definitiva, multitud de aplicaciones que, una vez instaladas en los dispositivos, permiten a los usuarios desarrollar un sinnúmero de actividades.

SABÍAS QUE...

Como hemos visto, el *software* de sistema es el componente lógico más importante. Por eso, el primer paso tras montar un dispositivo digital es instalarle el sistema operativo (SO).

El sistema operativo, por tanto, permite traducir las peticiones de las aplicaciones e interactuar con el dispositivo a través de teclados, ratones, monitores y demás periféricos.

Vamos a detenernos en esto. Para obtener una visión más detallada observa las siguientes características:

- Permite la comunicación entre el usuario y el dispositivo.
- Gestiona el uso de la CPU y de la memoria principal por las aplicaciones.
- Controla los periféricos.
- Accede y gestiona la información almacenada en la memoria secundaria.
- Es responsable de la seguridad, la configuración y el funcionamiento del equipo.
- Es imprescindible para la instalación de otras aplicaciones.
- Suele incluir algunos programas básicos como calculadoras, navegadores, reproductores, etc.

NOTA

Revisaremos algunas de estas funciones más adelante, pero insistiremos aquí en que es importante conocerlas para utilizar eficientemente los dispositivos digitales.

Ahora que entiendes qué hace un sistema operativo, es el momento de preguntarnos qué sistemas operativos están disponibles en el mercado.

SABÍAS QUE...

Normalmente, el SO viene instalado en el dispositivo recién comprado. Aun así, es posible actualizarlo o sustituirlo por otro diferente.

PRACTICA

Como sabes, entre las funciones del SO se incluye gestionar y controlar el funcionamiento de todos los dispositivos de los equipos y permitir la comunicación entre el usuario y el sistema.

Unos elementos fundamentales para la comunicación entre el usuario y el equipo son el ratón y el teclado, sean estos físicos o virtuales (como es el caso de los dispositivos táctiles).

El teclado físico, como el ratón, es un periférico de entrada de información, y dispone de unas zonas bien diferenciadas.

Sitúate frente al teclado. A tu izquierda se encuentra la zona alfanumérica, parecida a una máquina de escribir y con las mismas funciones.

A tu derecha se halla la zona numérica, especialmente indicada para trabajar con cifras. Se puede activar o desactivar pulsando la tecla Num Lock / Bloq Num en la zona superior de esta área.

Continúa en página siguiente >>

<< Viene de página anterior

En la zona superior se encuentran las teclas de función, que son utilizadas por los SO y el resto de aplicaciones para realizar funciones específicas, como, por ejemplo, actualizar la pantalla mientras navegas por internet (F5).

Y, por último, la zona de los cursores, que son teclas para mover los elementos en el espacio.

Existen teclas especiales en el teclado. Prueba a localizarlas:

- **Enter.** Tiene la función de indicar al ordenador una confirmación.
- **Bloq Mayús.** Cuando está activa, todo el texto se escribirá en mayúsculas.
- **Ctrl.** Se usa en combinación con otras teclas (como Alt.) para ampliar las funciones.

Continúa en página siguiente >>

<< Viene de página anterior

- **Shift.** Se pulsa cuando queremos escribir una mayúscula o acceder a los caracteres especiales de las teclas.
- **Esc.** Se utiliza para abandonar alguna tarea o proceso.

Podemos establecer varias clasificaciones de los sistemas operativos según diferentes criterios:

- Atendiendo al tipo de uso:
  - SO para servidores (dispositivos dedicados a prestar servicios a otros equipos).
  - SO para dispositivos de usuarios.
- Atendiendo al tipo de licencia:
  - SO con licencia de propietario.
  - SO de *software* libre.
- Atendiendo al tipo de dispositivo al que está destinado:
  - SO para PC y portátiles.
  - SO para dispositivos móviles.
- Atendiendo al número de usuarios:
  - SO para un solo usuario.
  - SO multiusuario. Da servicio a varios usuarios a través de diferentes terminales o conectados de forma remota.
- Atendiendo al número de tareas:
  - SO monotarea. Ejecuta un solo proceso de cada vez. Es característico de SO antiguos como el MS-DOS.
  - SO multitarea. Puede ejecutar varias tareas a la vez. Es una propiedad de los SO más modernos.

SABÍAS QUE......

Cada SO tiene un diseño propio de **interfaz gráfica de usuario.** Este término hace referencia, como veremos más adelante, al conjunto de objetos gráficos y textos que el SO muestra en la pantalla para que el usuario pueda interactuar con el equipo. En cualquier caso, nos llevará un poco de tiempo adaptarnos a la interfaz de un SO nuevo, aunque los diseños actuales están pensados para que su uso resulte sencillo e intuitivo.

Veamos entonces los principales sistemas operativos disponibles para dispositivos de usuarios:

- ***Microsoft Windows:*** probablemente el SO de ordenadores de sobremesa y portátiles más popular. Lanzado por Microsoft a mitad de los años ochenta, desde entonces ha tenido múltiples versiones hasta llegar a la más reciente, *Windows 11*. La palabra *windows*, que en inglés significa "ventana", indica la forma en que el sistema presenta la información al usuario. Ofrece actualizaciones frecuentes, pero, precisamente por ser un *software* muy extendido, sufre una mayor amenaza de ataques de virus informáticos. Tiene la ventaja de que la mayor parte de las aplicaciones están optimizadas para funcionar con este SO. *Windows* también desarrolla una línea de SO para servidores, denominados *Windows Server*.
- ***Mac OS:*** también en la década de los ochenta, la compañía Apple lanza al mercado un SO para sus ordenadores *Macintosh*. Este *software* también ha tenido diferentes versiones hasta llegar a la más reciente *Mac OS X*. A los Mac OS los caracteriza una notable estabilidad del sistema, sin embargo, la cuota de usuarios que consigue arrebatar a Microsoft es pequeña, probablemente debido a su precio más elevado. Apple también desarrolla una línea de SO para servidores, los *Mac OS Server*.
- ***Linux:*** este SO, disponible en sus versiones iniciales desde principios de los noventa, es un *software* libre, es decir, cualquier usuario puede descargarlo, instalarlo y modificarlo a voluntad. Debido a esta amplia capacidad de modificación, existen numerosas versiones del mismo, siendo algunas de las más populares *Ubuntu* y *Fedora*. A pesar de ser gratuito y de que sus usuarios aseguran que es un SO fiable y rápido, no consigue hacer sombra al gigante Microsoft. Sin embargo, *Linux* sí es utilizado preferentemente en servidores.
- ***Apple iOS:*** lanzado por la marca Apple originariamente para móviles *iPhone* (2007) y, posteriormente utilizados en dispositivos iPod y iPad. Este SO basado en Mac OS no se puede modificar ni instalar en otros dispositivos que no sean Apple. Los usuarios valoran la seguridad y el

diseño que facilita el uso de iOS, así como sus posibilidades de integración con otros equipos de Apple.

- ***Google Android:*** este *software* libre está basado en Linux. Fue creado por la compañía Android y comprado por Google en 2005. Es el SO más utilizado y se aplica a una amplia gama de dispositivos desde teléfonos móviles hasta televisores. Según estudios realizados, este sistema es menos vulnerable que iOS. Es compatible con multitud de aplicaciones de Google y se integra con facilidad para usarse conjuntamente con el ordenador.
- ***Chrome OS:*** este es un SO para trabajar en la nube, lo que implica que las aplicaciones se encuentran en red, no en el dispositivo del usuario, y toda la información se procesa y se almacena en servidores dedicados a prestar este servicio. Chrome OS utiliza el navegador *Google Chrome* (aplicación que permite acceder a internet y visitar sitios web) instalado en dispositivos Chromebook, ordenadores portátiles con necesidades mínimas de *hardware* y *software,* ya que todo se procesa en la nube. Es un sistema creado por Google, basado en Linux, y fue lanzado al mercado en 2011.

NOTA

Existen otros sistemas operativos, pero, o bien están obsoletos, o bien disponen de una mínima cuota de mercado, por lo que resultan escasamente representativos.

Los diferentes sistemas operativos que hemos repasado han experimentado sucesivas modificaciones y evoluciones a medida que aparecen aplicaciones y *hardware* más sofisticados. Estas adaptaciones dan como resultado diversas **versiones** de los sistemas operativos que las correspondientes compañías o desarrolladores han comercializado.

Microsoft
- Microsoft, que había comercializado el SO *MS DOS* (que no disponía de interfaz) lanza en 1985 *Windows 1.* Desde entonces hasta la más reciente versión, *Windows 11,* se han sucedido 15 versiones diferentes.

Continúa en página siguiente >>

<< Viene de página anterior

Apple
- Apple se estrena en 1978 con su SO *Apple DOS*, para ordenadores *Apple*. Cambiará la denominación de su *software* de programas a partir de 1984 cuando comienza a comercializar sus ordenadores *Macintosh*, pasando a denominar a su *software* Mac OS. Desde entonces hasta la versión actual *Mac OS X*, *Apple* ha comercializado 22 versiones diferentes de su *software*.

Linux
- Linux al tratarse de un *software* libre, no tiene versiones comerciales como tal, pero las comunidades de desarrolladores han creado paquetes de aplicaciones optimizadas para necesidades de *software* específicas, algunas de ellas, como *Ubuntu* y *Fedora*, las hemos mencionado anteriormente.

Android
- Android ha comercializado 21 versiones de su SO desde Apple Pie, la primera versión lanzada en 2008. Como curiosidad, hasta la versión *Android 10* lanzada en 2019, todas las versiones anteriores tenían nombres ingleses de dulces *(Donut, Oreo, Cupcake*, etc.).

iOS
- iOS desde su versión inicial para *iPhone* de 2007 hasta la versión actual *iOS 17* lanzada en 2023, ha experimentado más de 100 actualizaciones.

Chrome OS
- Chrome OS tiene algunas versiones, pero fundamentalmente utiliza las últimas versiones del navegador *Google Chrome* y las utilidades de aplicaciones web en la nube.

NOTA

La instalación de una aplicación en un dispositivo tendrá unos requisitos concretos de *hardware* y *software*. En el caso de los requerimientos de *software*, hay que tener en cuenta cuál es la versión del SO instalada en el dispositivo, ya que diferentes versiones de programas pueden no ser compatibles con un mismo SO.

TAREA 1

Te han regalado un ordenador de sobremesa con CPU y placa base relativamente nuevas, con suficiente capacidad tanto de memoria RAM como de almacenamiento, pero no tiene periféricos ni *software* instalados.

¿Qué *software* elegirías para el equipo?

¿Qué periféricos te harían falta?

3. Inicio, apagado e hibernación

HILO CONDUCTOR

Algo tan simple como encender el ordenador, acción que Beltrán ha realizado en innumerables ocasiones, implica la puesta en marcha de múltiples procesos en el dispositivo. Beltrán ha pensado que conocer estos procesos puede prevenir algunos problemas o incluso la pérdida de información.

Ahora que ya conoces la composición básica de un equipo informático y que has visto cómo el sistema operativo es fundamental para el funcionamiento del dispositivo, podemos investigar qué ocurre en la puesta en marcha, cuando enciendes tu ordenador y te dispones a trabajar en él.

NOTA

Como ya sabes, hay una amplia variedad de dispositivos y sistemas operativos. En general, nos centraremos en *Windows 11*, por ser el sistema más extendido en ordenadores PC y portátiles.

Observa el siguiente esquema. Se trata de la secuencia gráfica de lo que ocurre en el interior de un ordenador durante el **proceso de arranque:**

- Al presionar el botón de encendido, **comienza el proceso de arranque.** Se activan la placa base y la CPU, que iniciará finalmente la BIOS del sistema, que se encuentra instalada, como sabemos, en la memoria ROM.
- La BIOS comprueba que la memoria RAM está correcta y operativa.
- Comienza el proceso llamado POST, que implica el chequeo de la tarjeta de vídeo, el teclado, las unidades de almacenamiento y el resto de periféricos.
- Finalizado el POST, la BIOS localiza el disco de arranque donde está almacenado el SO.
- Se inicia la carga en la memoria RAM del SO que toma el control de todo el sistema y sus dispositivos conectados.
- En este momento podemos ver en el monitor el escritorio o la pantalla de inicio del SO (según se encuentre configurado).
- Por último, se cargan el explorador y todas las aplicaciones que necesita el sistema. **Aquí termina el proceso de arranque.**

Durante el proceso de arranque, si la BIOS detecta algún problema detendrá el procedimiento y mostrará en el monitor una pantalla de error con información sobre el problema.

SABÍAS QUE......

En caso de error, el sistema emite unos sonidos *(beeps)* alertando del fallo. Algunos sistemas indican por el tipo y frecuencia del sonido en qué parte del proceso se ha producido el error. Los técnicos pueden utilizar esta información como referencia para localizar el problema.

Al ejecutarse *Windows 11,* muestra una pantalla de inicio que permite el acceso al equipo desde diferentes cuentas de usuario. Solo hay que seleccionar la cuenta e introducir la contraseña para acceder al escritorio de *Windows,* que analizaremos más adelante.

NOTA

La primera vez que se ejecuta *Windows 11*, solicita que se cree una cuenta *Microsoft* para acceder al ordenador. En caso de no tener una, se puede crear en el mismo momento siguiendo las instrucciones que proporciona *Windows.*

Por otra parte, en el **proceso de apagado** es importante asegurarnos de que la información que deseamos mantener ha sido guardada en alguno de los dispositivos de almacenamiento permanente, ya que todos los datos que no sean guardados se perderán al desaparecer de la memoria RAM con el apagado del sistema.

Una vez comprobado esto, podemos proceder a cerrar *Windows 11* e interrumpir el suministro eléctrico del equipo. Para ello, accedemos al botón **Inicio** que es el primer botón que encontramos en la barra de tareas, situada en la zona inferior del escritorio. Al pulsar sobre él se despliega el **Menú de inicio.**

Botón Inicio

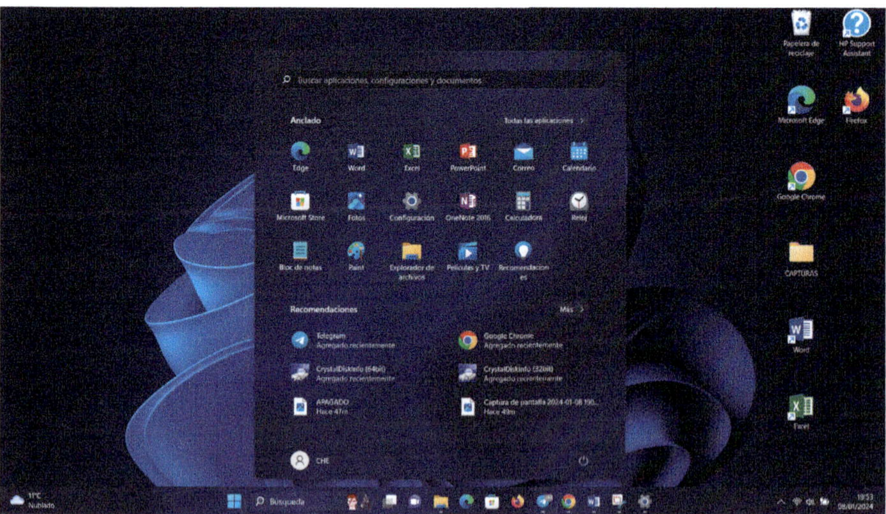

Opciones desplegadas del Menú de inicio

En la zona inferior derecha del menú, al hacer clic sobre el botón de **Inicio/ Apagado** accedemos a las opciones para cerrar el sistema.

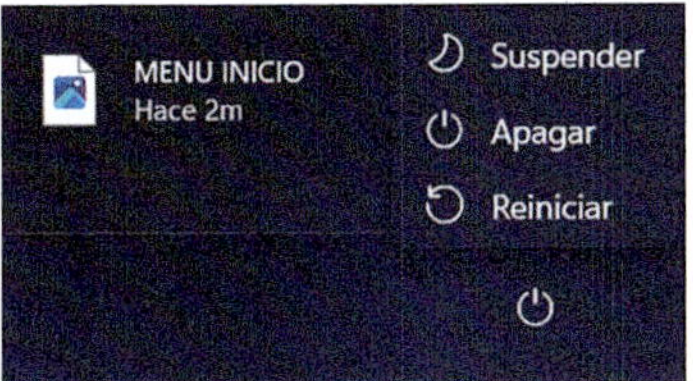

*Botón **Inicio/Apagado** de acceso a las opciones de apagado en Windows 11*

Veamos estas opciones:

- **Reiniciar:** al seleccionar esta opción indicamos al sistema que se apague por completo y que se vuelva a encender pasados unos segundos. Esta opción se suele utilizar cuando el equipo ha dejado de funcionar por algún problema, normalmente asociado a problemas de memoria. Durante el apagado se borran los datos que se almacenaban temporalmente en la memoria RAM y podrá restituirse el funcionamiento normal.
- **Apagar:** es la opción estándar para cerrar la sesión de *Windows* y apagar el equipo. Si existen programas abiertos o datos no guardados, el sistema preguntará qué queremos hacer con ellos. De este modo, podremos retroceder y guardar la información que necesitemos en próximas ocasiones, o seguir con el proceso de apagado. De ser así, *Windows* finalizará los procesos que tenga en marcha, se eliminarán los datos de la memoria RAM y, por último, se interrumpirá el suministro eléctrico del equipo.
- **Suspender:** este es un método de ahorro energético en caso de que vayamos a ausentarnos por un espacio breve de tiempo. Al seleccionar la opción **Suspender,** el equipo entra en un estado de consumo mínimo de energía, solo el suficiente para mantener activa la memoria RAM con los datos que se están procesando en el momento. De este modo, cuando estemos de vuelta en el ordenador y desactivemos el modo de suspensión, encontraremos el sistema y las aplicaciones tal como lo dejamos. En los ordenadores portátiles, el modo **Suspender** se activa al cerrar la tapa del dispositivo.
- **Hibernar:** muy similar al anterior, solo que, en este caso, los datos se almacenan temporalmente en el disco duro, por lo que no hace falta mantener activa la memoria RAM y el consumo energético es prácticamente cero. En *Windows 11* esta opción está desactivada por defecto, ya que desde la versión de Windows 8, *Windows* utiliza por defecto el inicio rápido, que en vez de apagar el ordenador lo deja en estado de hibernación para que el inicio sea más rápido. En cualquier caso, se puede activar la opción de hibernación en la configuración del sistema.

Tras estas cuestiones básicas de funcionamiento, podemos avanzar un poco más y ver otros elementos con los que poder gestionar la información en los dispositivos digitales.

APLICACIÓN PRÁCTICA

Supongamos que llevas tiempo trabajando sobre un documento importante. Vas a salir a despejarte un rato para continuar más tarde. Tu ordenador suele "colgarse" con frecuencia porque dispone de poca memoria RAM y, además, el documento y programa que utilizas necesitan gran parte de la RAM, ya que es un proyecto gráfico cargado de imágenes. En estos momentos, la capacidad de tu disco duro también es bastante escasa. ¿Qué opción de apagado deberías elegir?

Solución

Ya que vamos a ausentarnos por un corto espacio de tiempo, podríamos utilizar las opciones de ahorro de memoria Suspender o Hibernar, que evitan que tengamos que iniciar el ordenador cuando regresamos, y nos obliga a repetir el proceso de localizar los documentos y programas para iniciarlos. El problema es que, en este caso, por las características del equipo, estas opciones pueden no ser muy seguras. En el caso de Suspender, porque al mantener activa la memoria RAM, puede que cuando regresemos se haya podido bloquear, cosa que hemos visto que le ocurre con frecuencia y, más probable aún, trabajando con documentos gráficos que suelen utilizar mucha memoria. A la RAM, como a ti, le vendría bien tomarse un descanso. Podríamos entonces activar la hibernación, pero tenemos otro problema para esto si andamos escasos de capacidad de almacenamiento. La hibernación genera una copia de la información que existe en la RAM y la guarda temporalmente en el disco duro. Esto permite descansar a la RAM, pero si no tenemos capacidad suficiente en el disco podríamos perder información.

Nos queda, entonces, apagar el ordenador. Esto tiene sus ventajas, como el reposo que beneficia al equipo y el ahorro energético. El inconveniente es el tiempo de espera para reiniciar equipo, programas y documentos.

ACTIVIDAD COMPLEMENTARIA

1. ¿Cuáles crees que podrían ser las consecuencias al apagar el ordenador mediante el botón de encendido del equipo?

4. Programas básicos (navegador, explorador de archivos, visor de imágenes...)

HILO CONDUCTOR

Para Beltrán, la imagen del escritorio de *Windows* no es nueva. Sabe encontrar las aplicaciones que usa habitualmente, pero es consciente de que desconoce para qué sirven muchos de los elementos de la interfaz y si hay formas más eficientes de hacer lo que él hace.

Como hemos visto, una vez iniciada la sesión en *Windows,* encontramos lo que será la pantalla de referencia del sistema o, como *Microsoft* prefiere llamarlo, el **escritorio.** El escritorio es, pues, la mesa de control, el entorno de trabajo desde el que accederemos a todas las herramientas y programas necesarios para trabajar en el ordenador.

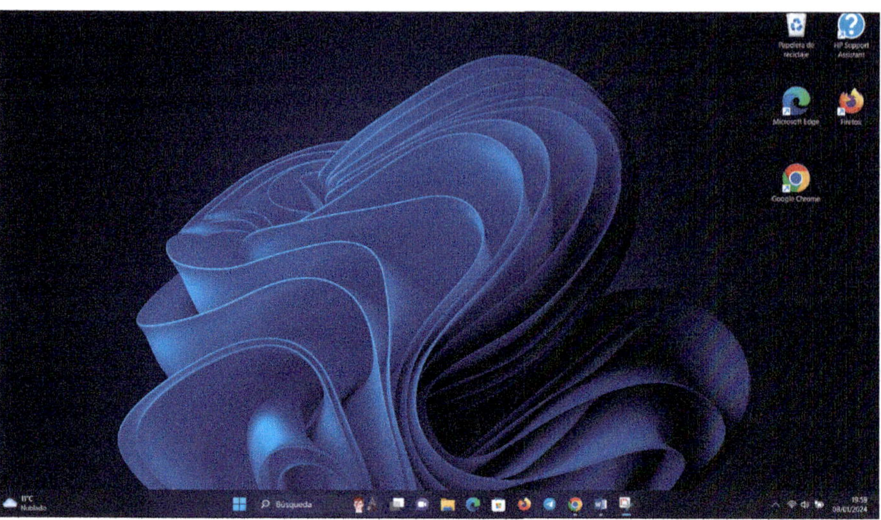

Esta es la apariencia del escritorio de un SO Windows 11 recién instalado. Es normal que otros escritorios muestren un aspecto distinto; esto se debe a su capacidad de personalización.

La interfaz de *Windows* y todos los programas que incluye utilizan una serie de elementos gráficos con los que deberemos interactuar. Empecemos por conocer estos elementos:

- **Ventanas:** las ventanas son el medio a través del cual *Windows* da acceso a los distintos programas, archivos, etc. Cada aplicación que iniciamos despliega una nueva ventana en el escritorio que incluye todo su contenido. Podemos movernos entre ventanas sin que las aplicaciones dejen de realizar sus procesos. Y también mover de sitio las ventanas, minimizarlas o cambiarlas de tamaño. Como ya sabes, fue este modelo de ventanas la razón por la que Microsoft llamó a su sistema *Windows*. Más adelante nos detendremos en estos elementos.

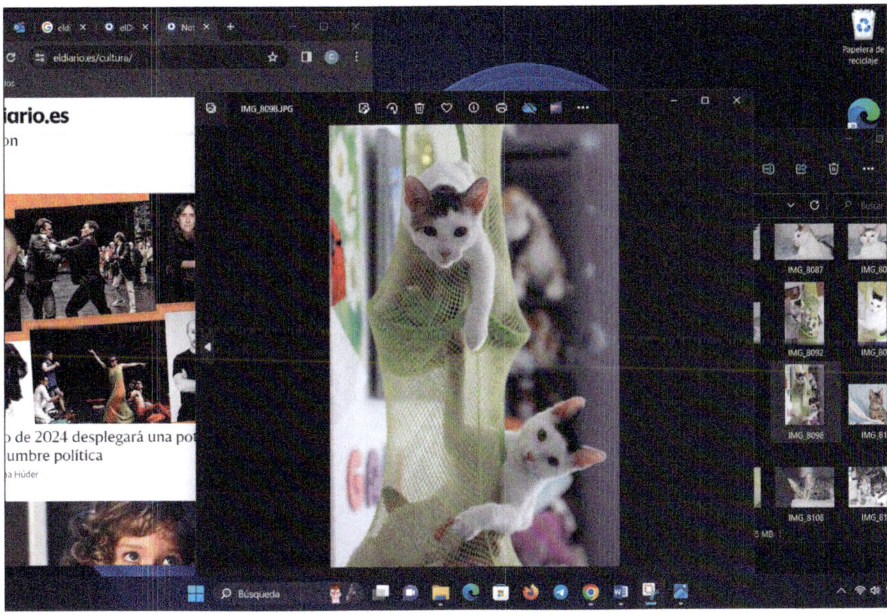

Windows 11 permite dividir las ventanas de las aplicaciones activas mediante un diseño de pantalla partida que podemos elegir al pasar el puntero del ratón sobre el botón de pantalla completa de cada ventana, eligiendo el diseño y el espacio que ocupará cada aplicación en uso.

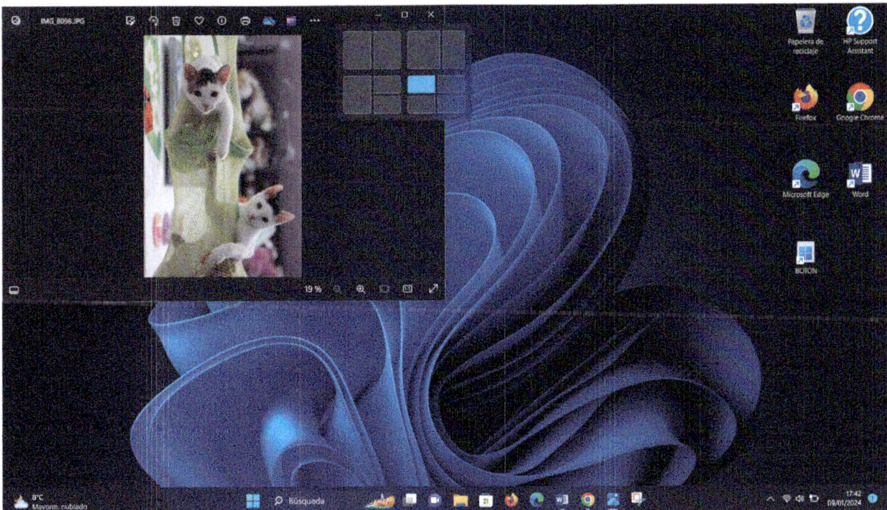

- **Menús:** los menús proponen opciones a una elección previa realizada. Es decir, al hacer clic sobre un menú, se despliega un listado ofreciendo diversas opciones relacionadas. Las opciones del menú pueden, a su vez, disponer de más opciones que serán desplegadas en nuevos submenús.

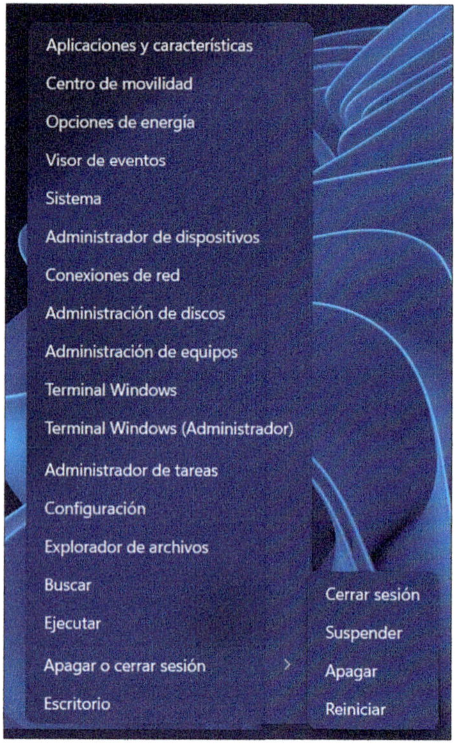

- **Botones:** los botones son elementos que, al hacer clic con el botón izquierdo del ratón, desencadenan una acción. Pueden adoptar la forma de texto o imagen gráfica y se utilizan para realizar acciones como mostrar información, ejecutar una aplicación, activar y desactivar comportamientos, etc.

- **Iconos:** los iconos son imágenes gráficas de pequeño tamaño que representan un programa, carpeta, archivo, imagen, etc. Por regla general, los iconos son un acceso directo o atajo a aquello que representa. También encontraremos estos iconos dentro de otras aplicaciones, en este caso, actuando como un botón.

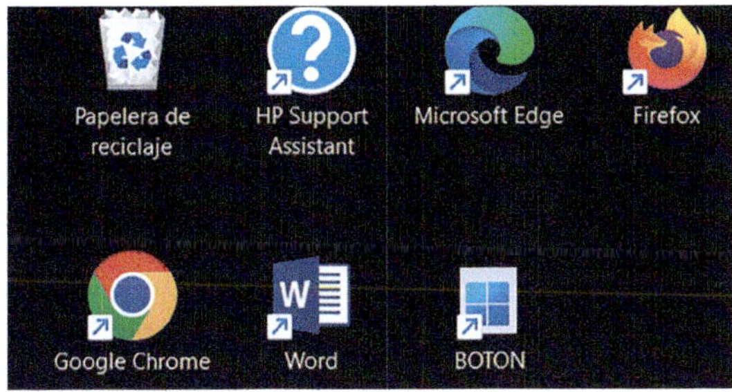

- **Pestañas:** las pestañas son elementos que incluyen más información dentro de una misma ventana. Como si fueran distintas páginas, solo hay que clicar en cada una de las pestañas para descubrir su contenido. Algunos programas, como los navegadores, permiten cambiar el orden de colocación de las pestañas, haciendo clic sin soltar sobre una de ellas y arrastrándola hacia la nueva posición.

- **Cuadros de diálogo:** los cuadros de diálogo son ventanas emergentes, que surgen sin intervención del usuario, mediante los que el sistema o la aplicación entabla una comunicación directa con el usuario. Esta comunicación puede ser meramente informativa o requerir que se realice una acción. Según los expertos en usabilidad, estos cuadros de diálogo suelen crear desconcierto y acaban siendo ignorados, lo cual puede llegar a ser un problema, ya que muchos de ellos muestran información sobre eventos peligrosos o acciones irreversibles. Algunos de estos cuadros de diálogo pueden llegar a bloquear el sistema hasta que obtienen una respuesta por parte del usuario.

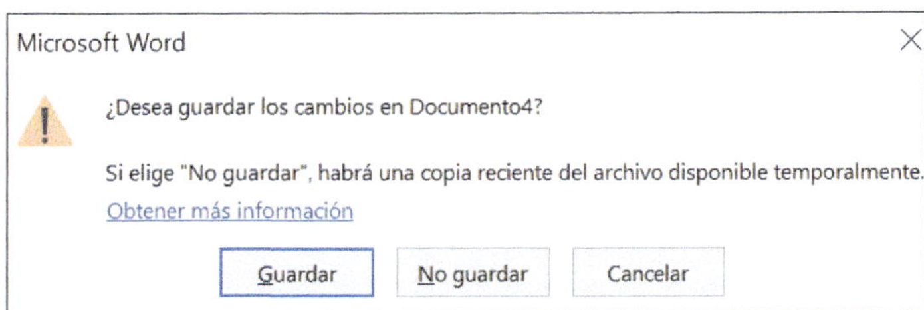

- **Lista desplegable:** las listas desplegables son recuadros que se amplían al pulsar sobre ellos mostrando una lista de elementos seleccionables. Similares a estos elementos son los cuadros de lista, que ofrecen también un listado de elementos a seleccionar pero no son plegables, mantienen siempre a la vista sus elementos.

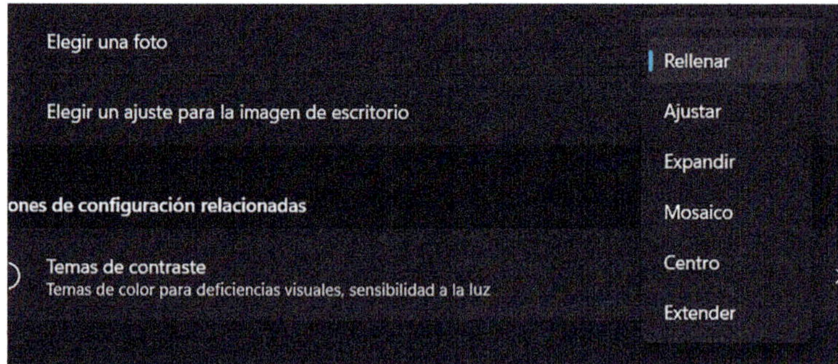

- **Barras de desplazamiento:** las barras de desplazamiento permiten desplazar (arriba, abajo, izquierda y derecha) el contenido de una pantalla o ventana para que sea visible. Las barras de desplazamiento se componen de un rectángulo horizontal o vertical, con dos flechas en sus extremos que indican el sentido del desplazamiento, y un rectángulo interno que señala en qué posición del contenido estamos ubicados. Los nuevos diseños gráficos pueden mostrar barras de desplazamiento más estilizadas, aunque siempre deben ser comprensibles para mantener su usabilidad. Para desplazar el contenido con barras de desplazamiento podemos:
  - Hacer un clic sostenido sobre una de las flechas de los extremos.
  - Hacer clic, y sin soltar, desplazar el rectángulo interno.
  - Pulsar sobre cualquier lugar de la barra.
  - Utilizar las teclas de cursor del teclado.
  - Usar la rueda del ratón.
  - Etcétera.

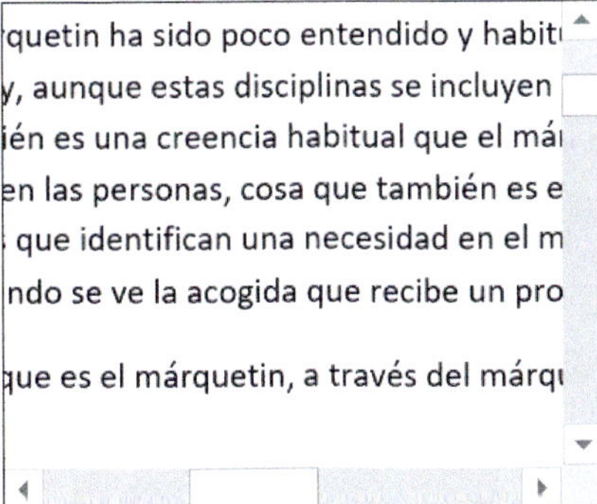

- **Otros elementos:** los elementos gráficos disponibles son muy numerosos. Pueden cambiar su nombre, su diseño o crear agrupaciones de ellos dependiendo del *software,* su versión o de los dispositivos. En cualquier caso, toda buena aplicación tendrá en cuenta ser lo suficientemente intuitiva para que los usuarios se muevan cómodamente en ella.

APLICACIÓN PRÁCTICA

Acabas de recibir tu nuevo ordenador y quieres personalizarlo a tu estilo. Para comenzar te apetece cambiar la imagen del fondo de pantalla. Para hacer esto, haces clic con el botón derecho del ratón sobre el fondo de escritorio. Al hacerlo surge un menú contextual que contiene un listado con diversas opciones. Si seleccionas Personalizar y, seguidamente, seleccionas Fondo, se despliega una herramienta en la que accedemos a otros elementos que nos permiten personalizar el fondo de escritorio. Guiándote por esta imagen, ¿puedes decirnos de qué elementos gráficos hablamos?

Continúa en página siguiente >>

<< Viene de página anterior

Solución

Tras seleccionar Personalizar y, posteriormente, Fondo, accedemos a la (1) ventana de configuración que dispone de las opciones para cambiar el fondo de pantalla. En la (2) lista desplegable Personalizar el fondo, podemos elegir entre las opciones Imagen, Color sólido y Presentación, que irá cambiando periódicamente con las imágenes almacenadas en la carpeta Imágenes, o Contenido destacado de *Windows,* que utiliza fotos de internet que sustituye diariamente. Si hemos seleccionado Imagen, podemos elegir una entre la selección mostrada en la fila de pequeñas imágenes.

Por último, si prefieres cambiar el fondo por una imagen que tienes guardada en el ordenador, selecciona el (3) botón Examinar fotos; este abrirá una ventana del explorador de archivos para que puedas buscar y seleccionar tu imagen preferida..

Existen varias formas de acceder a las aplicaciones: desde el escritorio, desde la barra de tareas y desde el menú de inicio.

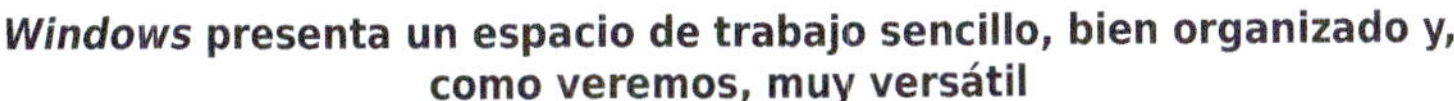

***Windows* presenta un espacio de trabajo sencillo, bien organizado y, como veremos, muy versátil**

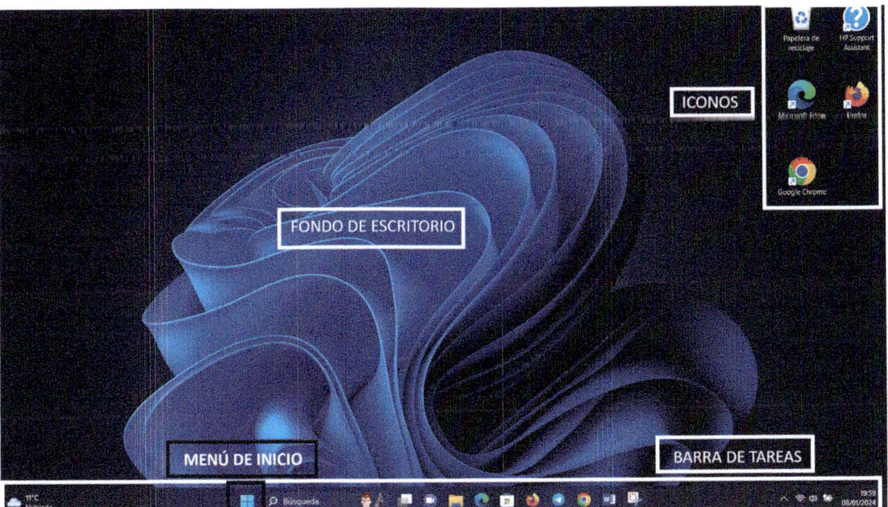

Veamos estos tres elementos:

- **Fondo de escritorio:** el fondo de escritorio, fondo de pantalla o *wallpaper* es una imagen utilizada como fondo y sobre la que se irán situando las aplicaciones o herramientas que estemos utilizando. Sobre este fondo se pueden organizar los iconos de aplicaciones y archivos, además del icono de la papelera de reciclaje. Este es el espacio del ordenador a donde se envían todos aquellos archivos (de texto, imagen o gráfico) que se desea eliminar. Si en la papelera hay elementos, el icono mostrará una papelera llena. Si decidimos vaciarla definitivamente (haciendo clic con el botón derecho del ratón sobre el icono y seleccionando la opción "vaciar la papelera de reciclaje"), eliminaremos irreversiblemente los archivos contenidos en ella, y el icono mostrará una papelera vacía.

Dentro de las muchas opciones de personalización de que dispone *Windows*, la más visual es la posibilidad de elegir la imagen del fondo de escritorio. Para ello, pulsaremos con el botón derecho del ratón sobre este y elegiremos la opción **Personalizar** en el menú emergente. Esta acción despliega una ventana de configuración donde poder elegir entre diversas opciones.

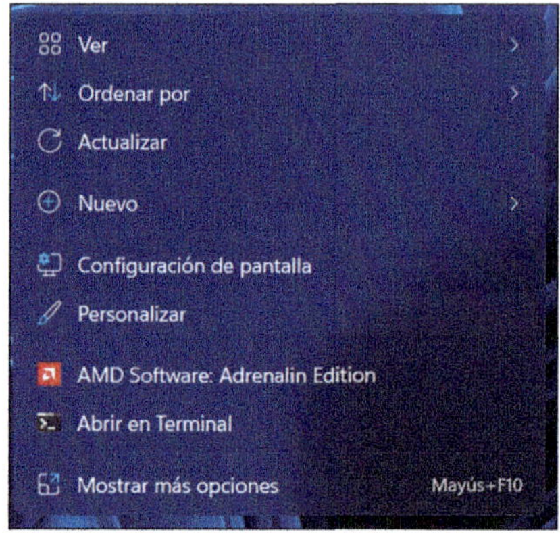

- **Barra de tareas:** se encuentra situada en la zona inferior del escritorio. Se puede configurar su contenido, pero veamos algunos de sus elementos principales.
  Si hacemos clic en su extremo derecho, el sistema cierra todas las ventanas y muestra el escritorio. Esta opción puede activarse o desactivarse en el panel de configuración de la barra de tareas. En esta misma esquina encontraremos resaltado un icono que indicará que existen notificaciones del sistema. Al hacer clic sobre él se despliega el panel del administrador de notificaciones, a través del cual accedemos a avisos para el usuario como recordatorios de nuevas actualizaciones, resultados de escaneos en busca de amenazas, conexiones de nuevos dispositivos, etc.

A su izquierda, se sitúa el reloj digital con la fecha y hora actual. Al hacer clic sobre él, se despliega el calendario del mes corriente.

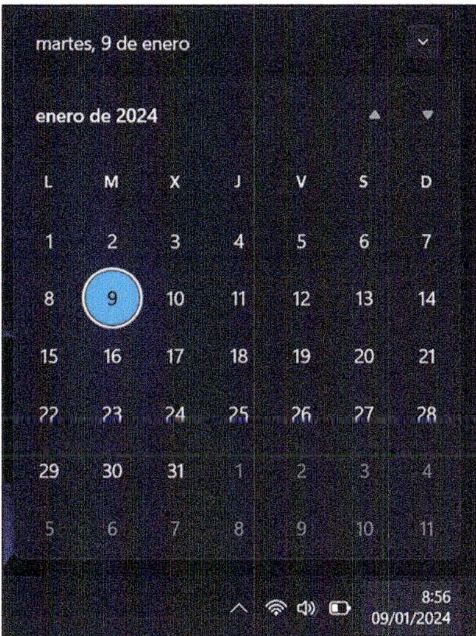

Le sigue un grupo de iconos que representan algunas de las aplicaciones que *Windows* carga durante el arranque del ordenador, como el control de volumen o la configuración de red.
Al hacer clic en la flecha se despliega el resto de opciones.

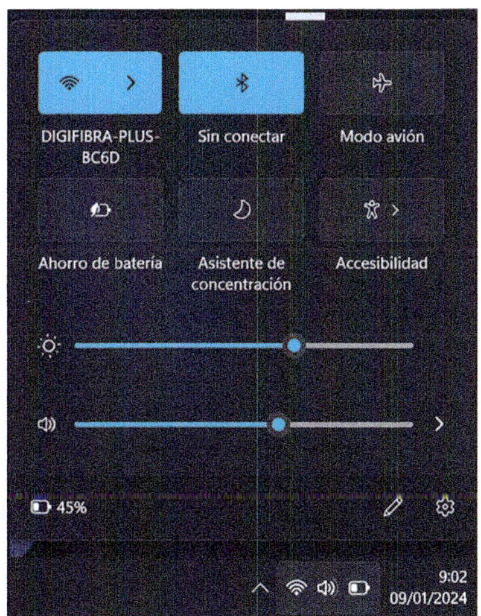

Es posible personalizar el espacio libre en la barra de tareas incluyendo accesos directos a aplicaciones, archivos o carpetas. Además de estos iconos, también se mostrarán los de aquellas aplicaciones que tengamos abiertas, lo que permitirá movernos entre ellas con solo hacer clic en su icono correspondiente. Podemos distinguir los accesos directos de las aplicaciones en uso por encontrarte estas últimas destacadas con una marca inferior.

Otro elemento de la barra de tareas es el icono Vista de tareas, que permite observar pequeñas reproducciones de las tareas que estamos realizando en las aplicaciones para que podamos identificarlas más fácilmente y dirigirnos hasta ellas con mayor facilidad. En la zona inferior también obtenemos una vista de los diferentes escritorios virtuales que hayamos creado mediante la opción **Nuevo escritorio,** disponible en esta misma vista.

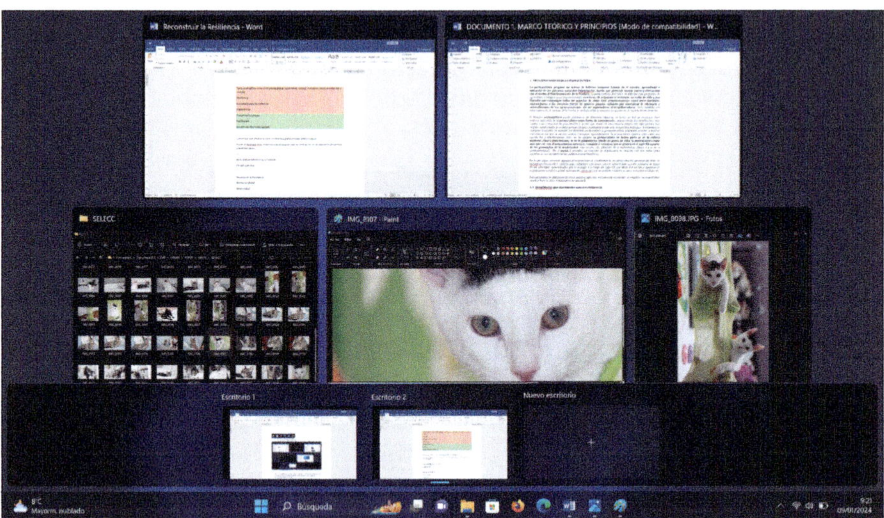

Junto a este icono se sitúa el icono **Chat,** novedad en *Windows 11,* de acceso rápido a la herramienta de comunicación *Microsoft Teams* que veremos un poco más adelante.

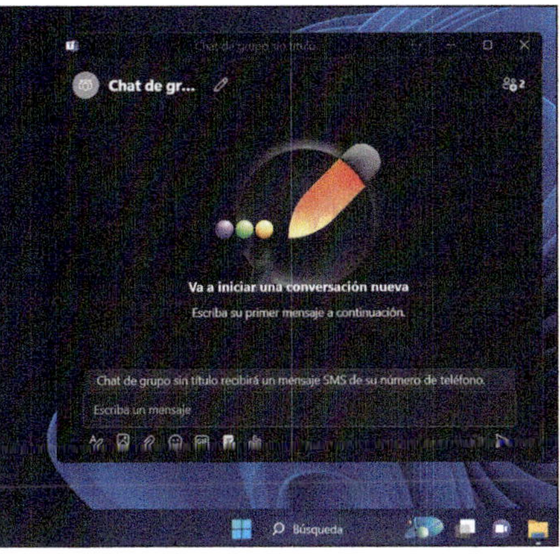

Por último, y justo al lado del botón **Inicio,** se sitúa un cuadro de texto donde introducir cualquier término de búsqueda. Si queremos localizar una aplicación o documento, esta es una de las formas de proceder a una búsqueda. También obtendremos resultados del término en internet.

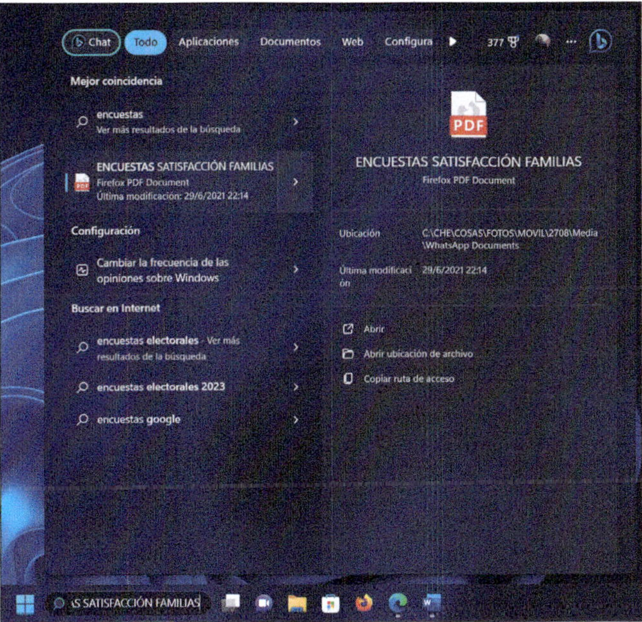

- **Menú de inicio:** básicamente el **Menú de inicio** es el centro de control del sistema. Ya sabemos acceder a él, por lo tanto, nos centraremos en sus componentes.

Encabezando este menú encontramos una barra de búsqueda que funciona como vimos al describir el cuadro de búsqueda de la barra de tareas. Por debajo de ella podemos distinguir dos partes. En la superior disponemos de los iconos de las aplicaciones que utilizamos con frecuencia o que hemos anclado al menú, es decir, los hemos fijado para que permanezcan accesibles. Desde aquí podemos acceder al panel de configuraciones del sistema a través de su icono.

Los iconos de las aplicaciones pueden organizarse haciendo clic sobre ellos y arrastrándolos hasta otra posición, o desanclarlos del menú de inicio mediante el menú contextual al que accedemos al hacer clic en botón derecho del ratón, y seleccionando **Desanclar de inicio.** Al hacer clic en el botón **Todas las aplicaciones,** situado a la derecha del panel, obtenemos la lista de programas completa, donde se enumeran todas las aplicaciones instaladas y ordenadas por orden alfabético.

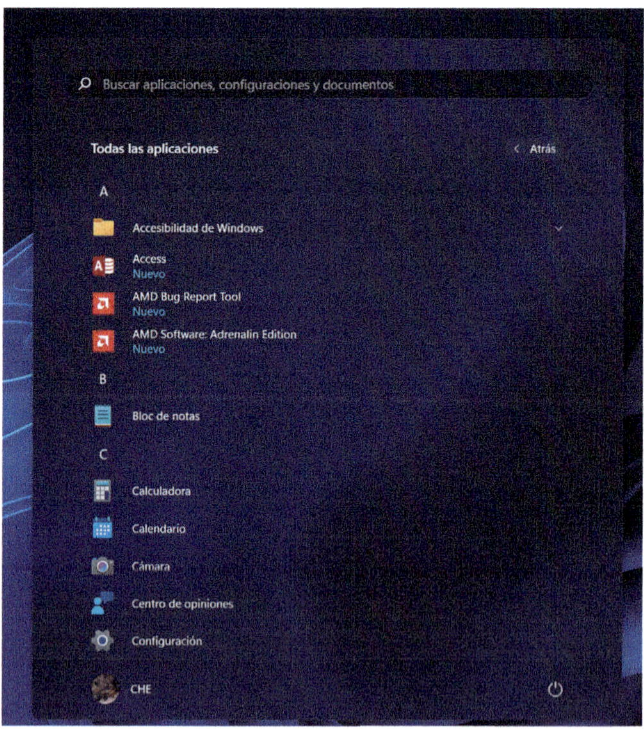

Al hacer clic sobre las letras que sirven para ordenar el listado, accedemos al abecedario en el que podremos elegir la primera letra de la aplicación que buscamos para obtener el listado de aplicaciones correspondiente.

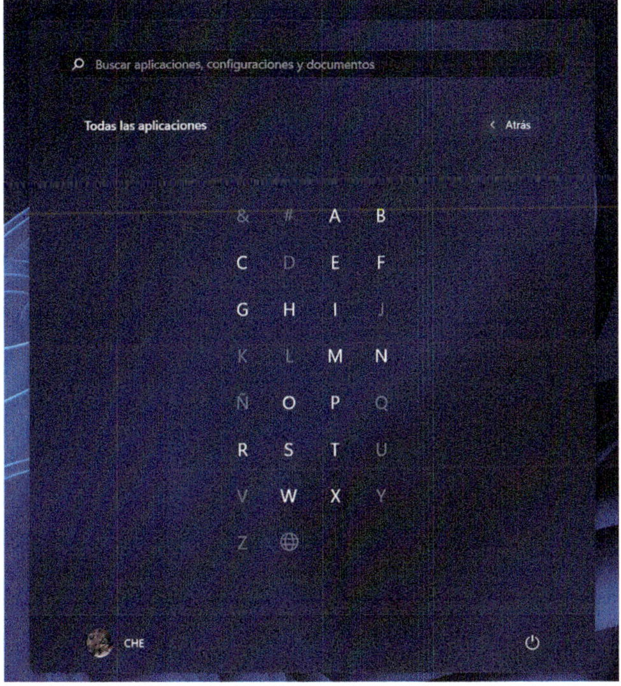

En la zona inferior encontramos los accesos a los documentos y archivos que hemos utilizado recientemente y que el sistema cree que podemos necesitar. El botón **Más,** situado a la derecha, nos ofrece un listado más extenso de estos elementos.

Bajo estas dos zonas encontramos el botón **Cuenta de usuario.** Las cuentas de usuario permiten acceder al sistema desde diferentes sesiones independientes, de manera que cada usuario pueda mantener la privacidad de sus datos y archivos. Al hacer clic, podemos distinguir las sesiones de otras cuentas registradas en el equipo. Con esta acción, también es posible cambiar la configuración de la cuenta, bloquearla temporalmente o cerrar la sesión.

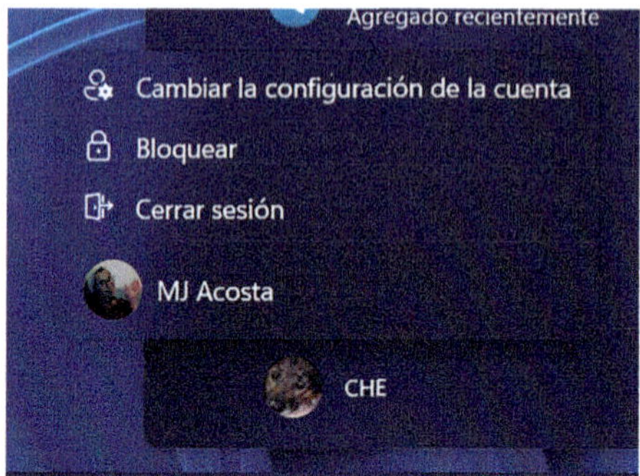

SABÍAS QUE...

También podemos acceder al contenido del menú de inicio pulsando sobre la tecla con el logo de *Windows* que disponen los actuales teclados.

Es evidente que el verdadero sentido del escritorio de *Windows* es ofrecer un espacio de trabajo fácil de utilizar y que permita un acceso rápido a los programas con los que deseamos trabajar. La regla de usabilidad de los 3 clics sugiere que nunca necesitemos más de este número de clics para realizar una acción si no queremos perder la atención del usuario. *Windows* lo tiene muy en cuenta y, por ello, permite que podamos crear accesos directos a las aplicaciones que más utilizamos tanto en el fondo de escritorio o la barra de tareas como en el menú de inicio.

PRACTICA

Veamos cómo personalizar los elementos del escritorio creando accesos rápidos a los programas de uso más frecuente. En este caso, elegiremos el programa *Outlook*.

Para empezar, haz clic sobre el botón **Inicio** para desplegar el menú.

Accede al listado de programas y haz clic sobre la letra A para que el sistema muestre el abecedario y puedas seleccionar la letra O de *Outlook*.

Continúa en página siguiente >>

<< Viene de página anterior

Coloca el cursor del ratón sobre la aplicación y haz clic con el botón derecho del ratón para desplegar el menú contextual.

Fíjate en la primera opción, "Anclar a Inicio". Si haces clic sobre ella se creará un acceso en la zona superior de aplicaciones ancladas del menú.

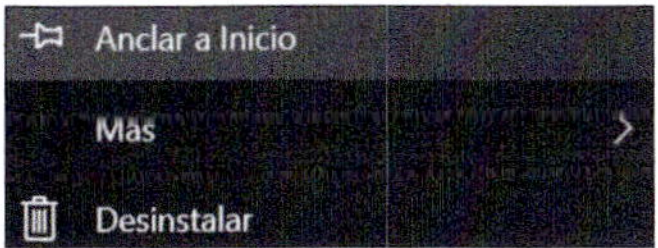

Si preferimos crear el acceso directo en la barra de tareas, procederemos igual hasta acceder nuevamente al menú contextual. Esta vez, seleccionaremos "Más" y posteriormente la opción ***Anclar a la barra de tareas*** del submenú. Esto creará un acceso a la aplicación desde la barra de tareas.

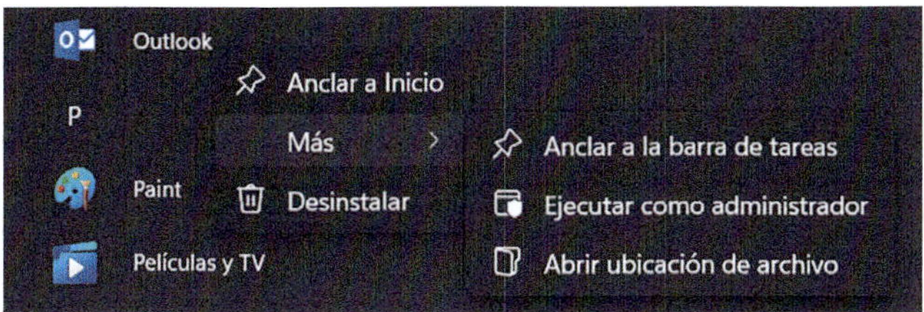

También procederemos igual para crear un acceso directo en el escritorio, seleccionando esta vez la función ***Abrir la ubicación del archivo*** del submenú "Más". Esta acción despliega la ventana del explorador. En ella podremos ver la aplicación *Outlook* destacada en la lista. Haz clic derecho sobre este archivo y selecciona la opción *Mostrar más opciones.* Ahora observa el escritorio de tu ordenador. ¿Ves algo nuevo?

Continúa en página siguiente >>

<< Viene de página anterior

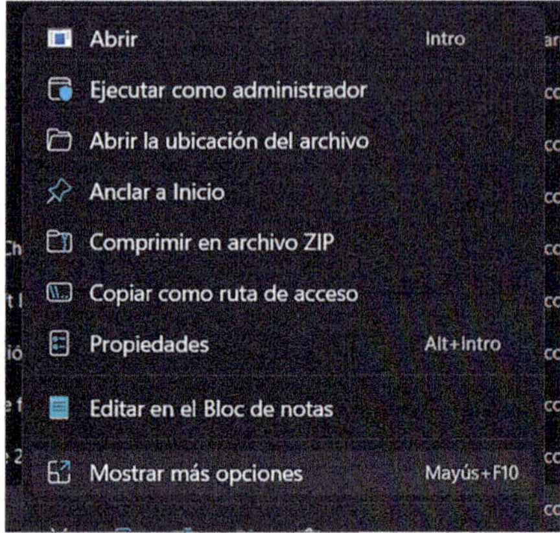

Selecciona *Enviar* a en el nuevo menú contextual que se despliega y, por último, la opción *Escritorio (crear acceso directo)* del submenú.

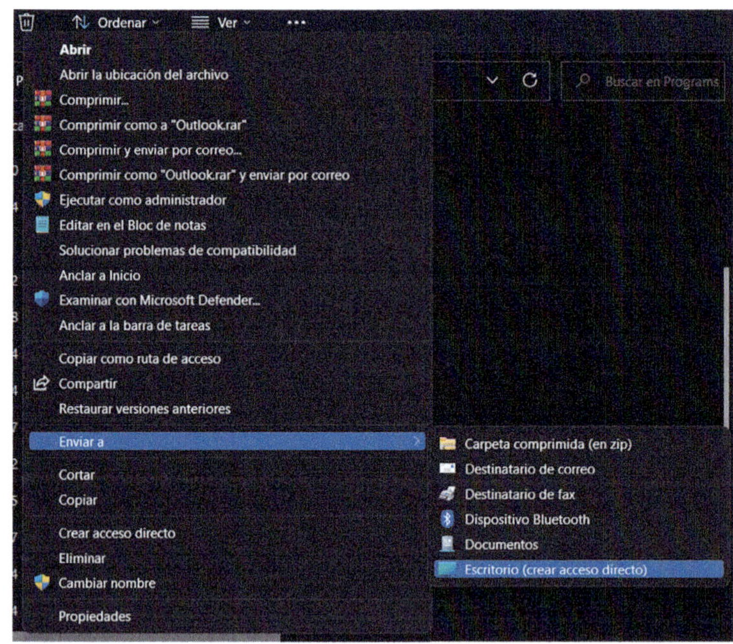

Las aplicaciones, o programas, nos proporcionan las herramientas para realizar tareas tales como enviar un correo, editar una imagen o navegar por internet.

RECUERDA

El *software* de programa no es más que una secuencia de código escrito en el disco duro que, gracias al SO, podemos apreciar y manejar de una forma comprensible y, en muchos casos, intuitiva.

Windows ofrece una colección de programas propios con los que trabajar sobre distintos tipos de elementos como audio, imagen, vídeo, texto, etc., además de disponer de distintas aplicaciones de comunicación como el correo electrónico, sistemas de videoconferencia, etc. También ofrece diversas herramientas que facilitan el acceso al material guardado en nuestro dispositivo o al disponible en internet.

Veamos algunas de estas aplicaciones:

- **Explorador:** el explorador de archivos es la herramienta que permite buscar cualquier elemento que esté almacenado en el equipo, ya sea en los discos duros o cualquier dispositivo extraíble. El explorador facilita la gestión y organización de los programas o archivos, además de permitir la visualización y creación de archivos y carpetas.

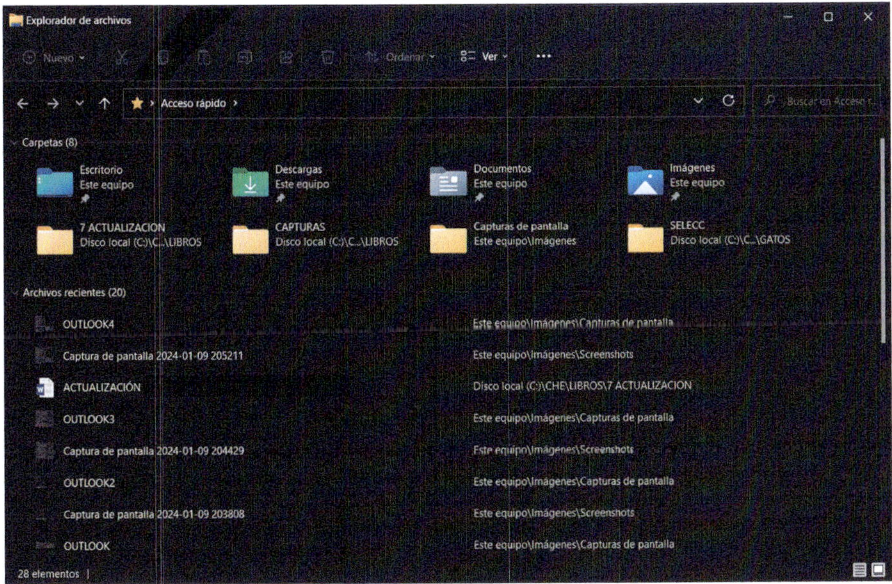

- **Navegador:** *Microsoft Edge* es el navegador predeterminado de *Windows*, pero en su última versión, *Windows 11*, es sencillo seleccionar cualquier otro navegador como predeterminado. Un navegador permite visualizar textos, imágenes, videos, enlaces, etc., interpretando la información que se encuentra en la web.

- **Outlook:** es un gestor de correo electrónico, es decir, facilita el envío y recepción de correos, al tiempo que permite gestionar los correos que nos interesa guardar o almacenar. Es uno de los gestores de correo más usados.

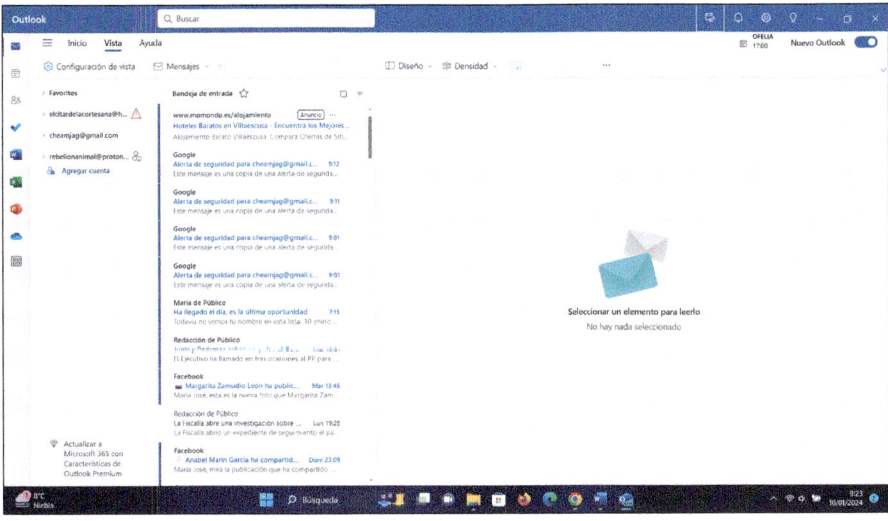

➲ **Fotos:** *Windows* también dispone de una completa pero sencilla aplicación para editar fotografías. Entre sus posibilidades de edición de imágenes se encuentran la de recortar, girar, agregar filtros para ajustar la luz, el color, la claridad, etc. Además, es posible eliminar los ojos rojos, añadir efectos 3D o dibujar directamente sobre las fotografías.

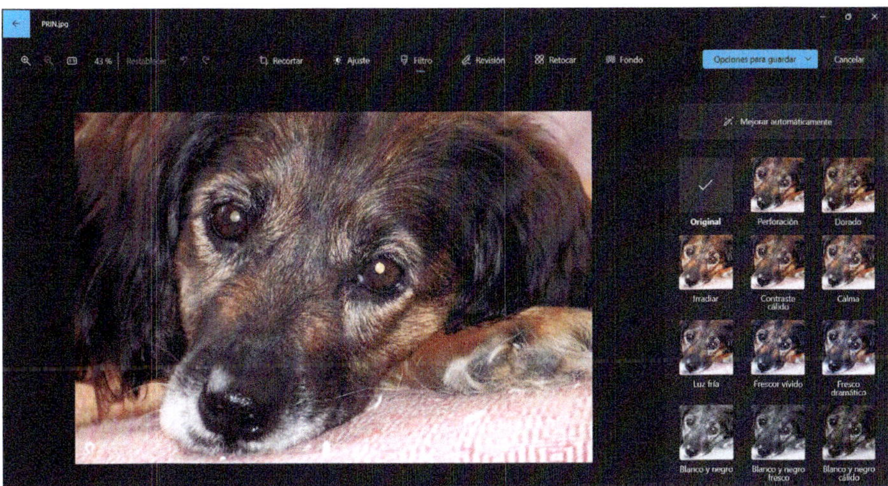

➲ **Reproductor Multimedia:** desde la versión 11 de *Windows, Microsoft* ha reunido las diferentes herramientas de reproducción de audio y vídeo (*Windows Media Player, Groove Music* y Películas y TV) en un solo reproductor que soporta la mayoría de formatos audiovisuales, capaz de reproducir música y vídeo, y al que la marca ha denominado, sencillamente, Reproductor Multimedia.

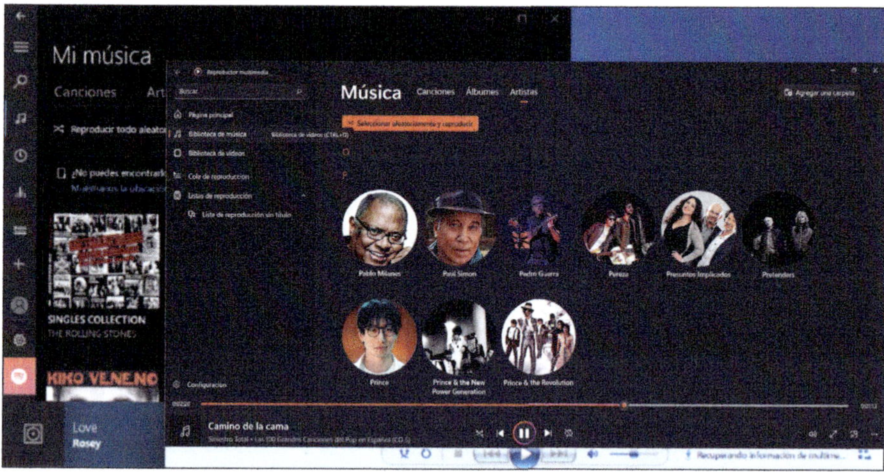

- **Paint:** este editor de imagen acompaña a *Windows* desde sus inicios. Es un programa sencillo con el que crear dibujos de calidad en distintos formatos. La versión de esta aplicación disponible en *Windows 11* permite el trabajo multicapas, lo que incrementa notablemente sus posibilidades.

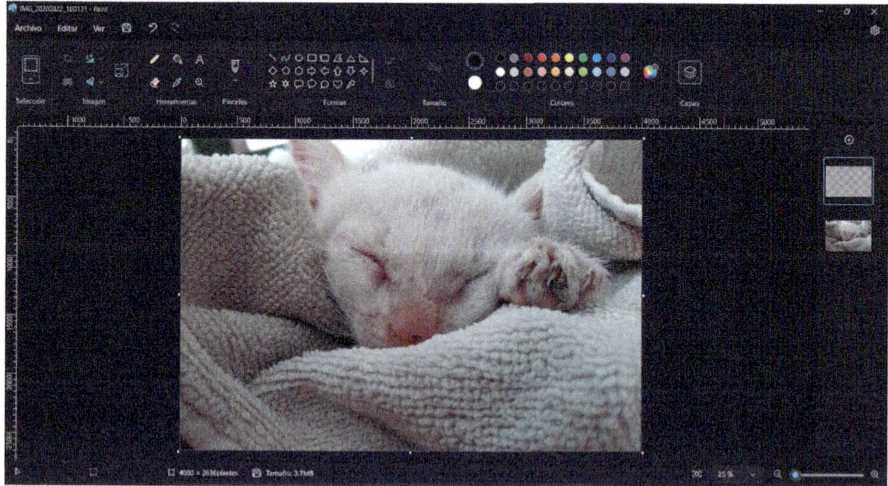

- **Wordpad:** este programa es un sencillo procesador de texto, con el que es posible dar formato a un documento, añadir imágenes, pintar un dibujo o añadir objetos. Además, permite imprimir o enviar una copia por correo electrónico.

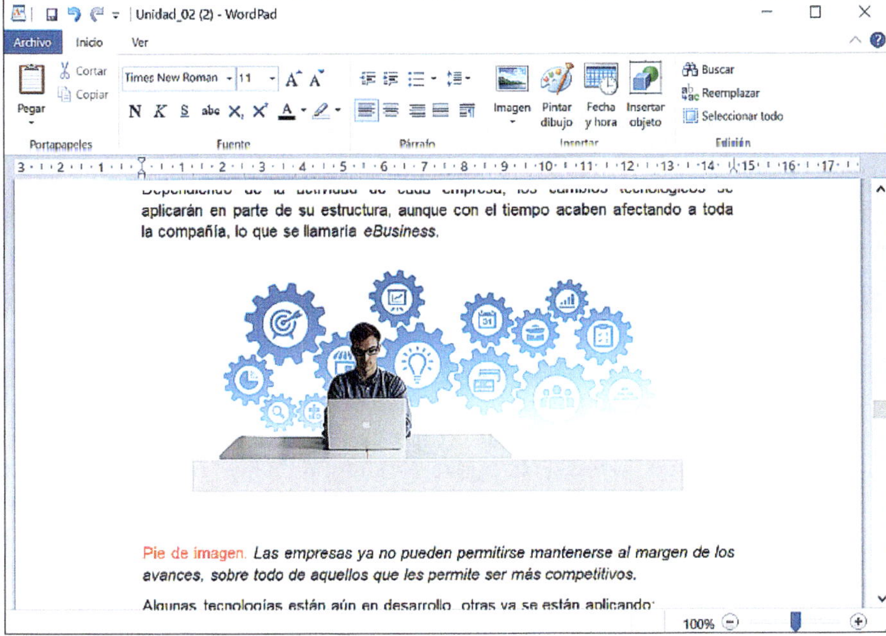

- **Editor de vídeo:** esta herramienta ha sido sustituida en *Windows 11* por el editor *Clipchamp,* que viene preinstalado y solo hay que terminar de descargar gratuitamente de la tienda *Microsoft Store.* Dispone de las herramientas de edición necesarias para crear vídeos con música, animaciones, gráficos y cualquier otro elemento de diseño. Puede utilizarse en el equipo o trabajar directamente desde el navegador, ya que se trata de un *software* con vocación eminentemente *online.*

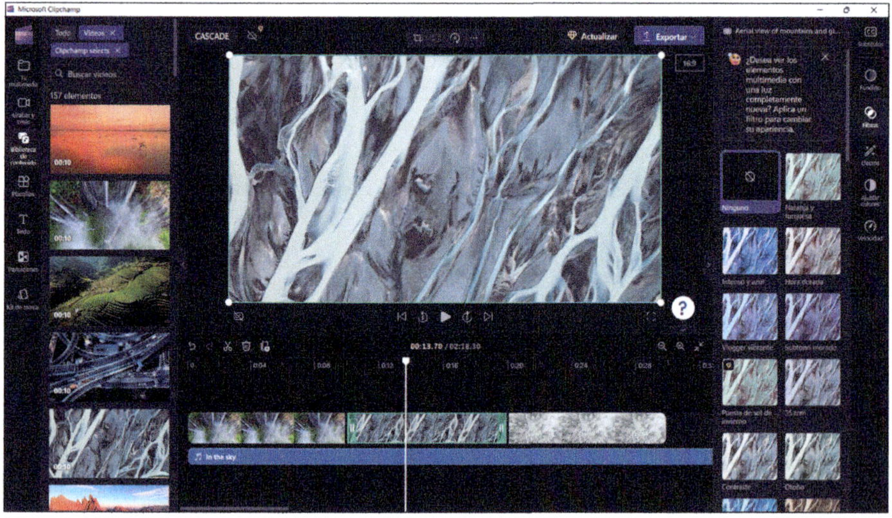

- **_Microsoft Teams:_** *Microsoft* sustituye en *Windows 11* a *Skype*, la herramienta de comunicación en tiempo real que solía traer asociada, por *Microsoft Teams*. Esta nueva plataforma incluye herramientas para la comunicación como mensajería instantánea o videoconferencias, y permite al mismo tiempo la creación de documentos colaborativos en línea, lo que contribuye a optimizar las tareas de los equipos de trabajo.

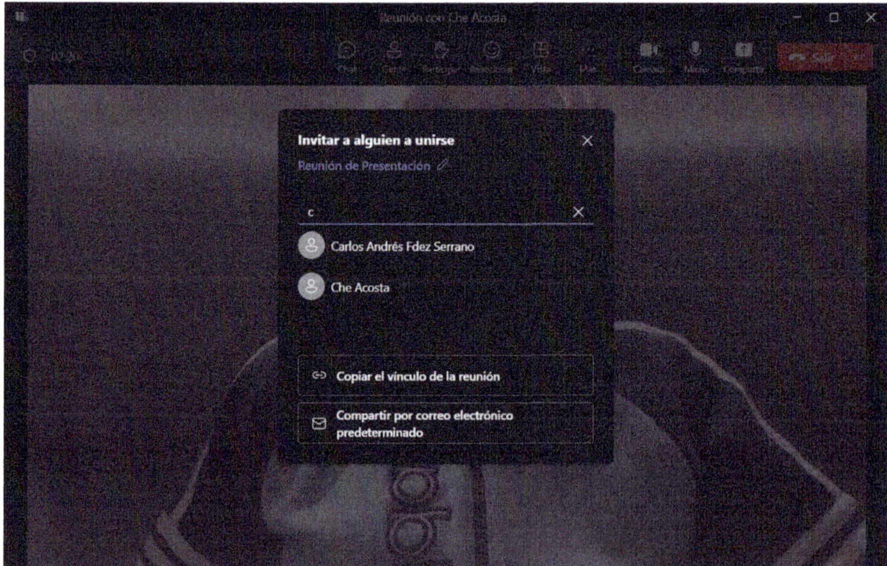

- **OneDrive:** esta aplicación integrada en *Windows* proporciona 5 Gb de espacio de almacenaje en la nube. Si recuerdas, la nube es un servicio que utilizamos por medio de una red mundial de servidores. Esto implica que podemos acceder a los datos almacenados desde cualquier dispositivo conectado a internet. También se suele utilizar como copia de seguridad, ya que es inmune a los problemas que puedan surgir en los dispositivos de los usuarios. Es posible instalar *OneDrive* en algunos dispositivos móviles.

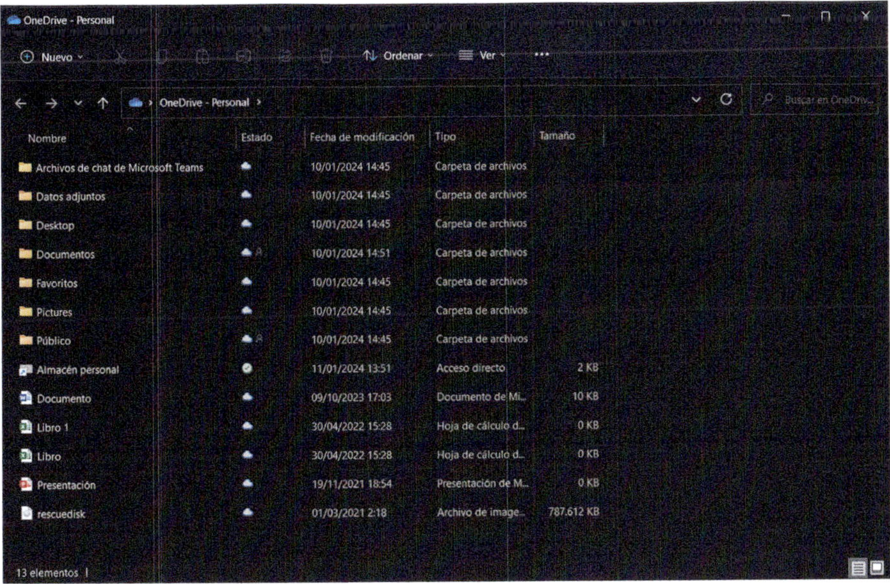

Pero no todos los programas de interés vienen preinstalados entre las aplicaciones de *Windows*. Estos otros programas se pueden adquirir en formato físico o descargarlos de internet, lo que cada vez es más habitual. En este último caso, el archivo de instalación de la aplicación se encontrará disponible en la carpeta "Descargas" de tu sesión de *Windows*.

NOTA

Antes de descargar un programa para instalarlo en tu dispositivo, deberías estar seguro de que es compatible con el *hardware* y el sistema operativo. Un

Continúa en página siguiente >>

<< Viene de página anterior

software para PC no es compatible con nuestro móvil y viceversa, o un *software* para Android no es compatible con ningún otro sistema operativo. También debemos estar seguros de que el programa es original y fiable, es decir, que no incluye *software* malicioso.

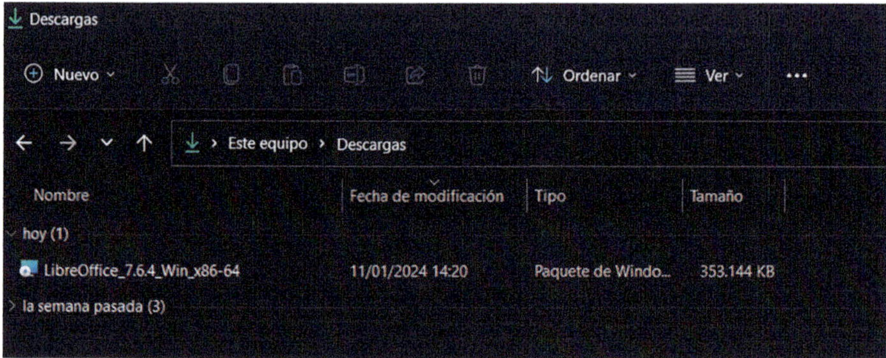

Software libre de LibreOffice descargado de internet y disponible en la carpeta Descargas del ordenador.

Una vez descargado, tendremos que realizar la instalación del programa. Este proceso es necesario para que la aplicación sea configurada por el sistema operativo y puedas utilizarla.

PRACTICA

Veamos cómo instalar un paquete de ofimática libre y gratuito como *LibreOffice*. Lo primero que debemos hacer es doble clic sobre el archivo de instalación y se pondrá en marcha el asistente.

Continúa en página siguiente >>

<< Viene de página anterior

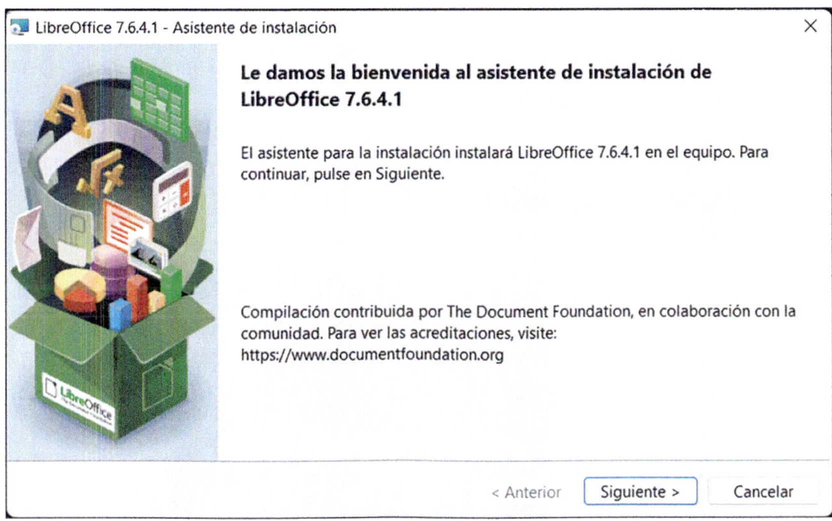

Durante el proceso, el asistente podrá comunicarte algún tipo de información o pedirte que selecciones entre diferentes opciones. Al final de cada cuadro de diálogo encontrarás un botón **Anterior,** para volver a la pantalla previa, **Siguiente,** para continuar, o **Cancelar,** que detiene la instalación.

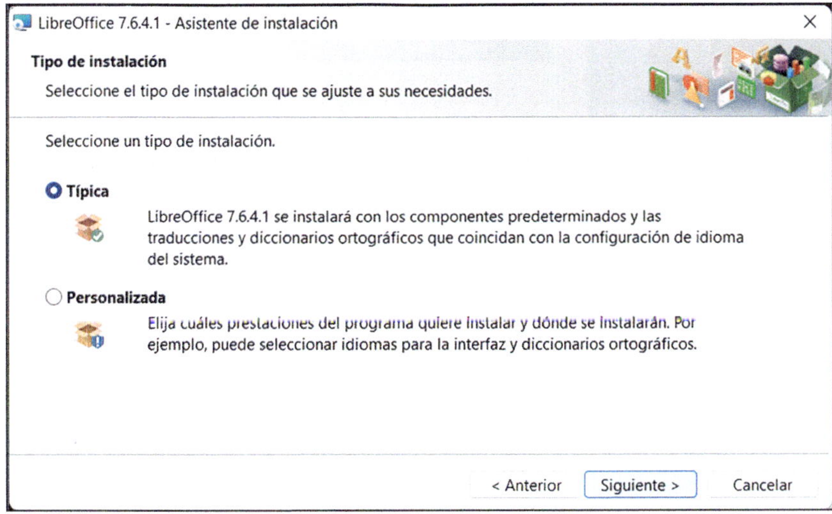

Continúa en página siguiente >>

<< Viene de página anterior

Posiblemente el sistema te pregunte si quieres permitir que la aplicación haga cambios en el dispositivo, o el asistente te pida reiniciar el equipo como parte del proceso de instalación. Esto es habitual.

Terminada la instalación, el icono del nuevo *software* aparecerá en el listado de programas del menú de inicio.

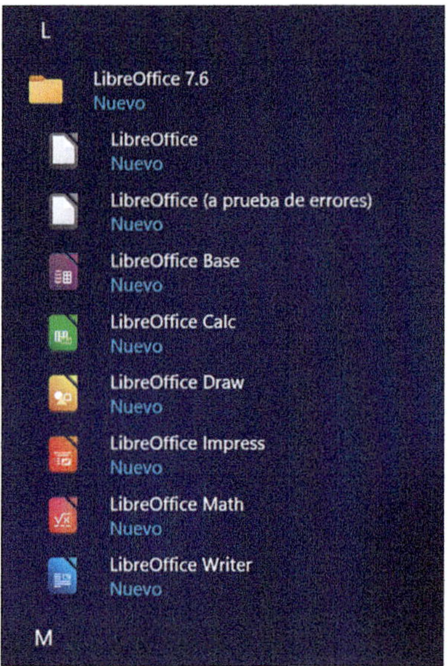

5. La gestión de archivos y carpetas

HILO CONDUCTOR

Beltrán lleva un buen rato buscando un documento en el ordenador. No lo encuentra donde creía que lo había guardado. Sin embargo, ha encontrado en varias carpetas la copia de una factura que no encontraba ayer. Lo de guardar y recuperar la información no es su fuerte.

La magia de los sistemas operativos es convertir líneas y líneas de código escrito en diferentes documentos comprensibles a nuestros ojos, para almacenarlos en el disco duro y transformarlos en gráficos y funciones cada vez que necesitamos trabajar con ellos. Como el sistema operativo, el usuario recopila información desde multitud de fuentes, la trabaja en diferentes programas y, posteriormente, la guarda o almacena, hasta que la recupera para utilizarla.

Todo material digital se almacena en forma de archivos con sus formatos particulares, y se organiza en carpetas. Por ello, la gestión de estos dos elementos es fundamental. Veamos un poco más sobre esto:

- **Archivos:** documento, archivo o fichero son algunos de los términos con los que nos referimos a la unidad de contenido digital con la que trabajamos en los dispositivos digitales. Su contenido puede ser muy variado, desde texto a fotografía, sonido, vídeo, etc. Los archivos contienen la información que manipulamos y también otra información extra, como la relativa al programa con el que se creó. Todos los archivos tienen un nombre por el cual debe ser reconocido; es esencial tenerlo en cuenta si queremos encontrarlos en la estructura de carpetas.

El formato de archivo decide la forma de organizar la información que está incluida en él. Cada formato es diferente y solo admite información específica, por ejemplo, el formato JPEG solo admite información sobre imágenes estáticas. Al abrir un archivo, *Windows* reconoce su formato y ejecuta la aplicación que puede interpretar esos datos. Por ejemplo, para abrir un archivo JPEG le asignaría el programa **Fotos.**

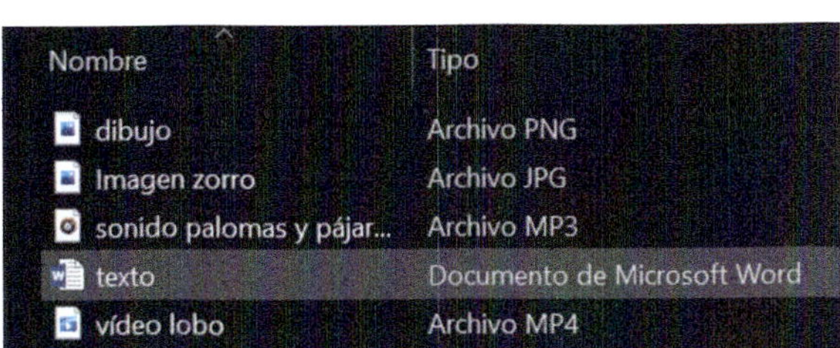

Nombre	Tipo
dibujo	Archivo PNG
Imagen zorro	Archivo JPG
sonido palomas y pájar...	Archivo MP3
texto	Documento de Microsoft Word
vídeo lobo	Archivo MP4

- **Carpetas:** las carpetas son recipientes que nos permiten organizar los archivos. Las carpetas son también llamadas **directorios.** Cada carpeta debe disponer de un nombre que nos ayude a identificar su contenido, por ejemplo, podemos darle el nombre de "Música" a la carpeta que contenga nuestros archivos de música. Las carpetas pueden contener otras carpetas, sin límite de cantidad. Lógicamente, lo que nos interesa es crear una estructura de subcarpetas que nos permita una organización operativa.

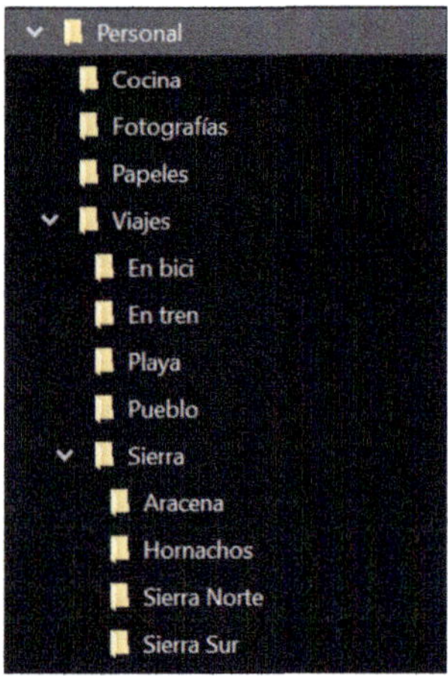

Cada cuenta de usuario en un equipo *Windows* posee unas carpetas personales que no son accesibles por parte de otros usuarios del equipo. Nos referimos a la carpeta Imágenes, Documentos, Descargas, etc. De forma predeterminada los programas guardarán nuestros archivos en estas carpetas, salvo que indiquemos lo contrario. Al abrir el explorador de *Windows* disponemos de accesos rápidos a estas carpetas personales.

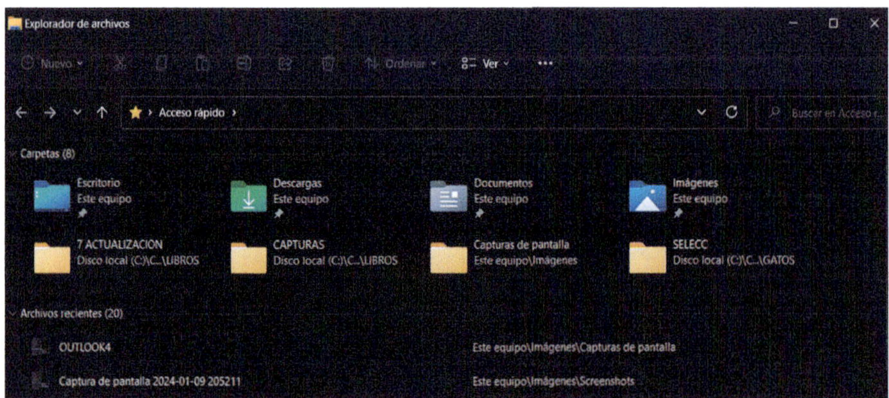

A diario manejamos grandes cantidades de información, mucha de ella en formato digital. Por ello, la gestión de archivos y carpetas resulta indispensable. No es suficiente con almacenar la información, después hay que poder recuperarla.
La herramienta específica e indispensable para esta gestión no es otra que el explorador de archivos. Es el programa que permite buscar y examinar el contenido de una carpeta, copiar o mover archivos y carpetas y, si fuera necesario, eliminarlos. En la barra de tareas disponemos de un acceso directo al explorador.

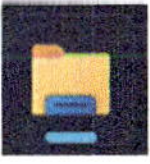

Acceso directo al explorador

La ventana del explorador de archivos dispone de varios elementos que veremos a continuación:

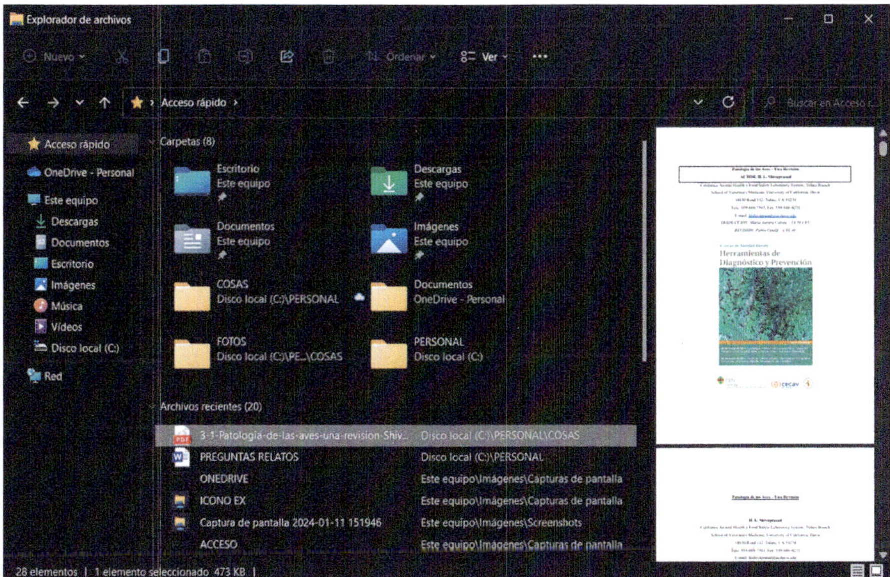

- **La barra de título:** en la zona superior de la ventana encontramos esta barra que, como su propio nombre indica, proporcionará el nombre de la carpeta que está seleccionada.

En su extremo izquierdo, al hacer clic sobre el icono que acompaña al nombre de la carpeta donde nos encontramos, se despliega el menú de ventana. En él podemos seleccionar opciones como Mover, Tamaño, Minimizar, Maximizar y Cerrar para modificar el tamaño o posición de la ventana del explorador.

El extremo de la derecha de la barra de título lo ocupan tres botones indispensables. El primero, **Minimizar,** similar a un guion, elimina la ventana de la vista de escritorio, pero manteniéndola aún abierta y accesible en la barra de tareas. El segundo, **Minimizar tamaño,** con forma cuadrada, minimiza y maximiza el tamaño de la ventana, según proceda. Recuerda que también puedes modificar esta ventana utilizando los diseños de escritorio al pasar el cursor sobre este botón. Podemos modificar el tamaño de una ventana fácilmente. Al pasar el cursor sobre los laterales observaremos cómo el puntero del ratón en forma de flecha se transforma en una doble fecha; esto indica que podemos desplazar ese lateral. Basta con pulsar sobre uno de sus lados y sin soltar arrastrar el lateral hasta donde deseemos. Si necesitamos que la ventana vuelva a ocupar toda la pantalla, solo habrá que pulsar de nuevo en el botón **Minimizar tamaño.** El último icono, Cerrar, con forma de equis, cierra definitivamente la ventana.

- **La barra de herramientas:** esta barra contiene multitud de opciones que nos ayudarán a gestionar las carpetas y archivos.

La lista desplegable **Nuevo** ofrece una lista de diversos tipos de archivos que podemos crear con un simple clic, por ejemplo, una nueva carpeta o un documento de texto.

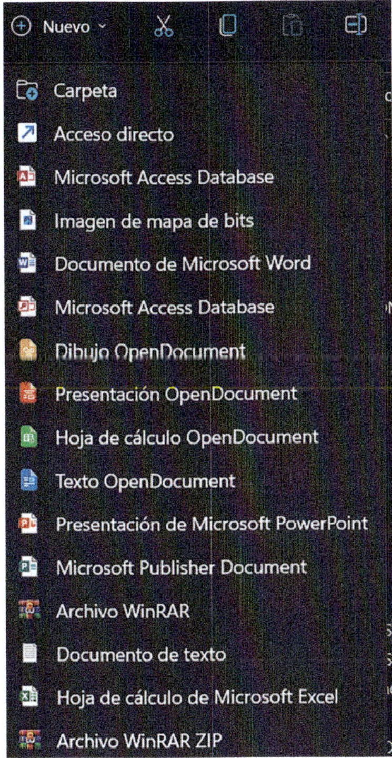

Le sigue un conjunto de botones para realizar acciones rápidas de cortar, copiar, pegar, cambiar el nombre, compartir o eliminar, que podemos realizar con facilidad.

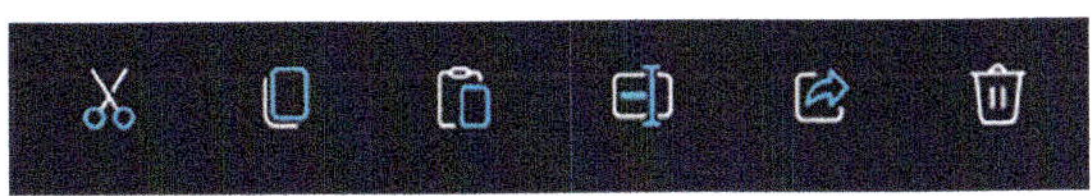

En la lista desplegable **Ordenar** podemos seleccionar el criterio por el que se ordenarán los documentos y carpetas listados, mientras la lista desplegable **Ver** nos permite especificar cómo se verán los diferentes elementos y qué información mostrarán.

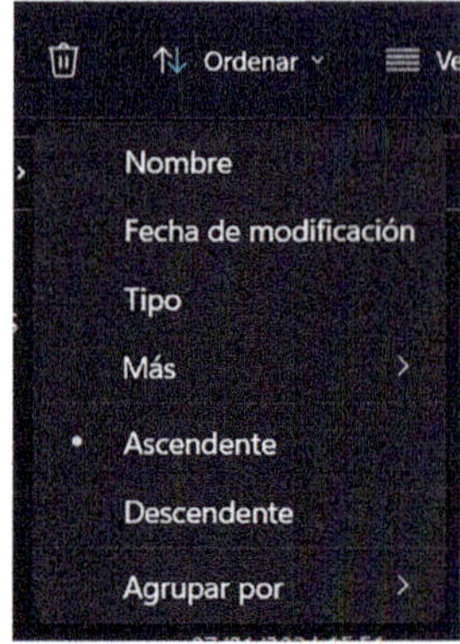

En el submenú **Mostrar** encontraremos además opciones para activar y desactivar otros paneles del explorador, como el panel de vista previa o el de navegación.

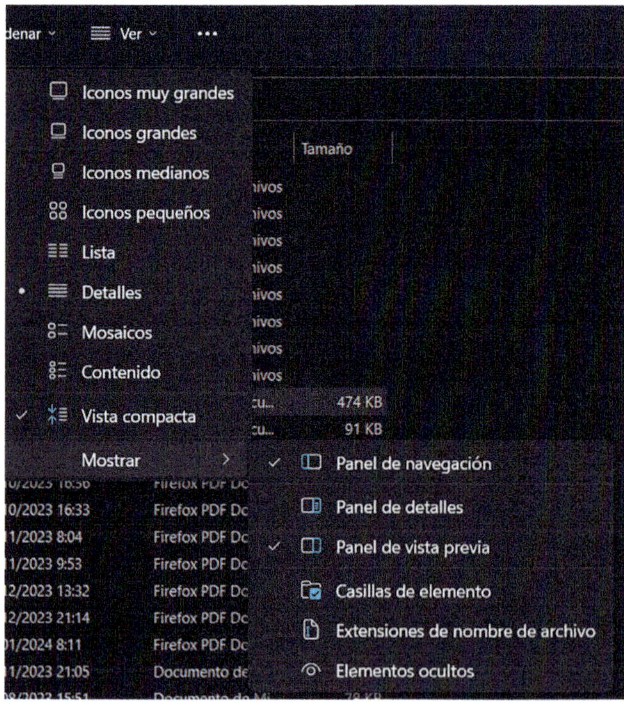

Por último, mediante el botón **Ver más,** en forma de puntos suspensivos, disponemos de otras acciones para comprimir, seleccionar grupos de archivos u obtener las propiedades del documento, entre otras opciones.

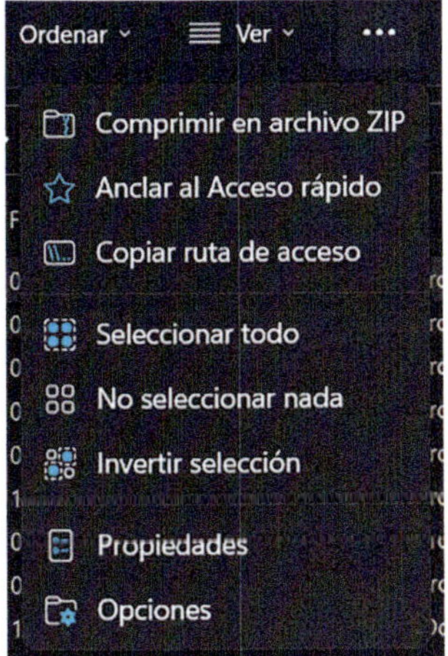

Dependiendo del archivo seleccionado, pueden activarse nuevos botones en esta barra que ofrezcan opciones diferentes.

- **La barra de direcciones:** muestra la ruta de carpetas donde se encuentra la carpeta en la que nos encontramos. El botón **Atrás** a la izquierda de la barra nos dirige a la carpeta previa desde la que veníamos, mientras el botón **Adelante** hace el recorrido a la inversa. El botón **Ubicaciones recientes,** en forma de punta de flecha que apunta hacia abajo, nos permite seleccionar rápidamente carpetas que hemos visitado. El botón **Subir**, sin embargo, asciende una posición en la estructura jerárquica de carpetas, es decir, siempre nos dirige a la carpeta que contiene a la carpeta en la que estamos. Tras la ruta de carpetas disponemos de otro botón de flecha, **Ubicaciones anteriores,** con acceso a la carpeta raíz, que sería **Este equipo,** a los **Accesos rápidos** y a otras carpetas previas a la que nos encontramos. Le sigue un botón de actualización, que actualiza la ruta de carpetas si, por ejemplo, la hemos copiado y pegado directamente en la barra de direcciones. Y, por último, en el extremo derecho, la barra dispone de un buscador que localiza carpetas y archivos según el criterio de búsqueda introducido y en la carpeta que tengamos seleccionada.

- **Panel de navegación:** es la zona situada inmediatamente por debajo de la barra de direcciones que podemos dividir en tres partes. En el panel de la izquierda podemos observar la estructura jerárquica de carpetas y movernos entre ellas.

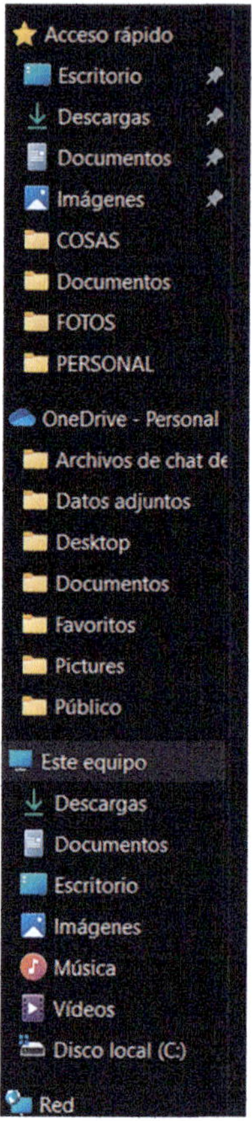

Si contraemos las carpetas, utilizando el icono en forma de punta de flecha situado junto a las carpetas que incluyen carpetas en su interior, observamos que existen cuatro carpetas raíces: Acceso rápido, OneDrive, Este equipo y Red.

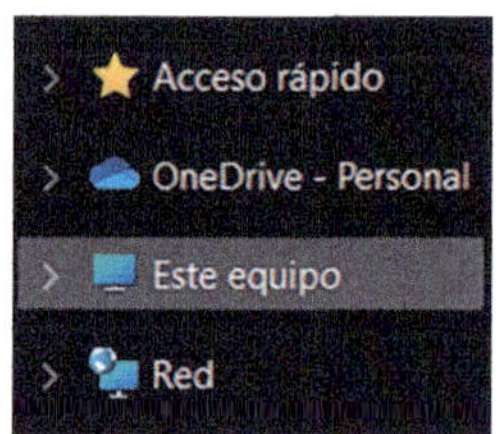

Si desplegamos el directorio raíz **Acceso Rápido,** observamos un listado de carpetas. En la parte superior encontramos las carpetas de usuario.

Bajo ellas, las carpetas que hemos anclado al **Acceso rápido,** lo que se consigue mediante el menú contextual al hacer clic derecho sobre la carpeta y seleccionando **Anclar** al **Acceso rápido.** Por último, mostrará otras carpetas que hemos visitado recientemente.

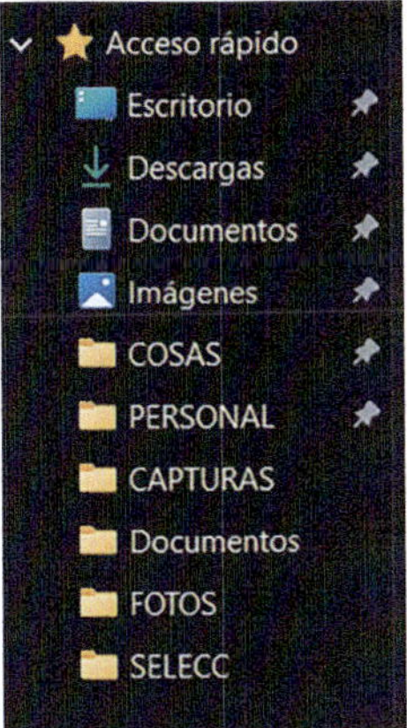

El directorio OneDrive contiene las carpetas de usuario Documentos, Imágenes, Escritorio u otras carpetas que estemos almacenando en la nube. Estas carpetas son las mismas carpetas de usuario que hemos visto anteriormente; son solo una copia que permite que todo lo que incluyamos en las carpetas de usuario se copie en OneDrive. Cualquier archivo o carpeta aquí incluido tendrá una copia en el servicio en la nube.

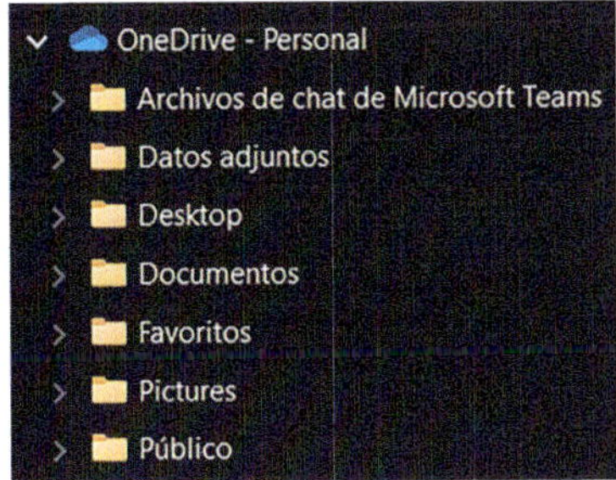

El directorio **Este equipo** es el conjunto más importante de carpetas. De nuevo nos enlaza con un listado más amplio de carpetas de usuario, pero lo importante es que es donde podemos localizar los dispositivos de almacenamiento de que dispone el equipo, como por ejemplo el disco duro interno (C:), (D:), un dispositivo DVD o USB, etc. Si creamos carpetas directamente en (C:), debemos recordar que al estar fuera de las carpetas personales de nuestra cuenta de usuario, cualquier otro usuario del equipo puede acceder a las carpetas y su contenido.

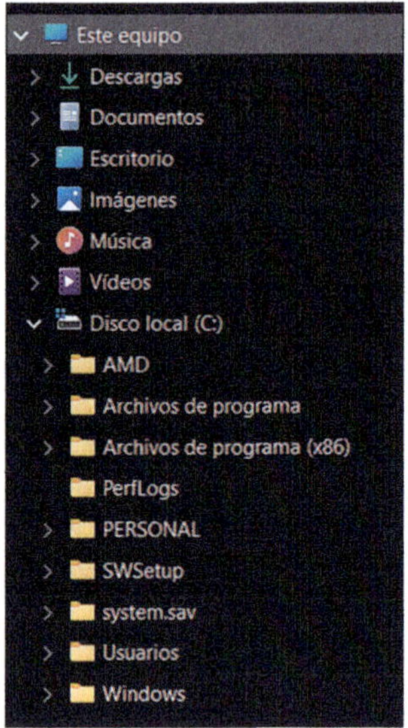

Por último, en el grupo **Red** encontraremos otros dispositivos, como impresoras u otros equipos con los que estemos conectados en red.
En el panel de navegación central, podemos acceder al contenido de las carpetas y seleccionar los archivos oportunos. Aquí podremos crear carpetas o documentos nuevos mediante el botón **Nuevo** de la barra de herramientas. Dependiendo de las opciones que tengamos seleccionadas en los botones **Ordenar** y **Ver** de la barra de herramientas, dispondremos de vistas diferentes de las carpetas y archivos de este panel. Por último, según la opción seleccionada en el submenú **Mostrar** del botón **Ver,** dispondremos a la derecha de un panel de vista previa del contenido del documento o de un panel de detalles del archivo.

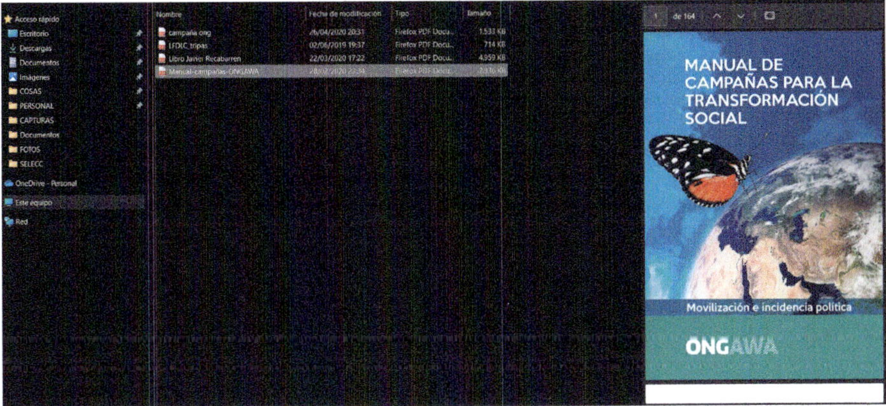

- **La barra de estado:** es la barra inferior situada bajo el panel de navegación. Contiene información de interés del elemento seleccionado que irá variando con cada tipo de archivo. Por ejemplo, seleccionando una carpeta nos mostrará el número de elementos contenidos en la carpeta, en cambio, al seleccionar un documento indicará su tamaño. En el extremo derecho de la barra existen dos botones que permiten intercambiar respectivamente entre la vista de detalle y la de miniaturas grandes del panel de navegación.

NOTA

Algunas actualizaciones de *Windows 11* que puedes descargar en función de las características de tu equipo, permiten el uso de pestañas en el explorador de archivo. Esta opción libera el escritorio de elementos del explorador abiertos, reuniendo todos en la misma ventana.

Continúa en página siguiente >>

<< Viene de página anterior

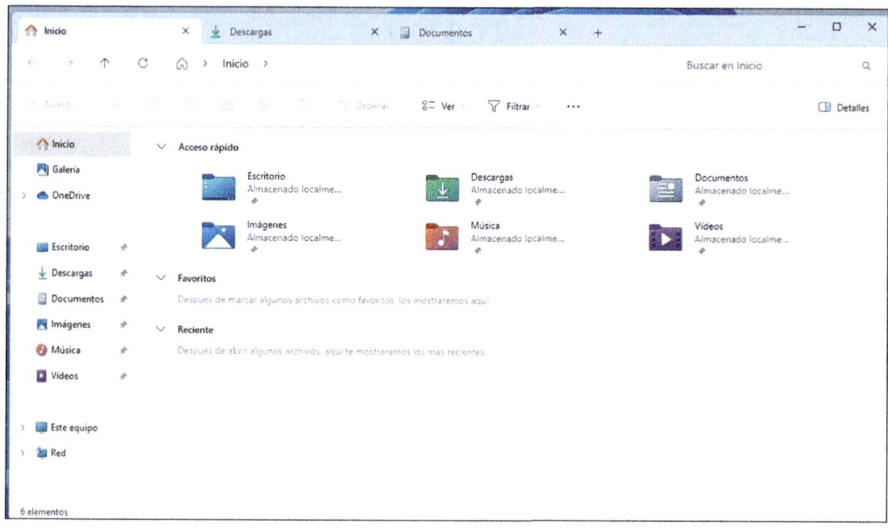

ACTIVIDAD COMPLEMENTARIA

2. Imagina que, en un golpe de suerte, te han convencido para organizar el catálogo de libros, en formato digital, de la pequeña biblioteca de la comunidad de vecinos de tu barrio. No es mucho trabajo, al fin y al cabo, solo se trata de unos tres mil ítems. A partir de lo que has estudiado sobre la estructura de carpetas, describe qué referencias crees más adecuadas para crear un árbol de directorios.

Para finalizar la revisión de la gestión de archivos y carpetas, repasaremos qué acciones fundamentales podemos realizar al trabajar con estos elementos:

- **Abrir y guardar:** si deseamos modificar un documento, es necesario que lo abramos en un programa que pueda editarlo. Para ello tenemos dos opciones:
  La primera es buscar el programa necesario y ejecutarlo, haciendo doble clic sobre él para, posteriormente, utilizar el comando **Abrir** del menú **Archivo,** acción que despliega el explorador, y realizar entonces la búsqueda del documento.

La segunda opción, más sencilla, es buscar el archivo en el explorador y, una vez encontrado, hacer doble clic sobre él. Esta acción hará que el archivo se abra en el programa que esté predeterminado para ese tipo de documentos.

Una vez editado un documento en un programa, es normal proceder a salvar los cambios realizados. De nuevo, en el menú **Archivo** encontraremos un par de opciones. Si se trata de un archivo ya almacenado, solo tendremos que seleccionar **Guardar** para salvar los cambios. En caso de que el documento no haya sido guardado con anterioridad, tendremos que usar la opción **Guardar como.**

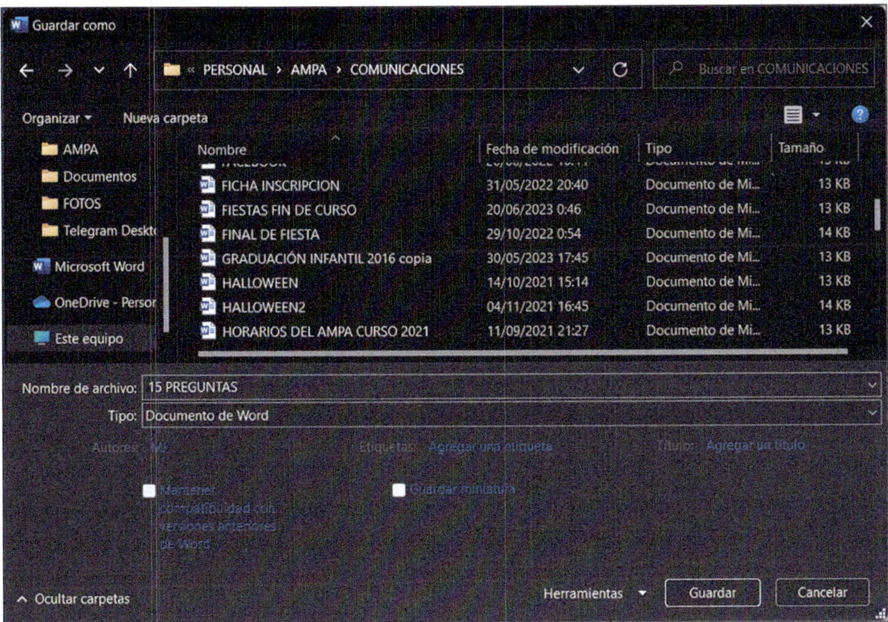

Esta opción nos dirige al explorador para que localicemos la ubicación donde deseamos guardarlo, escribir el nombre para el archivo y elegir el tipo de formato más conveniente.

- **Propiedades:** para acceder a la ventana de propiedades solo debemos hacer clic con el botón derecho sobre el documento. En esta ventana encontraremos información relevante del archivo e incluso dispondremos de espacio para ampliar esa información.

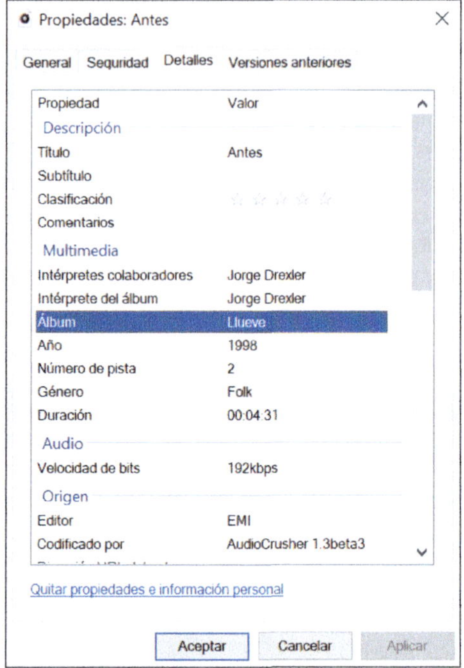

- **Crear, copiar y mover:** como hemos visto, en la barra de herramientas del explorador disponemos de múltiples opciones para trabajar con carpetas y archivos. Todas ellas también son accesibles desde el menú contextual que obtenemos al hacer clic derecho con el ratón sobre un archivo. Por ejemplo, para crear una carpeta nueva, haz clic derecho sobre un espacio vacío del panel de navegación central. En el menú contextual selecciona **Nuevo** y en el submenú **Carpeta.**

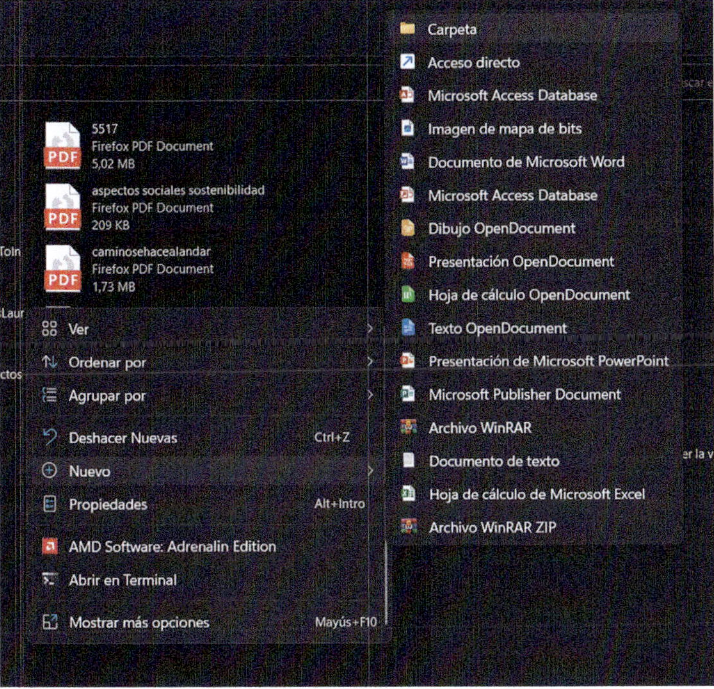

Para crear una copia de cualquier archivo o carpeta también es posible utilizar el menú contextual del ratón. Selecciona el archivo o carpeta original y haz clic derecho. En el menú contextual selecciona **Copiar.** Posteriormente tendrás que dejar la copia en la ubicación que precises, haciendo clic derecho en cualquier espacio libre de la carpeta de destino y seleccionando **Pegar** en el menú contextual. De la misma forma podemos **Cortar.** Esta opción permite retirar un archivo o carpeta de su ubicación y moverlo hasta otro contenedor.

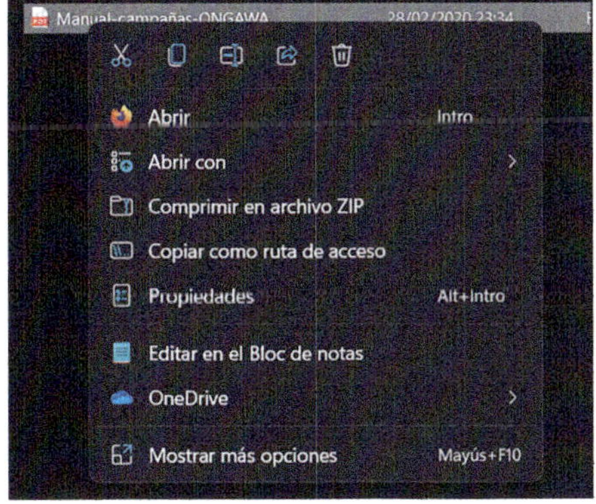

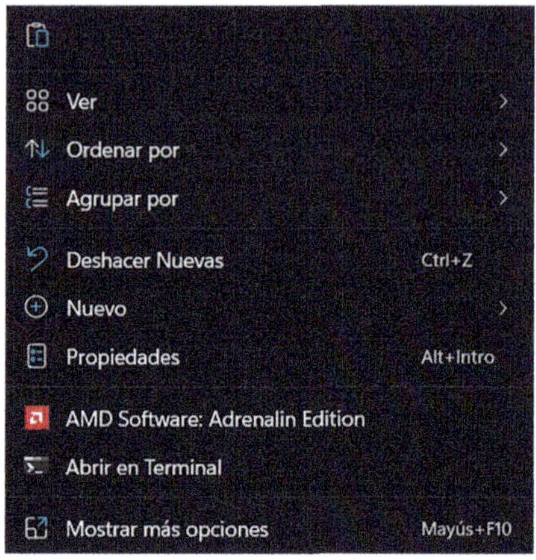

- **Rutas de acceso:** ya hablamos antes de la importancia de facilitar la localización de los archivos. Ahora revisaremos el concepto de ruta, un modo de describir el camino a seguir hasta el archivo, de forma que nos ofrezca su localización exacta. Lo primero es localizar el **directorio raíz,** es decir, necesitamos conocer la carpeta o directorio que contiene a todas las demás y que suele coincidir con un espacio de almacenaje físico, como un disco duro o un USB. A estos, el sistema operativo les asigna una letra (C:\, D:\, E:\, etc.). A partir de aquí seguiremos un camino pasando de una carpeta a otra, formando el **árbol de directorios.** Desde la cima del árbol, que corresponde con el directorio raíz, la estructura de carpetas se va ramificando creando una figura piramidal. De esta forma para crear la ruta de acceso habría que partir del directorio raíz e ir enumerando cada una de las carpetas contenedoras hasta llegar al archivo. Como ya sabes, en la barra de direcciones podemos visualizar la ruta de acceso del documento o carpeta que tengamos seleccionada. Si haces clic en la ruta verás que se selecciona y toma la estructura propia de una ruta de acceso, que se nombra con el directorio raíz, por ejemplo, "C:\" seguido de la lista de carpetas separadas por barras (\) hasta llegar a la última carpeta o archivo. En la siguiente imagen, la ruta de acceso al documento seleccionado sería: "C:\PERSONAL\AVHA\PROPUESTAS\TRADUCCIONLIBRO\TRADUCIDO-PatricceJones-Aftershock_2007-Chapter-02-HighRiskActivists.pdf".

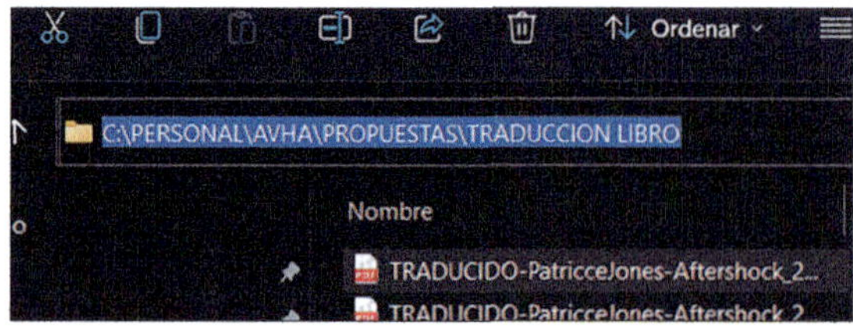

- **Cambiar nombre:** el nombre de carpetas y archivos tiene gran importancia para la coherencia del almacenaje que afecta directamente a la facilidad de recuperación o localización de archivos. Por esto, es muy posible que sea necesario cambiar los nombres de algunos archivos y carpetas. El método más rápido es realizar dos clics, sobre el nombre, con un pequeño lapso de tiempo entre ellos. Esto hará que se seleccione el nombre, y que podamos escribir uno nuevo. Lo mismo conseguimos al hacer clic derecho sobre el documento y seleccionar la opción **Cambiar nombre** en el menú contextual. Por último, también disponemos de la opción **Cambiar nombre** en la barra de herramientas del explorador.

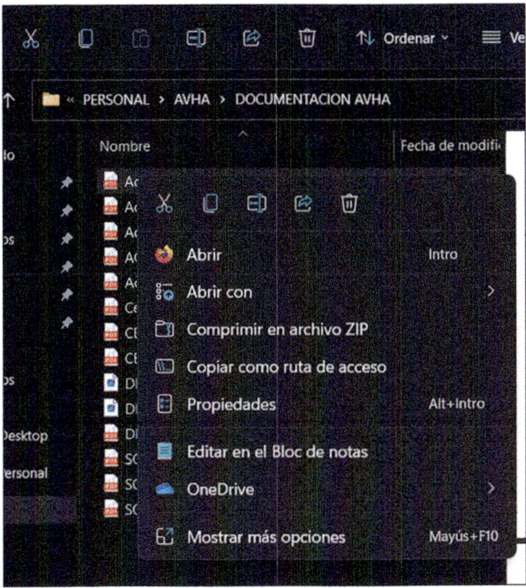

- **Archivos recientes:** a *Windows* le gusta facilitar el trabajo y siempre busca fórmulas para que encuentres rápidamente lo que estás buscando. De aquí parte la idea de archivos frecuentes. Es muy posible que tengas que trabajar durante un tiempo sobre un archivo o que acudas a algún otro recurrentemente. Los archivos recientes permiten acceder a determinados archivos sin realizar apenas esfuerzo. Disponemos de tres opciones de acceso a estos archivos: desde el menú Inicio, desde la Barra de tareas y desde el Acceso rápido del explorador. En este último caso, los archivos frecuentes se encontrarán listados bajo los archivos habituales de Acceso rápido. Tanto en Inicio como en la Barra de tareas, solo tendrás que hacer clic derecho sobre el programa predeterminado para el archivo. En el menú contextual que emerge podremos ver una selección de los archivos que se han utilizado para ese programa recientemente.

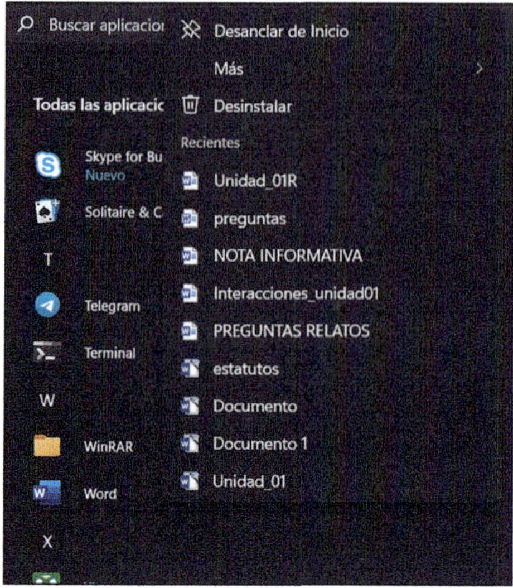

- **Eliminar y recuperar:** ya hablamos anteriormente un poco sobre la papelera de reciclaje. Ahora vamos a ver qué debemos hacer para eliminar archivos y carpetas. La forma más rápida de eliminar un archivo es seleccionarlo y pulsar la tecla suprimir [Supr] del teclado. Otra posibilidad es utilizar el botón **Eliminar** del menú contextual que obtenemos al hacer clic derecho sobre el documento que, si recordamos, también es accesible en la barra de herramientas del explorador.

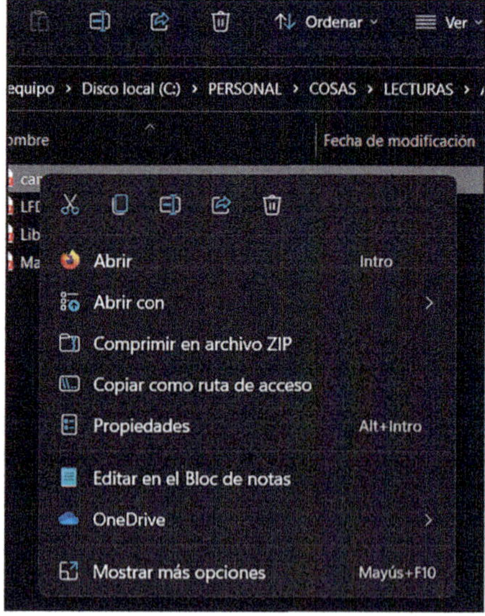

Se pueden recuperar archivos eliminados siempre que se encuentren en la papelera de reciclaje. Si han sido eliminados permanentemente, la recuperación de archivos habrá que ponerla en manos de profesionales. En el menú contextual de la papelera podemos seleccionar **Vaciar la papelera de reciclaje,** lo que eliminará todo su contenido permanentemente. Si hacemos doble clic sobre el icono de la papelera accederemos a los archivos que contiene. En el botón **Ver más** de la barra de herramientas podemos decidir si **Vaciar la papelera de reciclaje** o **Restaurar todos los elementos.** Esta última opción devuelve los archivos a la carpeta de donde fueron eliminados. Puede que solo queramos restaurar algunos de los archivos. Para ello, disponemos de la opción **Restaurar solo elementos seleccionados.** Para seleccionar varios archivos correlativos, podemos seleccionar el primero haciendo clic con el botón izquierdo del ratón, mantener pulsada la tecla [Mayús] del teclado y de nuevo hacer clic sobre el último archivo. Esta acción seleccionará todos los archivos intermedios. Para seleccionar archivos no correlativos, mantendremos pulsada la tecla [Ctrl] e iremos seleccionando con el ratón aquellos archivos que nos interese. Estos métodos de selección se utilizan para trabajar en cualquier ventana del explorador.

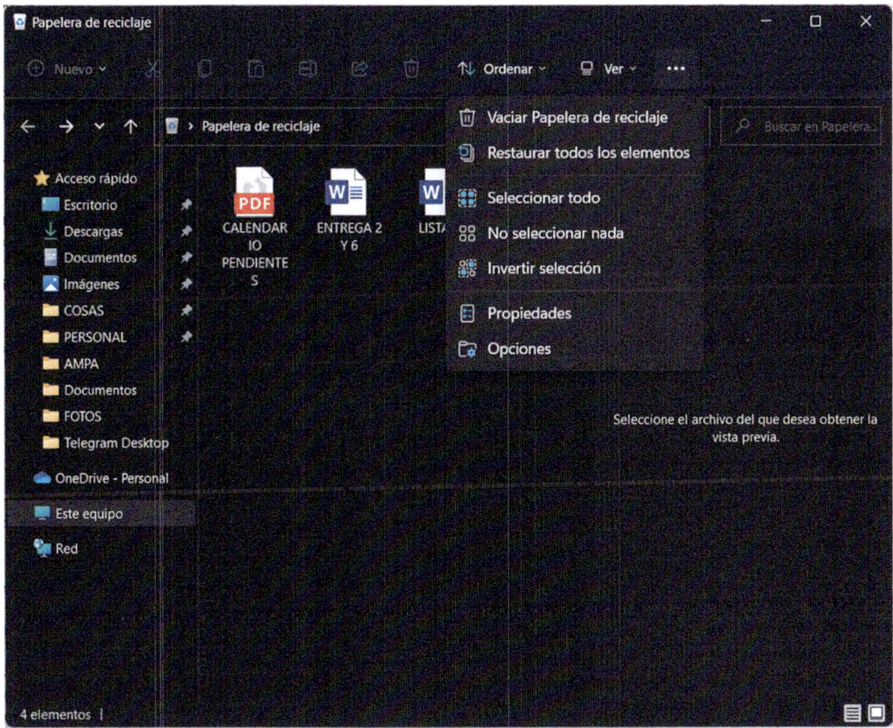

- **Compresión:** con el tiempo, y con cierta propensión a acumular, es posible que el espacio de almacenamiento empiece a escasear, o quizá necesitemos enviar un archivo que tiene un peso considerable, o varios archivos. Para estas situaciones podemos utilizar la compresión. Comprimir significa conseguir que un archivo ocupe menos (KB, MB, etc.) sin que se aprecie una pérdida.
  Y para comprimir existen muchos programas, algunos de ellos muy conocidos como *WinZip* o *WinRar,* aunque *Windows* también dispone de su propio compresor muy fácil de usar. En este caso, *Windows* trabaja con carpetas comprimidas, es decir, todo lo que entre en la carpeta estará comprimido y lo que saquemos dejará de estarlo. Trabajaremos con estas carpetas comprimidas igual que si fueran carpetas normales.
  Si necesitamos comprimir un archivo, o un grupo de ellos, solo será necesario hacer clic derecho sobre el archivo o archivos seleccionados y, en el menú contextual, seleccionar la opción **Comprimir en archivo ZIP.**
  Para descomprimir los archivos de una carpeta comprimida, utilizaremos nuevamente el menú contextual del archivo para seleccionar, esta vez, **Extraer todo,** y en el siguiente cuadro de diálogo indicar la carpeta donde se guardará el contenido.

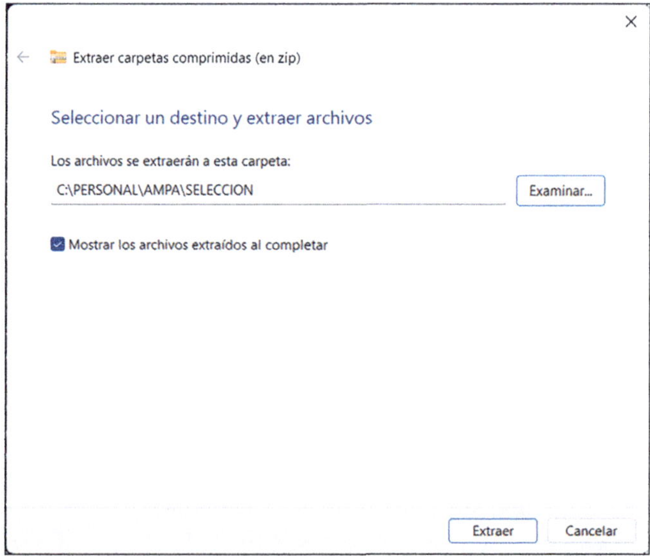

Ana acaba de reinstalar su ordenador y quiere personalizarlo antes de comenzar a trabajar. Ella es profesora de tecnología y suele utilizar diferentes herramientas multimedia para sus clases. Para acceder a ellas cómodamente, le gusta disponer de accesos directos de algunos programas en el menú de inicio, en la barra de tareas y en el escritorio. Ayuda a Ana a crear los accesos directos para las aplicaciones Paint, WordPad, Calculadora, Editor de vídeo, Fotos y Paint 3D.

Por otro lado, también necesitará crear las carpetas necesarias para guardar su material. Crea en el disco duro (C:\) una carpeta titulada "00 Trabajo". Incluye en ella tres carpetas, una para almacenar ejercicios, otra para lecciones y otra para exámenes. Por último, crea una carpeta más, "Revisar", y cópiala dentro de cada una de las tres carpetas que has creado previamente. Cuando las hayas copiado, elimina la original.

6. Resumen

Hemos revisado algunos conceptos fundamentales del funcionamiento de los dispositivos electrónicos. Estos conceptos son básicos para el manejo de las tecnologías que nos permitirán procesar la información digital.

Vimos que los equipos se componen de *hardware* y *software*. Disponemos de dos tipos de *software*: *software* de sistema y *software* de aplicación.

Hemos repasado las funciones del sistema operativo y los tipos disponibles en el mercado:

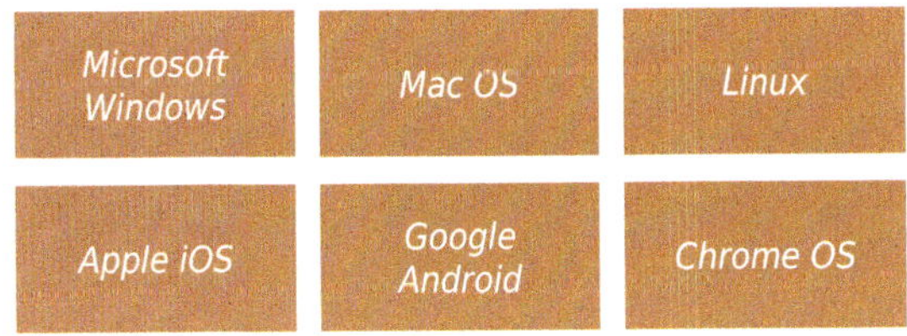

Entre las funciones del SO, nos detuvimos en el encendido y el apagado. Este último puede implicar procesos diferentes: reiniciar, apagar, suspender e hibernar.

Hemos repasado los elementos principales de la interfaz de *Windows* y las vías de acceso a las aplicaciones:

- Fondo de escritorio
- Barra de tareas
- Menú de inicio

También repasamos las aplicaciones básicas incluidas en el SO:

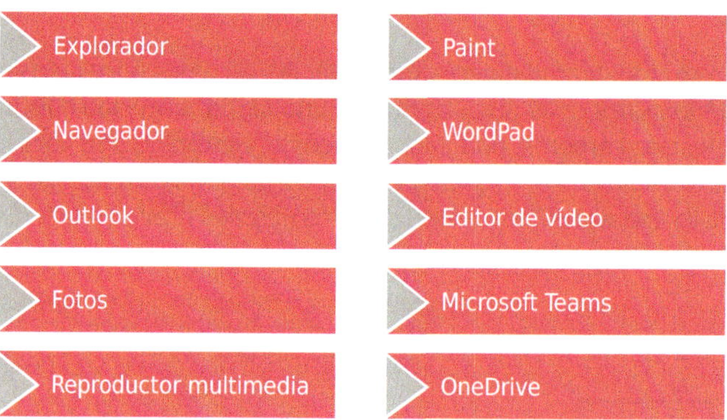

Por último, hemos visto las características principales de los archivos y las carpetas, y para gestionarlos revisamos los elementos que componen la ventana del **Explorador:**

- Barra de título
- Barra de herramientas
- Barra de direcciones
- Panel de navegación
- Barra de estado

Cerrando la unidad con el repaso de las principales tareas que podemos realizar con los archivos y carpetas, vimos:

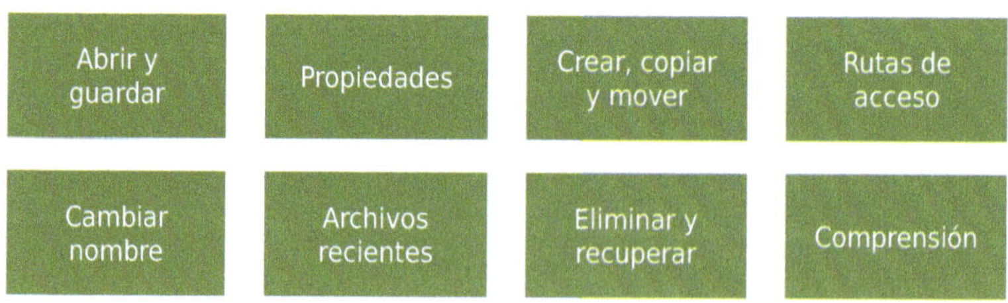

Ejercicios de autoevaluación Unidad de Aprendizaje 1

1. ***Windows, Android* y *macOS* son:**

   a. Componentes físicos.
   b. *Software* de sistema.
   c. *Software* libre.
   d. *Hardware.*

2. **¿Quién es responsable de la seguridad, la configuración y el funcionamiento del equipo?**

   a. Los componentes lógicos.
   b. El *software* de aplicación.
   c. El sistema operativo.
   d. Los periféricos.

3. **La BIOS se encuentra instalada en la memoria...**

   a. ... RAM.
   b. ... ROM.
   c. ... POST.
   d. ... SO.

4. **¿Qué variedades de SO existen atendiendo al tipo de dispositivo al que está destinado?**

   a. SO monotarea y SO multitarea.
   b. SO para un usuario y SO multiusuario.
   c. SO para PC/portátiles y SO dispositivos móviles.
   d. SO con licencia y SO de *software* libre.

5. **¿Qué sucede cuando reiniciamos?**

   a. El ordenador se apaga totalmente, pero podemos encenderlo moviendo el ratón.
   b. El ordenador se apaga parcialmente, pero debemos pulsar el botón de arranque para encenderlo.

c. El ordenador no se apaga totalmente, está a la espera de que hagamos alguna acción.
d. El ordenador se apaga totalmente y vuelve a encenderse seguidamente.

6. ¿Qué elemento gráfico al ser pulsado desencadena una acción?

a. Ventana.
b. Menú.
c. Barras de desplazamiento.
d. Botones.

7. *OneDrive* es una herramienta para...

a. ... almacenar archivos en la nube.
b. ... llamadas y videollamadas.
c. ... creación y edición de vídeo.
d. ... navegar en internet.

8. Indica si la siguiente afirmación es verdadera o falsa: "El formato organiza cualquier tipo de información dentro de un archivo".

- Verdadero
- Falso

9. ¿Qué es lo más importante que encontramos en Este equipo?

a. Los dispositivos de almacenamiento del equipo.
b. El árbol de directorios.
c. El almacenamiento en la nube.
d. Los dispositivos a los que estamos conectados en red.

10. ¿Cómo accedemos a propiedades de un archivo?

a. Desde la barra de tareas.
b. Desde el menú inicio.
c. Desde el menú del botón derecho del ratón.
d. Desde un acceso directo del escritorio.

Unidad de aprendizaje 2

Gestión de la información

Contenido

1. Introducción
2. Uso de diferentes navegadores
3. Buscadores y fuentes RSS
4. Almacenamiento y recuperación del contenido digital
5. Resumen

Objetivos

El objetivo general de esta Unidad de Aprendizaje es:

- Distinguir las posibilidades de las TIC para obtener, valorar y ordenar información digital.

Los objetivos específicos de esta Unidad de Aprendizaje son:

- Acceder a los servicios que provee internet.

- Localizar información digital específica en la red y valorar su fiabilidad.

1. Introducción

La enorme paradoja de nuestras sociedades es que, a pesar de ser el momento de la historia de la humanidad con el más amplio acceso y difusión de información, no somos más sabios que otras generaciones. El conocimiento que promueve la disponibilidad de datos se alcanza tras un ejercicio activo de integración y elaboración de estos datos. Es decir, el conocimiento implica saber qué información necesitamos, encontrarla, analizarla, valorarla y ordenarla y, por último, saber aplicarla en la resolución de problemas.

Adquirir competencias para el tratamiento de la información digital involucra todo lo anterior. Pero, en primera instancia, requiere habilidades específicas para trabajar con datos digitales y las aplicaciones que facilitan el acceso a ellos.

En la presente unidad, conoceremos la red de redes y las aplicaciones que nos permiten conectar con sus servicios. Asimismo, descubriremos aplicaciones para localizar la información disponible a lo largo y ancho de internet. Y, para terminar, analizaremos qué hacer con la información útil para organizarla y poder acceder a ella, cuando sea necesario.

En esta ocasión, por tanto, Beltrán nos guiará al encuentro de los servicios de internet y, en especial, de toda esa información que fluye por las arterias del ciberespacio.

2. Uso de diferentes navegadores

HILO CONDUCTOR

Además de los datos habituales, la tarjeta de visita de Beltrán incluye la dirección web de su empresa. La ventaja de ello es que sus clientes, si requieren de información adicional sobre los productos o sobre la propia empresa, pueden consultar a través de internet toda la información que el sitio web contiene, con solo teclear la URL.

El término "navegación" sugiere la idea de viaje. Y es que navegar por internet nos transporta, a través de un mar de información, hasta puertos remotos en cualquier lugar del planeta. Pero ¿qué es exactamente el tan mencionado internet?

No es más que una inmensa red de ordenadores interconectados. Una red que incluye otras redes en sí misma. Por ello, internet se viene a denominar **red de redes.**

Hay diversos tipos de redes (públicas, privadas, de alcance local, de alcance internacional, universitarias, de investigación, etc.), y diferentes tipos de conexiones (cable, ADSL, satélite, wifi, etc.). Pero la comunicación en internet es posible debido a que los ordenadores que integran la red utilizan un lenguaje común: **el protocolo TCP/IP.**

Mientras el protocolo TCP/IP permite la comunicación en internet, las conexiones entre los ordenadores de todas las diferentes redes son las que hacen posible transferir y compartir datos a nivel mundial.

SABÍAS QUE...

Cuando un ordenador (cliente) solicita información a otro ordenador (servidor), el protocolo TCP/IP actúa, dividiendo la información en paquetes, enviando los paquetes a través de la red por diferentes rutas y, por último, ordenando los paquetes y su información en el ordenador del cliente para mostrarla en una forma compresible para el usuario. Este funcionamiento del sistema se denomina **modelo cliente-servidor.**

Por último, y para que todo lo anterior sea efectivo, es necesario que cada ordenador esté identificado de tal modo que no haya duda del origen y el destino que debe seguir la información. Y esto se consigue por medio de la **dirección IP.**

DEFINICIÓN

Dirección IP

Es la dirección que identifica de manera exclusiva a cada equipo que forma parte de una red. La dirección IP está formada por cuatro números, entre 0 y 255, separados por puntos como, por ejemplo, 193.147.0.112. Es, por tanto, la información que necesitan los ordenadores para conectarse unos a otros.

Sería francamente complicado recordar esta secuencia de números de cada equipo de la red con el que deseamos conectar. Por eso, las IP de los servidores se simplifican, traduciéndose a un nombre que a los usuarios les resulte más cómodo recordar. Es la función con la que se crea el sistema de **nombres de dominio.**

SABÍAS QUE...

Un nombre de dominio es una secuencia de palabras separadas por puntos. Consta, al menos, de un nombre, que lo identifica, y una extensión, por ejemplo, "Google.es", donde "Google" es el nombre y ".es" la extensión. Las extensiones se establecen en función de ciertas características del dominio como el territorio en que se encuentra, el tipo de organización al que pertenece, etc. Así, podemos encontrar extensiones ".es" (de España) o ".it" (de Italia), ".uk" (de Reino Unido), y ".com" (de empresas), ".org" (de ONG), ".edu" (de servicios educativos"), etc.

Podemos resumir que internet se construye por la unión de millones de ordenadores (servidores y clientes) a través de líneas de conexión, y que estos equipos utilizan un protocolo (TCP/IP) y sus direcciones específicas (la IP, y su traducción, el dominio) para establecer la comunicación. La pregunta que nos haremos entonces será: ¿qué necesitamos para acceder a internet desde nuestro dispositivo?

Son necesarios los siguientes elementos:

Terminal

- Es el dispositivo mediante el que conectamos a internet. Nos referimos no solo a ordenadores, también se incluyen dispositivos móviles, *Smart* TV y otra tecnología inteligente.

Módem

- Es el aparato que conecta el dispositivo a la red de conexiones. Se encarga de traducir la información digital de los ordenadores al tipo de información analógica que transmiten las conexiones físicas, y hace lo mismo en el sentido inverso. Dependiendo del dispositivo y de las conexiones que se utilicen, será necesario un modelo u otro de módem.

Conexión

- Como vimos, son las arterias que hacen posible transmitir la información entre los terminales de la red. También comentamos que existen diversos tipos, desde las primeras líneas telefónicas a los más recientes cables de alta velocidad, sin dejar de mencionar los modelos de conexiones inalámbricas disponibles.

Proveedor de acceso a internet

- Es una entidad (generalmente una empresa) que nos proporciona el acceso a internet. Entre sus servicios está el suministrar la IP para nuestro terminal. Puede incluir también servicios para solucionar problemas de configuración o de instalación de los equipos, entre otros.

Navegador

- El navegador es la aplicación que recoge la información que llega al ordenador y la presenta en la pantalla del dispositivo en formato legible para los usuarios. Del mismo modo que hace lo propio con la información que el usuario emite a la red en forma de peticiones de información. Veremos estos elementos más detenidamente un poco más adelante.

Internet se universaliza a partir de los años noventa debido a dos factores fundamentales:

- La llegada al mercado de ordenadores personales cada vez más asequibles.
- El desarrollo de la *World Wide Web.*

DEFINICIÓN

***World Wide Web* (WWW o, simplemente, web)**
La web es el servicio más extendido de internet. Está formada por documentos (páginas web) de información codificada en lenguaje HTML. Esta información incluye texto y otros elementos gráficos y multimedia. Cuando varias de estas páginas se encuentran asociadas, creando una estructura en torno a un contenido, dan lugar a los denominados sitios web.

Las siguientes son algunas de las características esenciales de la web:

- **Lenguaje HTML:** es el lenguaje utilizado para la creación de páginas web. Se construye mediante etiquetas encerradas entre corchetes de apertura (< >) y de cierre (</ >) que describen la estructura de las páginas. Así, por ejemplo, las etiquetas indican que el elemento al que encierran debe escribirse en cursiva, por tanto, <i>Unidad 1</i>, tendría su traducción en la página web como *Unidad 1.*
- **Hipertexto:** son enlaces que nos dirigen hasta información adicional situada en otra página de la web. Podemos distinguir estos enlaces porque, al pasar el cursor sobre ellos, este cambia su forma, indicando que hay más información vinculada. Este sistema de trazar rutas entre las páginas dio nombre al término "navegación" en la web.
- **Dirección web:** en internet, la información se almacena en directorios y subdirectorios de los servidores, siguiendo una ruta jerárquica y organizada. Por tanto, para acceder a una información almacenada en un servidor, necesitamos una dirección completa que indique el lugar específico en el que se encuentra depositada. Para ello, se utiliza un formato de dirección denominado **URL.** La URL puede ser más o menos compleja en función de la estructura de directorios que haya que seguir hasta la información que precisamos. La expresión más simple de una URL sería http://dominio, donde http:// (o también https://) indica el protocolo de internet al que estamos accediendo (la web), y "dominio", el nombre del dominio del servidor en el que se encuentra la información (que puede ir precedido de la expresión www., pero no necesariamente). Tras esta estructura puede seguir una ruta de directorios y subdirectorios hasta llegar al documento requerido.
  Por ejemplo, en la URL https://www.educacionyfp.gob.es/servicios-al-ciudadano/archivo-central/cuadro-clasificacion-fondos/14-centro-investigacion-documentacion.html, tras el protocolo y el dominio (https://www.educacionyfp.gob.es/) encontramos la ruta que nos conduce hasta la información del Centro de Investigación, Documentación y Evaluación

del Ministerio de Educación, Formación Profesional y Deportes, del gobierno del Estado (servicios-al-ciudadano/archivo-central/cuadro-clasificacion-fondos/14-centro-investigacion-documentacion.html).
- **Navegador:** los navegadores son aplicaciones que permiten al usuario acceder a las páginas web para visualizarlas en su ordenador. Entre otras funciones, también hacen posible la navegación mediante hipertextos. Veremos los principales navegadores y su funcionamiento en el siguiente punto de esta unidad.

Antes de continuar, veamos brevemente algunos servicios de los que dispone internet, además de la web, para así obtener una visión más completa de sus posibilidades de acceso a contenidos:

- **Correo electrónico:** junto a la web, es el servicio de internet más utilizado. Permite el intercambio de mensajería y archivos de tamaño reducido entre cuentas de correo electrónico, como veremos en la siguiente unidad.
- **Grupos de noticias:** son aplicaciones que permiten el intercambio de ideas y opiniones sobre un tema de interés común entre los usuarios. Similares a estas son las listas de distribución y los foros web, que tienen un objetivo parecido, aunque funcionan de manera diferente. En todos ellos, existen opciones abiertas y cerradas de participar (si es necesario o no estar registrado en el sitio con un usuario y una contraseña privada), y opciones moderadas o no moderadas (si antes de ser distribuido un mensaje, es revisado por una persona encargada de que se cumplan aspectos formales y de buen uso de la aplicación).
- **Mensajería instantánea:** en el punto anterior, hacíamos referencia a aplicaciones que nos permiten la comunicación secuencial entre usuarios con intereses comunes. Sin embargo, la mensajería instantánea posibilita que la comunicación se produzca en tiempo real. El usuario, dado de alta en el servidor correspondiente, accede mediante un usuario (o alias) y una contraseña. En ese momento, podrá comprobar la lista de usuarios que están activos en la aplicación, e interactuar con ellos de manera individual o grupal.
- **Videoconferencias:** como en el caso anterior, este servicio permite la interacción de los usuarios en tiempo real, pero esta vez, mediante el uso de vídeo y voz. Para utilizar este servicio es recomendable disponer de conexiones de gran capacidad para que la transmisión de vídeo se realice sin problemas.
- **Transferencia e intercambio de archivos:** estos servicios permiten compartir archivos de todo tipo entre ordenadores. En el primer caso, la transferencia se realiza entre un servidor y un dispositivo cliente, conectados mediante otro protocolo de comunicación, el FTP. El cliente necesita acceder con el usuario y contraseña que le suministra el servidor. Una vez establecida la conexión, se pueden descargar los ar-

chivos en los dispositivos de almacenamiento del ordenador del cliente. Otra posibilidad de este servicio es subir archivos a la web, en el espacio del servidor que indique el proveedor de servicios de internet.
El servicio de intercambio de archivos es conocido como P2P *(peer to peer,* que podríamos traducir como "entre iguales"). En este caso son dos o más ordenadores los que se conectan a través de un protocolo de comunicación y todos actúan indistintamente como servidores y como clientes. Este servicio está muy extendido y mueve una gran parte del tráfico en internet. Debemos ser conscientes de que algunas descargas pueden incumplir las leyes de derechos de autor (canciones, películas, etc.).

- **Redes sociales:** este servicio de internet se basa en la interacción social que establecen los usuarios de estas plataformas. El punto de partida es la creación de un perfil de usuario en el que cada cual comparte información de índole personal como gustos, aficiones, edad, ocupación, etc. Los usuarios establecen contacto entre ellos en función de su afinidad y comparten todo tipo de información (mensajes, fotos, vídeos, enlaces, etc.) y mensajes en tiempo real. Debido a su éxito como herramienta de interacción social, las empresas han desarrollado estrategias de *marketing* que les permitan aprovechar las posibilidades de las redes sociales para acercarse a su público objetivo.
- **Comercio electrónico:** las empresas han encontrado en el exponencial desarrollo de internet y sus servicios un mercado en pleno apogeo del que obtener beneficios y para el que han desarrollado estrategias específicas de venta: el comercio electrónico o *e-Commerce.* Existen todo tipo de plataformas dedicadas a este tipo de ventas, e incluso empresas sin tienda física, que solo tienen presencia en internet. La realidad es que puedes adquirir prácticamente de todo, si sabes encontrarlo y puedes pagar el precio requerido.

RECUERDA

No debes confundir los conceptos de internet y web, aunque tiendan a utilizarse de forma indistinta. Internet refiere todo un inmenso sistema de ordenadores interconectados, mientras que la web corresponde al vasto conjunto de documentos (páginas web) que internet contiene.

2.1. Diferentes navegadores

Recordemos qué es un navegador, también llamado *browser*, según su denominación inglesa:

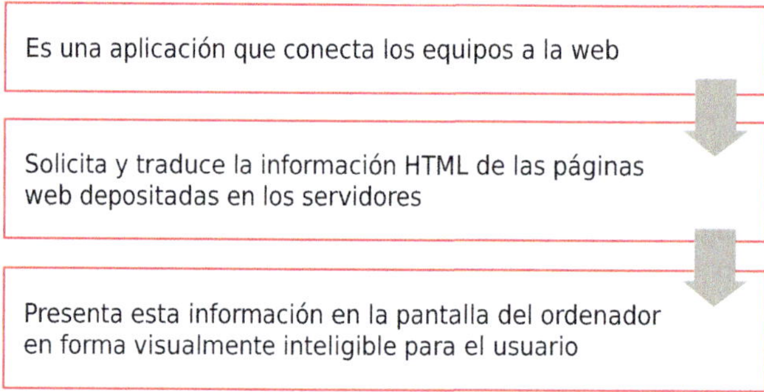

Para conseguirlo, el usuario debe conocer la dirección URL donde se localiza la página web o acceder a ella mediante un enlace de hipertexto.

Los navegadores son programas gratuitos que están, por lo general, instalados de origen en los dispositivos, pero también es posible descargarlos de internet. Existen multitud de navegadores en el mercado, pero, según las estadísticas, el siguiente listado es el *ranking* de los más usados:

- ***Google Chrome:*** liderando el *ranking* con casi un 70 % de usuarios que lo utilizan, este navegador salió al mercado en 2008 y desbancó con el tiempo al navegador líder del momento, *Internet Explorer*. Debido a su integración absoluta con el motor de búsqueda *Google*, y toda la variedad de aplicaciones y utilidades que este pone a disposición de los usuarios, *Chrome* ostenta evidentes ventajas frente a otros navegadores, entre otras, la posibilidad de sincronizar diversos dispositivos utilizando la cuenta personal de *Google*. Por otra parte, es un navegador de fácil manejo y configuración. Es posible instalarle un buen número de extensiones, que son utilidades para ampliar las funciones del navegador. Además de ser una aplicación con un desempeño rápido, es compatible con los principales sistemas operativos *(Windows, Mac, Linux, Android y iOS)*. El hándicap de *Chrome* podría ser la cantidad de recursos del equipo que consume.
- ***Microsoft Edge:*** saltó al mercado como navegador de las primeras versiones de *Windows 10* en 2015. La última versión mejorada fue lanzada en enero de 2020 y desde entonces se viene actualizando con regularidad. En la actualidad, ha reemplazado a *Internet Explorer*, que ha

quedado para versiones antiguas del sistema operativo. *Edge* tiene una interfaz y opciones de configuración sencillas. También ha mejorado en velocidad y dispone de versiones para los principales SO. Posee algunas extensiones para personalizarlo y su consumo de recursos es considerablemente menor que el de *Chrome*. En la actualidad posee una cuota de mercado de casi el 5 % y sustituyó definitivamente a *Internet Explorer* en 2022.

- ***Mozilla Firefox:*** lanzado en 2004 por la Fundación Mozilla, es un navegador de *software* libre para los principales SO. Estuvo a la zaga de *Chrome* durante un tiempo, pero no ha conseguido competir con la velocidad del navegador de Google y sus posibilidades de sincronización de dispositivos. Es muy estable y tiene múltiples opciones de personalización y, al ser un *software* de código libre, tiene múltiples extensiones aportadas por la comunidad de desarrolladores. Su cuota de mercado es de casi el 3 %.
- ***Safari:*** en 2003, Apple decide lanzar un navegador para *Mac OS*. Es una aplicación estable, personalizable mediante extensiones, que permite sincronizar diferentes dispositivos y bastante rápida, pero es exclusiva para terminales de la marca Apple. Su cuota de mercado es del 20 %.
- ***Opera:*** desarrollado por la compañía Opera Software, vio la luz en 1995. Su gran ventaja frente al resto de navegadores es el reducido consumo de recursos del sistema que utiliza, por lo que consigue optimizar la navegación en equipos antiguos o con menor potencia. Es compatible con *Windows*, *Mac* y *Linux*. Su cuota de mercado es de casi el 3 %.

Podemos usar el navegador, o navegadores, que más se adapte a nuestros gustos. Con estas aplicaciones podremos acceder, además de a la web, a nuestra cuenta de correo electrónico, a material audiovisual, a las redes sociales, etc.

En este enlace puedes descargar *Chrome*. Una vez en tu carpeta de Descargas, podrás ejecutarlo haciendo doble clic y seguir las instrucciones del instalador.

https://redirectoronline.com/ifct450201

Los siguientes enlaces te permiten descargar el resto de navegadores:

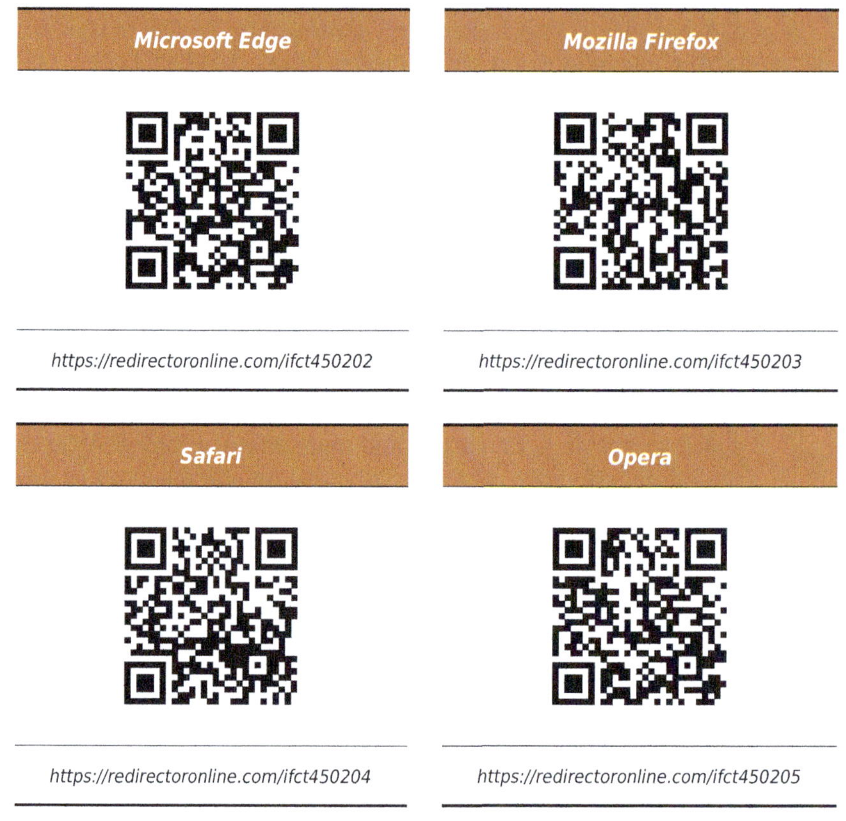

2.2. Utilización (Pestañas, historial y favoritos)

Todos los navegadores que hemos visto tienen una interfaz parecida, con elementos comunes. Vamos a presentarlos:

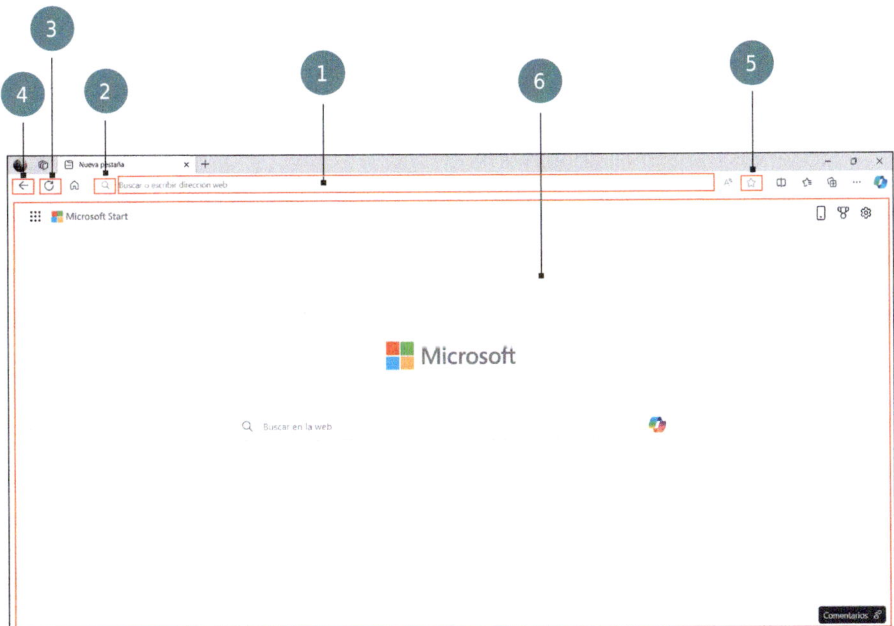

Página de inicio del navegador Microsoft Edge. Podemos personalizar esta página, por lo que su aspecto puede variar completamente.

1. **Barra de direcciones:** es el lugar en el que indicamos la URL que queremos visitar. Siempre mostrará la dirección en la que nos encontramos en ese momento. Cuando comenzamos a teclear una dirección que ya hemos visitado anteriormente, el navegador dispone de la opción de autocompletar, mostrando un listado en el que seleccionar la dirección de la página en cuestión.
2. **Botón de inicio:** nos dirige a la página de inicio del navegador. Veremos esta página en el siguiente apartado.
3. **Botón Actualizar:** mientras estamos visitando una página puede que varíe su contenido, o bien que tengamos dificultades para cargarla. Este botón refresca la página y la muestra actualizada. Durante la carga, el botón se modifica mostrando forma de aspa x. Si hacemos clic sobre él, se detendrá la descarga de la información.
4. **Botones de navegación:** si hemos estado visitando sucesivas páginas, estos botones nos permiten retroceder y avanzar entre ellas. Así, al hacer clic sobre el botón de la izquierda ← regresaremos a la página previa, y el de la derecha → nos dirige hasta la siguiente. Si dejamos pulsado el ratón sobre ellos, podremos ver el historial de navegación de la pestaña actual.
5. **Botón Agregar a favoritos:** aquellas páginas que nos interesan podemos guardarlas y organizarlas en el navegador para tenerlas accesibles. Algunos navegadores denominan a este botón marcadores. Veremos los favoritos/marcadores más detenidamente un poco más adelante.

6. **Área de trabajo:** en esta zona, el navegador expone el contenido de la página web en la que se encuentra.

Y ahora que ya conoces la estructura de un navegador, analicemos cómo podemos trabajar eficientemente con él.

Cuando abrimos nuestro navegador, lo que se ejecuta es una ventana con una página de inicio, que veremos cómo configurar en el siguiente apartado, con los elementos que hemos revisado.

NOTA

El acceso al navegador suele estar disponible en la barra de tareas de tu ordenador. En cualquier caso, puedes acceder a él, como a cualquier otra aplicación, desde el menú de inicio de Windows. Para cerrar el navegador, haremos clic sobre el icono en forma de aspa x de la zona superior derecha de la ventana.

Para comenzar la navegación, introduciremos una URL en la barra de direcciones y pulsaremos la tecla [**Enter/Intro**] en el teclado. Tras unos instantes, la página solicitada se carga en el área de trabajo y podremos disponer de su información. Es sencillo, como ves. Si no conocemos la URL, podemos utilizar un motor de búsqueda, usando palabras clave. Veremos esta posibilidad en el siguiente punto de esta unidad.

Cuando navegamos, podemos necesitar acceder a diferentes páginas o realizar diferentes tareas en el navegador (buscar información, leer el correo o las noticias, etc.). Para esto los navegadores ofrecen la posibilidad de abrir diferentes pestañas, lo que permite el acceso simultáneo a varias páginas web, servicios o aplicaciones de internet. Puedes ver las pestañas abiertas, con el nombre de la página que tiene activa, en la zona superior del navegador.

Vista de las pestañas abiertas en el navegador y del botón ***Nueva pestaña.***

Moverse entre diferentes páginas es tan sencillo como hacer clic sobre cada pestaña y dispondremos en el área de trabajo de la información correspondiente. Para crear una nueva pestaña, solo hay que hacer clic sobre el botón

Nueva pestaña, y podremos introducir en su barra de direcciones la URL requerida.

Veamos qué otras acciones podemos realizar sobre las pestañas:

- **Reordenar:** si haces clic sin soltar sobre el nombre de cada pestaña y la arrastras a lo largo de la barra de pestañas, puedes soltar cuando esté situada en la posición que te interese. Esto te permite organizar estos elementos para que se adapten a las necesidades de la tarea que estés realizando.
- **Extraer a una nueva ventana:** en los navegadores podemos disponer varias ventanas abiertas, cada una de ellas con sus pestañas correspondientes. Puedes utilizar una de las pestañas abiertas para crear una ventana nueva. Simplemente haz clic sin soltar sobre su nombre y arrástrala fuera de la barra de pestañas. Verás que automáticamente se genera una nueva ventana del navegador. Puedes soltar en cualquier momento y habrás creado una ventana con la pestaña previa. Para acceder a las diferentes ventanas abiertas del navegador, tendrás que dirigirte a la barra de tareas de *Windows.* Al hacer clic sobre el icono del navegador te mostrará una miniatura de las ventanas que tienes activas para que decidas a cuál deseas acceder.

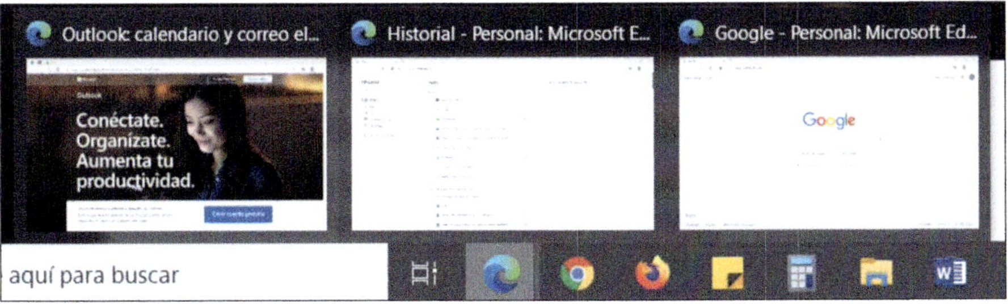

El navegador Microsoft Edge mantiene en esta imagen tres ventanas abiertas.

- **Cerrar:** podemos cerrar las pestañas que no necesitemos y mantener abierta la ventana del navegador. Para ello, haremos clic sobre el icono en forma de aspa situado a la derecha del nombre de las pestañas que deseamos eliminar.
- **Fijar:** al fijar una pestaña, esta se contrae en la barra de pestañas mostrando solamente un icono de la página web que tiene activa, y se sitúa en el extremo izquierdo de la barra, ocupando, por tanto, el mínimo espacio. Esto tiene una ventaja añadida, que no podemos cerrar estas pestañas por error, ya que desaparece el icono de cerrar la pestaña, pero, además, las pestañas fijadas estarán ahí una vez cierres el navegador y vuelvas a abrirlo en otro momento.

Aspecto de las pestañas fijadas en la barra de pestañas del navegador

Para fijar pestañas, solo hay que hacer clic derecho sobre ella en la barra de pestañas y seleccionar en el menú contextual Fijar/Fijar pestaña/ Anclar pestaña (dependiendo del navegador).

- **Agrupar:** algunos navegadores permiten la opción de crear agrupaciones de pestañas que pueden servirnos para reunirlas por criterios que nos resulten útiles, como tipo de información o tarea que realizamos con ellas, etc. Chrome es el primero que ofrece esta opción en su navegador. Para agrupar pestañas, debemos tenerlas abiertas en la ventana del navegador. Al hacer clic derecho en el nombre de una de ellas, seleccionaremos en el menú contextual **Añadir pestaña** al nuevo grupo. Si ya hay grupos creados, nos dará la opción de agregarla también a un grupo preexistente.

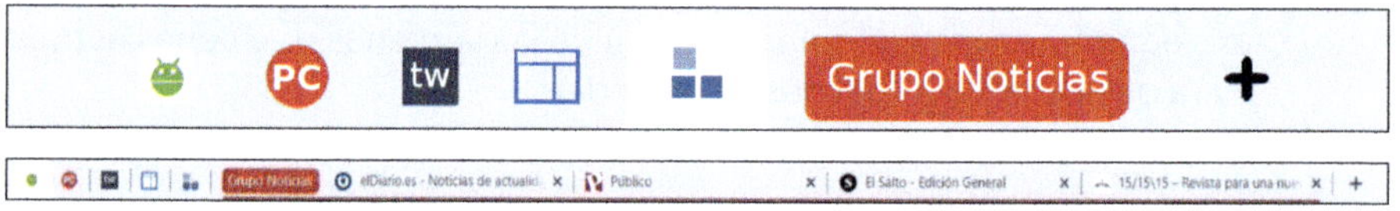

En estas dos imágenes puedes ver un grupo de pestañas. En la imagen superior, el grupo está compactado y solo apreciamos la pestaña que da nombre al grupo en color rojo. La segunda imagen muestra al grupo expandido, con las pestañas de las páginas que contiene subrayadas en su borde inferior por el color de la pestaña del grupo del que forman parte.

Al crear un grupo, el navegador nos muestra un cuadro de diálogo en el que seleccionar, entre otras cosas, el color que tendrá la pestaña del grupo, añadirle un nombre, o cerrar el grupo.

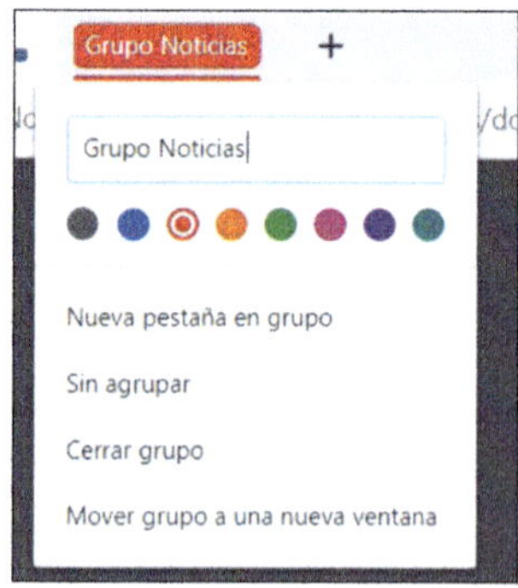

Cuadro de diálogo Añadir pestaña al nuevo grupo

En *Microsoft Edge* esta opción también está disponible en el menú contextual como **Agregar pestaña al grupo.** Pero en este caso, aunque se pueden agrupar mediante la opción **Agregar todas las pestañas a una nueva colección** del menú contextual de las pestañas, no disponemos de la pestaña de grupo en la barra del navegador, sino que debemos consultar las colecciones a través del menú del navegador, haciendo clic sobre el botón de menú ... a la derecha de la barra de direcciones, y seleccionando Colecciones.

SABÍAS QUE...

Si hemos cerrado una pestaña por error, podemos recuperarla utilizando el siguiente **atajo de teclado** (varias teclas que se pulsan a la vez y ejecutan una función en el ordenador): [Control] + [Mayús] + [T].

Otra de las opciones comunes en los diferentes navegadores es el acceso al **historial de navegación.** Con esto nos referimos a una relación por orden cronológico de las páginas que hemos visitado. Esto facilita localizar páginas que nos interesaron anteriormente y permite la función de autocompletar en la barra de direcciones del navegador.

NOTA

El historial estará disponible mientras no borremos la memoria caché del disco duro del dispositivo, donde se almacena esta información.

TAREA 3

Leo está realizando un trabajo sobre redes sociales, en concreto, sobre dos de las principales plataformas: *Facebook* y *Instagram*.

Continúa en página siguiente >>

<< Viene de página anterior

Además de consultar ambas plataformas, Leo suele realizar consultas en un buscador, que es una aplicación *online* para localizar información en internet utilizando palabras clave (como veremos más adelante).

Mientras trabaja, le gusta disponer de su correo personal para responder con rapidez a los mensajes que recibe.

Con estas premisas, organiza el navegador de Leo de manera que él solo tenga que introducir las URL de las páginas que necesita utilizar.

En *Chrome,* el acceso al historial se localiza en el menú del navegador a la derecha de la barra de direcciones. Al hacer clic, se despliega el menú de opciones entre las que podremos seleccionar *Historial.* Este se dispone en una nueva pestaña, listando las referencias que enlazan a las páginas visitadas, las cuales podremos eliminar, si así lo deseamos, seleccionando la casilla de activación que precede a la referencia en el listado y haciendo clic sobre el botón **Eliminar** situado en la parte superior.

Referencias en el historial listas para ser eliminadas

En *Edge,* el acceso al historial también se localiza en el menú del navegador, pero se desplegará en una ventana flotante. Para eliminar referencias en el historial solo hay que hacer clic sobre el aspa que se activa al pasar el ratón sobre cada una de ellas. En *Firefox,* el historial también se abre en una pestaña del navegador. Para acceder a él, utilizaremos el botón **Navegación,** situado a la izquierda de la barra de pestañas. Para eliminar referencias utilizaremos el menú Opciones a la derecha de cada referencia, seleccionando **Eliminar del historial.**

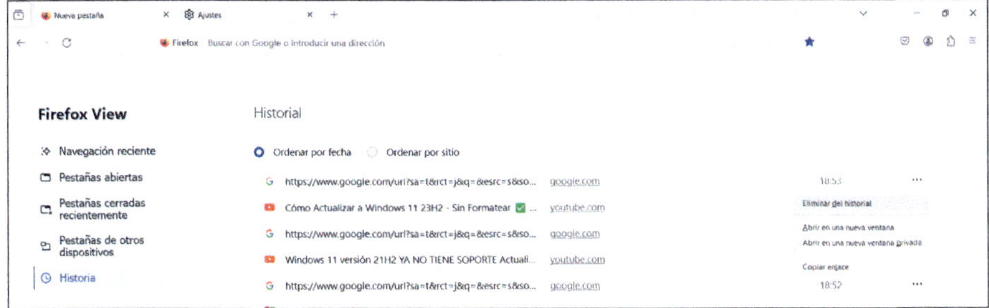

*Menú del botón **Historial** y marcadores de Firefox*

Pero a la hora de guardar páginas visitadas, de una manera organizada, lo que nos proporciona mayores opciones es el uso de **Favoritos** (o **Marcadores,** según el navegador). Su funcionamiento es muy simple; lo importante es, como ya vimos, estructurar bien la información en carpetas para que tengamos claro dónde buscar cuando lo necesitemos.

El procedimiento es sencillo. Cuando queremos agregar una URL a nuestros favoritos, hacemos clic sobre el botón en forma de estrella, **Agregar esta pestaña a favoritos,** situado en el extremo derecho de la barra de direcciones. Esta acción despliega un cuadro de diálogo donde poder establecer en qué carpeta de favoritos se guardará el enlace al recurso.

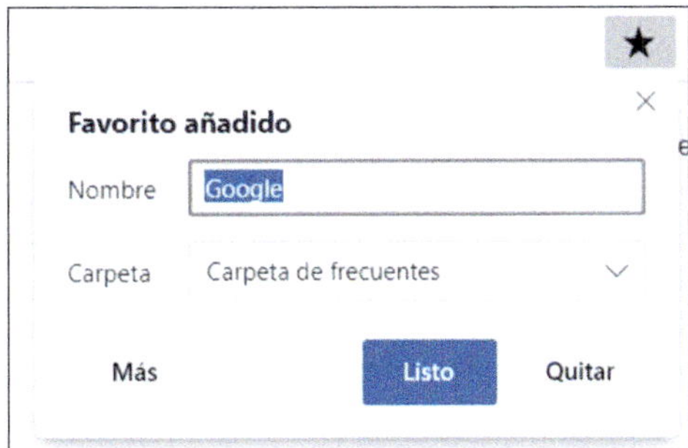

Además de asignar un nombre al recurso, este cuadro de diálogo permite seleccionar la carpeta en que se almacenará el enlace.

El procedimiento para eliminar una página de los favoritos es el mismo, seleccionando esta vez **Quitar** en el cuadro de diálogo. En este mismo cuadro, disponemos del botón **Más,** que despliega el explorador de las carpetas del navegador.

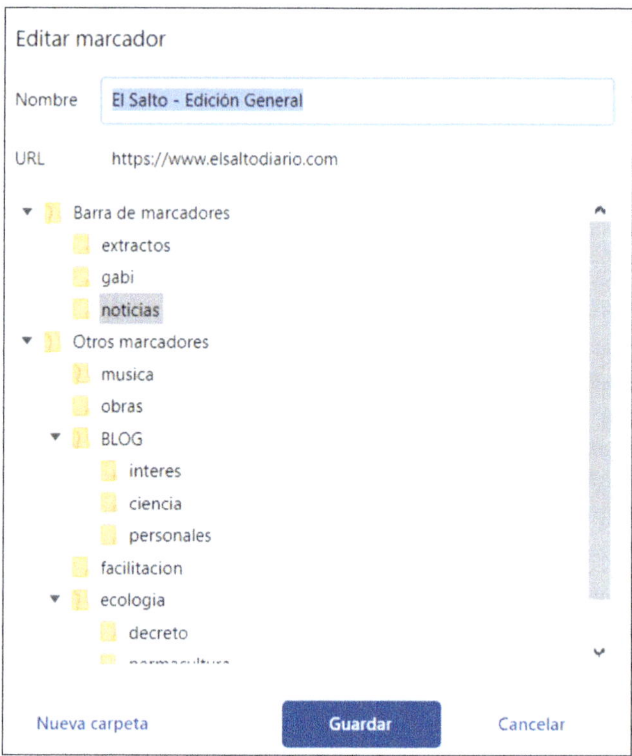

*El botón **Más** nos dirige al explorador del navegador donde organizar, crear y renombrar carpetas, como vimos en el explorador de Windows.*

Un último dato sobre este tema es que, en los principales navegadores, se puede activar una barra de favoritos que se sitúa inmediatamente por debajo de la barra de direcciones. Mediante esta barra, podemos acceder directamente a las páginas y carpetas que forman parte de nuestros favoritos. Si no está activada en el navegador, puede activarse, en general, en las opciones de **Marcadores** o de **Favoritos,** según el navegador. En el siguiente apartado, veremos algunas opciones más de configuración.

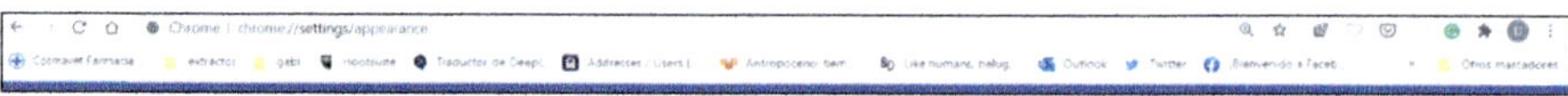

Disposición de la barra de direcciones y de la barra de marcadores

ACTIVIDAD COMPLEMENTARIA

3. María es estudiante de ingeniería en la Universidad de Oporto. Hoy ha visitado la página web de su universidad para hacer algunas gestiones académicas (https://sigarra.up.pt/) y ha leído novedades en una de las mejores páginas internacionales de noticias sobre ingeniería (https://www.engineering.com/home). Después de eso, se animó y decidió buscar empleo en una página especializada en ofertas para ingenieros y estudiantes de ingeniería (https://www.procmpleoingenieros.es/). Y posteriormente, estuvo buscando recetas atractivas para su hija de 4 años que tiene "muy mal comer" (https://www.pequerecetas.com/). Por último, y sin saber cómo, se encontró navegando en la peor página web que ha visitado en largo tiempo (http://www.007museum.com/).
   Cómo podrías ayudar a María a organizar sus favoritos para facilitarle el acceso a páginas que pueda visitar con frecuencia y, también, qué sugerencia le harías para mantener su historial limpio.

2.3. Configuración básica. (Página de inicio, buscador preferido, borrado de caché)

Las opciones de configuración de los navegadores son muy numerosas. Se debe a que son múltiples los servicios que prestan estas aplicaciones y muy diferentes los gustos y necesidades de cada usuario a la hora de trabajar con ellas. Hay aspectos de gran importancia, como la seguridad de nuestros datos en internet, que dependen de cómo esté configurada la aplicación, y cuestiones mucho más superficiales. Pero veamos, por el momento, algunos aspectos básicos de la configuración de los navegadores.

Por lo general, las opciones de configuración son accesibles a través del menú del navegador, seleccionando en el listado **Configuración** (Ajustes, en *Firefox*), lo que despliega una pestaña en el navegador con las opciones de configuración disponibles. Como verás, las posibilidades son muchas y varían de unos navegadores a otros, pero nos centraremos en configurar tres aspectos: la página de inicio, establecer la aplicación que utilizaremos para las búsquedas y proceder a borrar la caché.

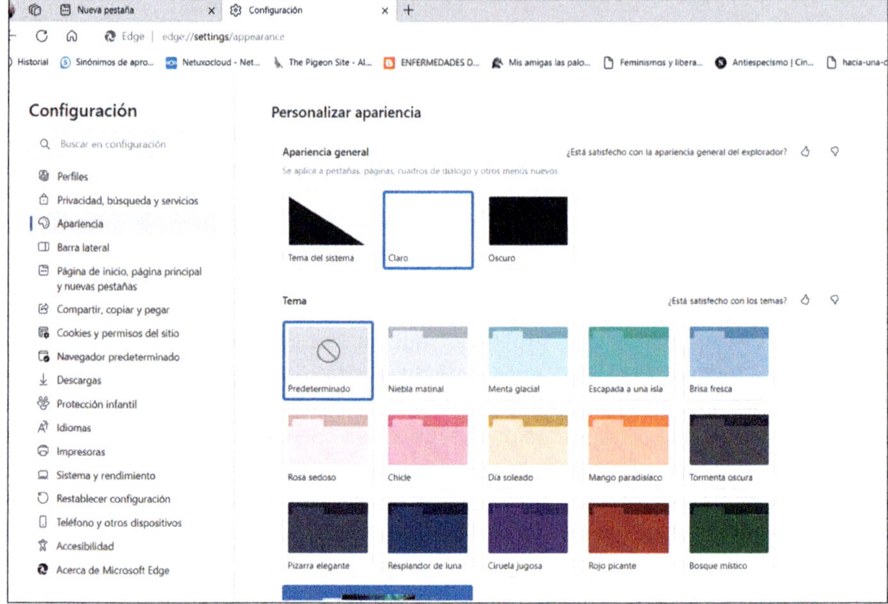

Opciones de configuración en Edge

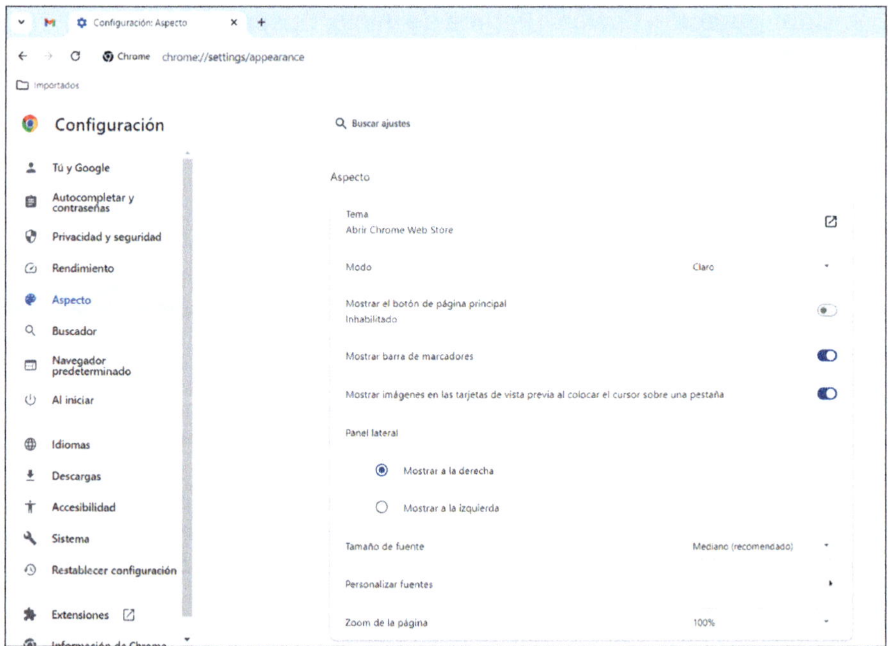

Opciones de configuración en Chrome

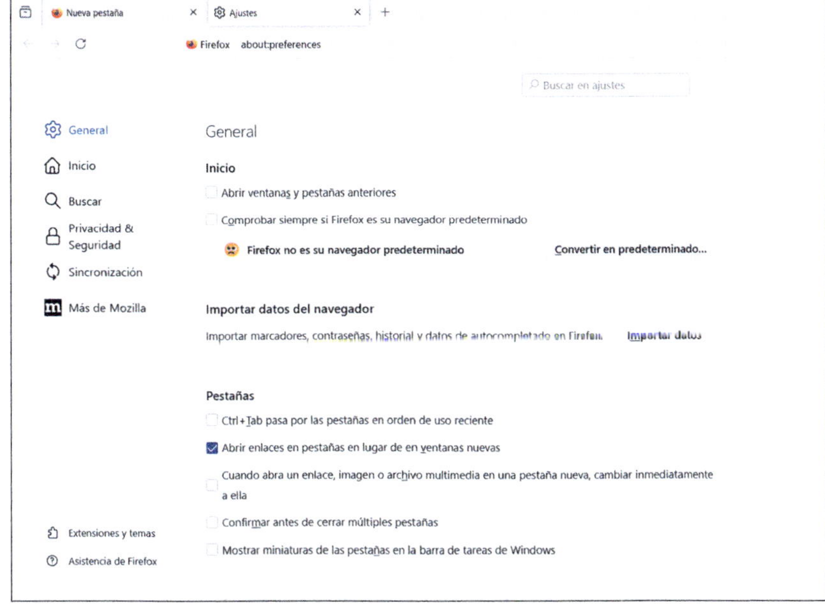

Opciones de configuración en Firefox

Podemos establecer qué información muestra la página de inicio para que se adapte a lo que esperamos encontrar cuando abrimos el navegador. Para ello, en las opciones de configuración buscaremos aquellas que tengan que ver con el inicio de la aplicación (**Página de inicio, Página principal y Nuevas pestañas** en *Microsof Edge).*

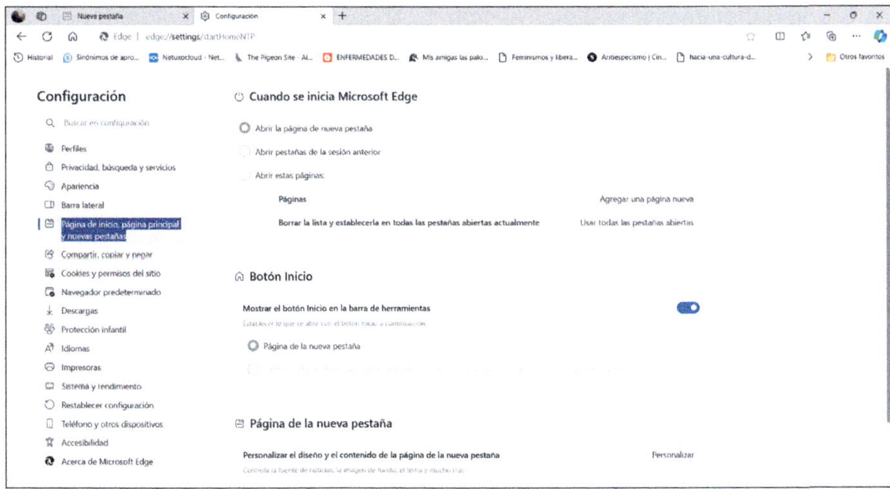

Opciones de inicio del navegador Microsoft Edge

Estas opciones son tres, básicamente:

- **Abrir la página de nueva pestaña:** selecciona para la página de inicio la misma apariencia que tengamos configurada para las nuevas pestañas del navegador. *Microsoft Edge* permite una personalización completa de la nueva pestaña, incluyendo cambiar el fondo, enlaces a noticias, iconos y un largo etcétera. Para acceder a estas opciones de *Edge* deberemos seleccionar **Página de la nueva pestaña** en el mismo menú de configuraciones y, dentro de esta opción, elegir **Personalizar,** donde podremos decidir entre un buen número de posibilidades.

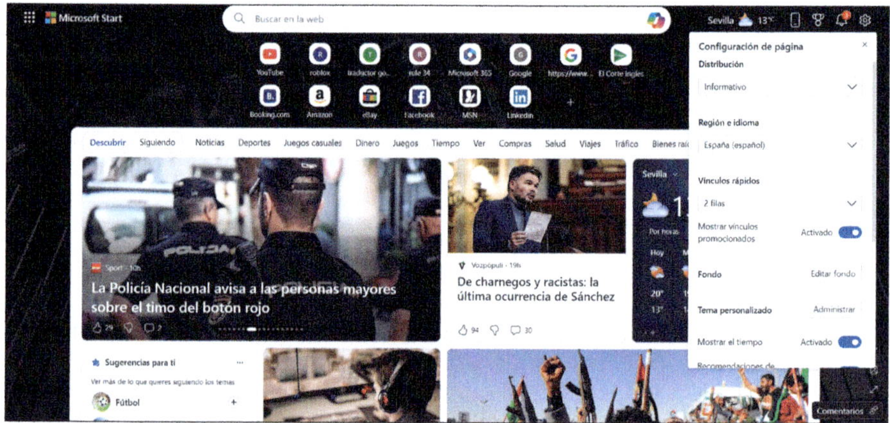

- **Abrir pestañas de la sesión anterior:** cuando ejecutemos el navegador recuperaremos la última sesión, tal y como la dejamos al cerrar el navegador la última vez.
- **Abrir estas páginas:** en este caso, establecemos una web concreta que se abrirá al iniciar el navegador. Para ello, seleccionaremos **Añadir una nueva página** e introduciremos la URL correspondiente. Algunos navegadores permiten que se abran varias páginas en el inicio, por lo que solo habrá que agregar las demás URL que precisemos, repitiendo el mismo procedimiento. También es posible utilizar como inicio las páginas que están abiertas en el momento. Para ello, deberemos seleccionar la opción **Usar todas las pestañas abiertas.**

Por otro lado, y como veremos en el siguiente punto de esta unidad, los motores de búsqueda nos permiten localizar información en la red utilizando palabras clave. Podemos utilizar la barra de direcciones del navegador para realizar búsquedas. La aplicación hará uso del motor de búsqueda que tengamos establecido como predeterminado para realizar las consultas y nos devolverá resultados en el área de trabajo. Para establecer este buscador predeterminado debemos dirigirnos, dependiendo del navegador, a las opciones de configuración de búsqueda o de buscador.

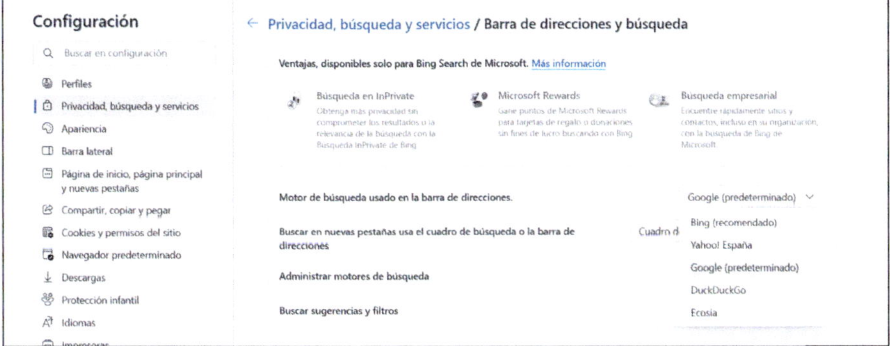

*Opciones de configuración **Barra de direcciones y búsqueda** en Microsoft Edge*

Una vez nos situamos en este apartado, existen dos opciones básicamente, que podemos configurar:

Motor de búsqueda usado en la barra de direcciones

- Mediante esta opción indicamos al navegador cuál es el motor de búsqueda que queremos utilizar de manera habitual al realizar las búsquedas a través de la barra de direcciones. Por lo general, al hacer clic sobre esta opción, accedemos a un listado de los buscadores disponibles, o bien podremos escribir la URL del buscador directamente.

Administrar buscadores

- En este caso, el navegador mantiene una lista de buscadores que utilizaremos de manera habitual. Podremos editar esta lista, agregando la URL de nuevos buscadores o eliminando aquellos que no creamos que vayamos a utilizar.

Por último, como comentamos previamente en esta unidad, podemos eliminar los datos almacenados en la memoria caché de nuestro ordenador. Estos datos son el resultado de las visitas que realizamos a páginas web y otros servicios de internet. Nuestro ordenador almacena cierta información (imágenes, gráficos, estructura de la página, etc.) para que la próxima vez que accedamos a este sitio la descarga se realice más rápidamente.

Limpiar la caché es recomendable para liberar memoria del ordenador y optimizar así su funcionamiento, también para forzar la actualización del contenido de las páginas que hemos visitado e, incluso, para eliminar el historial de navegación, como vimos con anterioridad.

Para eliminar los datos de caché deberemos acceder, generalmente, a las opciones de configuración de Privacidad, y en este apartado seleccionar Borrar datos de navegación (de exploración, en *Edge*). En líneas generales, son tres tipos de datos que se generan durante la navegación los que podemos eliminar, y el navegador nos ofrece la opción de decidir sobre la eliminación de cada uno de ellos de manera individual, y también sobre el intervalo de tiempo al que afectará el borrado.

- **Intervalo de tiempo:** determina el periodo de tiempo al que afectará la eliminación de los datos, que deberemos seleccionar en una lista desplegable.

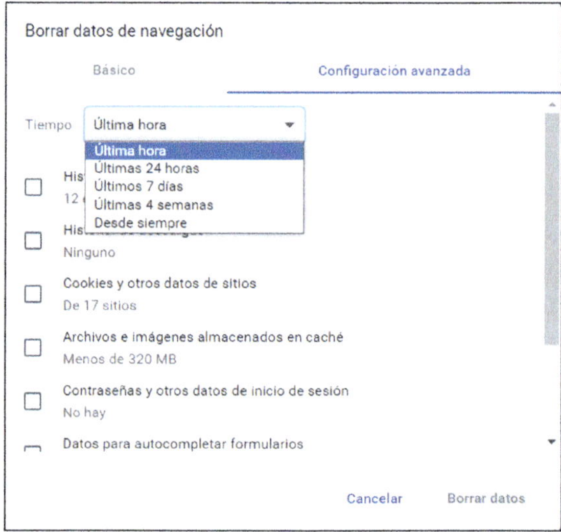

- **Datos de navegación:** como vimos, al borrar determinados datos de navegación, se elimina el historial y la función de autocompletar de la barra de direcciones.
- ***Cookies:*** mientras la memoria caché almacena información de otras páginas que se descargan en nuestro ordenador, las *cookies,* por el contrario, son creadas por otras páginas con información de nuestro usuario. Su finalidad es, una vez accedemos a su página, registrar nuestros datos de acceso y reconocernos así en próximas visitas, y, en otros casos, les permite realizar un seguimiento de nuestros hábitos y preferencias mientras navegamos por internet, lo que es una información muy útil para el *marketing* empresarial. Para que las *cookies* se guarden en

nuestro ordenador, debemos haber aceptado esta posibilidad expresamente en la página que las genera.

- **Archivos e imágenes en memoria caché:** estos datos son, como comentamos previamente, información de las páginas visitadas que, una vez descargadas en el ordenador, agilizan el acceso a las páginas en sucesivas ocasiones.

Tras esta revisión de los navegadores, seguidamente repasaremos otra de las aplicaciones fundamentales para la localización de información en la red: los buscadores.

APLICACIÓN PRÁCTICA

Ramón quiere comprarse una vivienda y lleva toda la tarde rellenando datos para darse de alta como usuario en una agencia inmobiliaria en internet. Su ordenador tiene poca memoria RAM y necesita liberar un poco de espacio. Sabe que eliminando datos almacenados de navegación se puede hacer más fluida la navegación, pero no quiere tener que rellenar de nuevo datos que ya introdujo en los formularios. ¿Podrías decir cuál de los siguientes tipos de datos no debe eliminar Ramón?

- **El intervalo de tiempo.**
- **El historial de navegación.**
- **Las *cookies*.**
- **La memoria caché.**

Solución

El intervalo de tiempo solo indica desde qué fecha se eliminarán los datos de navegación.

El historial de navegación y la memoria caché atañen a la información que genera nuestro ordenador al visitar páginas. Lo que preocupa a Ramón es eliminar información que la página de la agencia ha generado con sus datos de acceso y datos personales. Esta información se almacena en el ordenador en forma de *cookies*.

3. Buscadores y fuentes RSS

HILO CONDUCTOR

Beltrán conoce la máxima "La información es poder", pero no tiene muy claro a qué se refiere, cuánta información es necesaria o qué temas son fundamentales. De lo que sí está seguro es que cualquier información que necesite está en internet. Harina de otro costal es cómo encontrarla.

Una búsqueda de información es el conjunto de acciones que realizamos para acceder a los datos que resuelven nuestras dudas.

SABÍAS QUE...

Si consultamos en un diccionario o enciclopedia, o preguntamos en nuestra biblioteca o librería favorita, estamos realizando una búsqueda analógica. Si, por el contrario, nos sumergimos en internet o utilizamos un programa para realizar una consulta, estaremos realizando una búsqueda digital.

Pero antes de comenzar, es importante determinar cuáles son nuestras necesidades específicas de información, saber concretarlas en palabras clave para una búsqueda optimizada y disponer de habilidades para determinar si la información encontrada es la que necesitamos o es necesario reajustar nuestros criterios de búsqueda.

DEFINICIÓN

Palabras clave
Denominadas *keywords* en inglés, son aquellas palabras o expresiones que pueden identificar o forman parte del contexto general de un tema. Es decir, son tan representativas para el tema de interés que es seguro que son consustanciales a la información que deseamos y no debemos prescindir de ellas.

Veamos en profundidad cuál debe ser el proceso eficiente de búsqueda de información:

- **Definir qué información necesitamos:** para empezar, tenemos que delimitar la información que necesitamos. No tenemos que investigar lo mismo para saber el año de filmación de una película que para realizar una tesis o un proyecto empresarial. Otro asunto que considerar es cuál es nuestro punto de partida. Puede ser útil recopilar la información que ya conocemos, resumir las ideas principales, buscar consejo, etc. Esto ayudará a descubrir dónde tenemos lagunas, lo que nos permitirá dirigir aún más la búsqueda. Por último, si definimos un objetivo y el alcance, sabremos con más seguridad los materiales de consulta que necesitaremos, los expertos o autores que nos interesan, si solo podemos usar información reciente o podemos investigar en retrospectiva, en qué idiomas, etc.
- **Seleccionar las fuentes de información:** da igual si estás trabajando sobre un tema concreto o solo te entretienes leyendo noticias en la red. Asegurarte de que la información proviene de una fuente fiable es fundamental. En este momento, en donde la información es, en gran proporción, imprecisa o directamente falsa *(fake news)*, es imprescindible encontrar fuentes fiables donde informarse, aunque no siempre es fácil. Veamos algunos consejos:

  - Observa cuál es el dominio de la web en la que has encontrado la información. La información puede ser más o menos objetiva si la página usa un dominio .edu (usado por universidades y centros educativos), .gov (página oficial de gobiernos y estados) o usa un dominio .com (utilizado por compañías y páginas comerciales). Existen otros muchos dominios que puedes investigar.
  - Averigua quién es el autor de la noticia. Si no lo conoces, busca información sobre él y otros trabajos que haya realizado. Esto te dará una idea de si conoce el tema, si tiene algún tipo de prejuicio o sesgo, etc. Muchas veces puede resultar interesante tirar de hemeroteca, es decir, investigar sobre sus actos u opiniones anteriores y contrastarlas con las afirmaciones o acciones actuales para descubrir contradicciones que nos den una idea de la credibilidad del personaje en cuestión.
  - Investiga sobre a quién pertenece el sitio web. Una página web puede responder a los valores e intereses de sus propietarios, de manera parecida a como sucede en la prensa, donde la información está supeditada a la línea editorial del medio en cuestión o del grupo editorial al que pertenezca.
  - Contrasta las fuentes. No te creas lo primero que encuentres. Busca sobre esa misma información en otras fuentes para poder determinar la fiabilidad del contenido.

- Comprueba la fecha de la última actualización del contenido, puede que la información sea antigua y ya no sea relevante.

- **Realizar la consulta:** a la hora de realizar una búsqueda de información, podemos utilizar distintas estrategias que nos ayuden a alcanzar la información que necesitamos:

  - **Definir las palabras clave.** Usar vocabulario especializado o específico, emplear sinónimos y términos relacionados, traducirlos a otros idiomas, etc.
  - **Usar operadores lógicos.** Los operadores son palabras o símbolos que nos ayudan a especificar aún más la búsqueda. El operador OR indica que buscamos información que incluya cualquiera de las palabras. Por ejemplo, tarta OR pastel. El operador AND indica al buscador que queremos que se incluyan todos los términos en la búsqueda. Ejemplo, juego AND tronos. Existen distintos operadores y pueden variar según la base de datos que utilicemos.
  - **Búsqueda avanzada.** Es una opción disponible en buscadores que nos permite seleccionar un mayor número de campos que ayuden a afinar los resultados. Pueden ayudarnos a determinar dónde se encontrarán las palabras clave (en el título, contenido, etc.), seleccionar operadores lógicos, restringir la búsqueda a un dominio, acotar los resultados a un idioma, fecha, etc.

- **Evaluar los resultados:** una búsqueda puede arrojar muchos resultados, por ello debemos dedicar un tiempo a analizar la información y utilizar unos criterios básicos para seleccionar el material de verdadero interés. Estos criterios tienen, de nuevo, mucho que ver con la calidad de las fuentes. ¿El autor es especialista en la materia?, ¿indica las fuentes de la información que ofrece?, ¿los contenidos están actualizados?, etc.
- **Analizar y usar la información:** una vez seleccionada la información de interés, solo queda aplicarla a la tarea o investigación por la que comenzamos la búsqueda. Ten en cuenta que es importante detallar las fuentes de la información (bibliografía) y la autoría de cualquier material gráfico (fotografías, vídeos, estadísticas, etc.).

Ahora que conocemos las estrategias de búsqueda, es hora de conocer las herramientas más productivas para las búsquedas de información digital. Nos referimos a los buscadores o motores de búsqueda.

3.1. Los buscadores

Un buscador o motor de búsqueda es una aplicación que busca archivos almacenados en servidores web por todo el mundo, mostrando información (resultados de búsqueda) que incluya las palabras clave introducidas como criterios.

NOTA

Es común confundir navegador con buscador. El navegador es un *software* que traduce y muestra el contenido de los sitios web. El buscador, *Google*, por ejemplo, es una aplicación que discrimina y realiza consultas en los sitios web, mostrando los resultados a través del navegador.

Todos los buscadores realizan la misma función, pero a nivel mundial, más del 90 % de las búsquedas se realizan con *Google* por su rapidez y el volumen de páginas que su motor de búsqueda ha rastreado, lo que nos devuelve un mayor número de resultados (no todos válidos, eso hay que tenerlo en cuenta). Veamos los elementos que conforman este buscador:

- **Cuadro de búsqueda.** En esta barra introduciremos las palabras clave para la búsqueda. Otra opción es activar la búsqueda por voz seleccionando el icono del micrófono.
- **Opciones de búsqueda.** Inmediatamente por debajo de la anterior nos encontramos con esta barra de opciones que nos permite filtrar las búsquedas por el tipo de documento (imágenes, vídeos, etc.). También podremos configurar aspectos de la búsqueda y activar otros filtros mediante el botón Herramientas como la fecha de publicación o el idioma.
- **Resultados.** El área de trabajo del navegador está dedicado a presentar los resultados de las consultas del buscador. Los primeros puestos están reservados a páginas destacadas. El buscador puede sugerirnos otras preguntas relacionadas que han realizado los usuarios.
- **Inicio de sesión.** Si dispones de una cuenta de correo Gmail, u otro servidor de correo, puedes iniciar sesión en Google. Para ello necesitarás introducir el usuario y la contraseña de la cuenta. Asociada a la cuenta de correo, se crea un perfil donde se almacenará información relativa al historial de tu actividad, contraseñas, marcadores, preferencias, etc., y sus copias de seguridad. Podrás acceder a toda esa información

desde cualquier otro dispositivo mediante la sincronización de los diferentes equipos.

- **Menú de aplicaciones.** Además del buscador, Google dispone de un gran número de aplicaciones que prometen facilitarnos la tarea del día a día. Por ejemplo, Google Maps, un navegador GPS, activa nuestra geolocalización y nos guía hasta cualquier dirección física que necesitemos encontrar. Existen multitud de aplicaciones que puedes descubrir poco a poco.

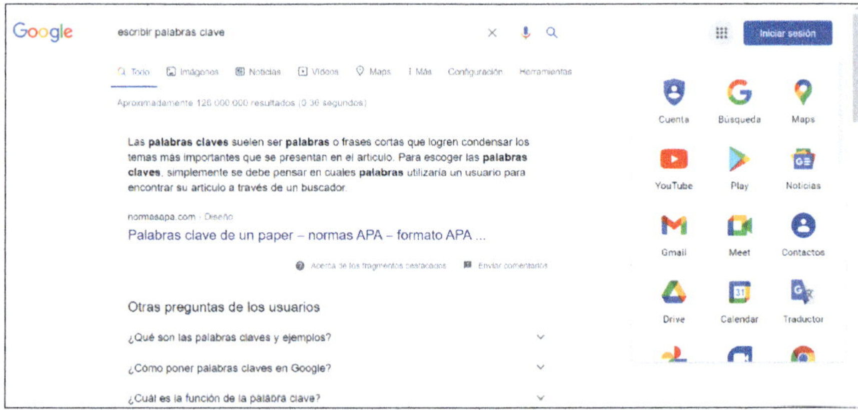

Aspecto del buscador Google

Pero los motores de búsqueda no son las únicas herramientas que nos permiten encontrar información en internet, veamos otras.

- **Motores de búsqueda horizontales:** estos motores clasifican y posicionan los sitios web en un *ranking* en función de unas características contenidas en su algoritmo de búsqueda. Algunos de estos motores son *Google, Bing, Yahoo!,* etc.
- **Motores de búsqueda verticales:** estos motores están especializados en búsquedas de información específica. Algunos ejemplos son Google Académico, Softonic, WolframAlpha o Pixabay.
- **Directorios:** presentan su contenido organizado temáticamente y estructurado como un árbol jerárquico. Estas herramientas están en desuso y casi todas tienen un buscador integrado. Podemos destacar Habitissimo o Quora.
- **Marcadores sociales:** un marcador social permite guardar, clasificar y compartir enlaces que nos resultan interesantes. Veamos como ejemplo Menéame o Reddit.
- **Metabuscadores:** por último, los metabuscadores realizan sus búsquedas en varios buscadores a la vez, mostrando sus resultados al mismo tiempo. Podemos destacar Copernic y Dogpile.

TAREA 4

Hace unos años, con la entrada del invierno y la primera ola de frío del año, Filomena se hizo viral con un vídeo, no solo en redes sociales, sino que obtuvo respuesta en prensa y telediarios, y que trataba de demostrar que la nieve caída no se derretía porque era "puro plástico".

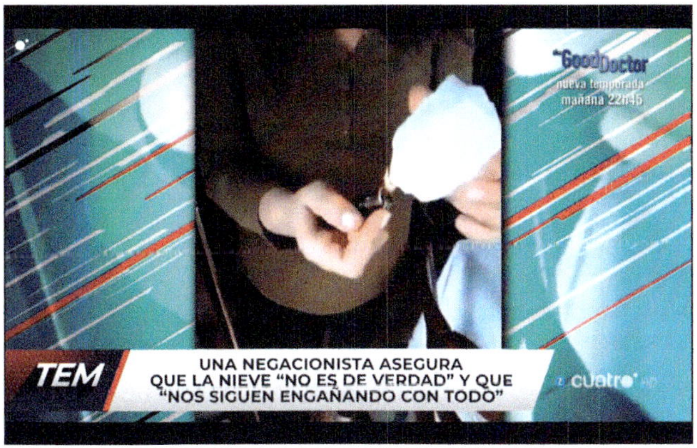

©Fotografía: RT en Español / twiter.com / ActualidadRT

Continúa en página siguiente >>

<< Viene de página anterior

Durante el desarrollo de esta unidad, hemos hablado sobre las necesidades de información y la importancia de saber distinguir la buena información de la falsa. Imagina que alguien te ha enviado este vídeo y quieres verificar las acusaciones que en él se vierten. ¿Podrías comprobar la veracidad de la información que contiene?

3.2. Fuente RSS

Cada día, en internet, se crean millones de contenidos nuevos, nuevas noticias en la prensa digital, nuevas entradas en blogs, publicaciones en canales de *YouTube*, etc. Para poder seguir el ritmo de producción de contenidos en la red, existe una herramienta que estará al tanto de aquellas páginas que sean de nuestro interés y nos avisará de que hay nuevos contenidos disponibles. Estas herramientas son las fuentes web o RSS.

NOTA

RSS fue el primer formato de fuente web y aún sigue siendo el más popular, por delante de Atom y otros formatos de fuente, aunque para todas ellas suele utilizarse el nombre genérico de *feeds*.

DEFINICIÓN

Fuente web, RSS o *feeds*
Es un medio de redifusión de contenido web. Es decir, podemos suscribirnos a una página web que nos enviará todas las novedades, y visualizar estas utilizando agregadores de RSS, también llamados lectores de RSS. Existen agregadores disponibles para integrar en los navegadores, pero también se pueden utilizar una versión *online* o instalar un *software* independiente en el ordenador.

Quizá, la forma más sencilla de acceder a las fuentes RSS sea utilizar un agregador *online*. Veamos cómo funciona uno de los más conocidos, *Feedly*. Fíjate cómo empezar:

Buscar *Feedly*
- Para comenzar, realizaremos una búsqueda en el navegador. En la barra de direcciones escribiremos: *Feedly.com*.

Adaptar el idioma
- Una vez en la página principal de la aplicación, podemos utilizar la herramienta de traducción de nuestro navegador a la que, si no se activa automáticamente, accederemos mediante el botón **Traducir página** situado junto al botón **Favoritos** en la barra de direcciones. También es posible obtener la traducción de la web, haciendo clic derecho en el área de trabajo y seleccionando **Traducir al español** en el menú contextual. Ahora podremos hacer clic sobre el botón **Comience gratis.**

Acceder
- Para acceder, lo más sencillo es continuar con la cuenta de *Google*, pero si quieres puedes crearte una cuenta en *Feedly* rellenando los campos solicitados. Una vez hecho, accedes a la aplicación.

Una vez dentro de la aplicación, podemos comenzar a buscar nuevos *feeds* o fuentes web que nos resulten de interés. Para ello, en la opción Sitios web, realizaremos una búsqueda escribiendo palabras clave sobre un tema o URL que deseamos seguir.

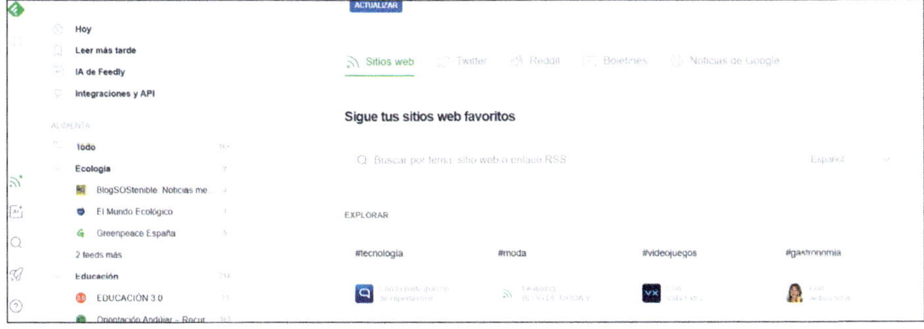

Barra de Sitios web en Feedly

Mientras escribimos, el buscador sugerirá opciones de búsqueda, como, por ejemplo, #ecología, lo que mostrará un listado de fuentes web sobre el tema. En cada *feed* podemos seleccionar **Seguir,** para que pase a formar parte de nuestras fuentes o incluso podemos elegir un nuevo término de búsqueda en **Temas relacionados.**

*Podemos decidir **Seguir** un feed o también buscar **Fuentes similares** que puedan interesarnos.*

Una vez que nos hemos suscrito a varias fuentes, podremos hacer el seguimiento de estas o seleccionarlas en el panel lateral de *Feedly* para ver las nuevas publicaciones.

Al hacer clic sobre la opción **Todo** del panel, *Feedly* mostrará un listado de las nuevas publicaciones, y podremos mantener monitorizadas las fuentes que nos interesan. La aplicación también dispone de opciones para agregar *podcast,* canales de música o de *Youtube,* seguimiento de redes sociales como *Reddit,* de bases de datos como *Embase,* etc., aunque no todas estas opciones están disponibles en la versión gratuita. Lo que sí está disponible es un tablero donde guardar nuestras noticias favoritas.

Como ves, organizar las fuentes a través de un agregador de *feeds* permite estar al día de las últimas noticias. En nuestra mano está elegir bien dónde suscribirnos o buscar nuevas páginas que nos ofrezcan buenos contenidos para seguir.

4. Almacenamiento y recuperación del contenido digital

HILO CONDUCTOR

A lo largo de su vida, Beltrán ha tenido varios discos duros donde almacenaba sus archivos de trabajo y personales. Un par de ellos aún los conserva, otros tantos pasaron a mejor vida, y cada día le molesta más pensar que, en algún momento, tendrá que organizar todos los archivos que aún le quedan por clasificar.

Las carpetas predeterminadas de *Windows* son parte de nuestro perfil de usuario, un espacio de almacenaje centralizado donde guardar nuestros datos. Son varias las carpetas que almacenan nuestros archivos atendiendo a sus características, es decir, atendiendo a su formato: los archivos de texto se almacenarán en **Documentos,** las fotografías en **Imágenes,** etc. Solo hay una excepción: los archivos descargados de internet irán todos a la carpeta **Descargas.** Hagamos un ejercicio.

PRACTICA

Para comprobar cómo funcionan las descargas, vamos a hacer una actividad sencilla. Dirígete a esta página (https://pixabay.com/es/) en el navegador. Este sitio web es un banco de imágenes donde puedes descargar gratuitamente material gráfico y audiovisual.

Continúa en página siguiente >>

<< Viene de página anterior

En el cuadro de búsqueda, en el desplegable de la derecha, selecciona **Fotos.** Introduce en la barra del buscador la palabra clave "naturaleza". Esto nos devuelve una página de resultados. Salvo la primera fila de fotografías, que son de pago, seleccionaremos cualquiera del grupo de fotografías gratuitas.

Al hacer clic, nos conducirá a una página de descarga, donde debemos pulsar en el botón verde de **Descargar.** En el menú que se despliega elegiremos la resolución de imagen más pequeña (640 × 407) y haremos clic en **Descargar.**

Fíjate bien en tu navegador. Ha aparecido un nuevo icono en la izquierda de la barra de direcciones. Si haces clic sobre él podrás ver el nombre del archivo descargado, y debajo un botón **Abrir archivo** que hará que se reproduzca la imagen en el visor de *Windows;* si pasas el cursor sobre el nombre del archivo podrás ver a la derecha del nombre dos iconos más, **Mostrar en carpeta** y **Eliminar** (las opciones pueden variar según el navegador).

Continúa en página siguiente >>

<< Viene de página anterior

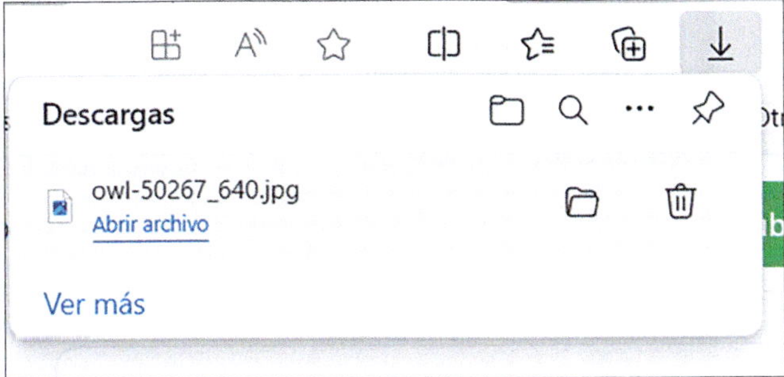

Si elegimos la opción **Mostrar en carpeta,** se desplegará la ventana del explorador de archivos, indicándonos que el nuevo archivo se encuentra almacenado y seleccionado en la carpeta Descargas de nuestro usuario.

Puedes volver a repetir el mismo ejercicio, pero esta vez seleccionando en el buscador descargar un vídeo. Verás como la descarga se realiza de nuevo en la misma carpeta. Más tarde podrás acceder a la carpeta Descargas, hacer clic derecho sobre el archivo, y en el menú contextual seleccionar **Cortar.** Desplázate en el navegador a la carpeta correspondiente (Imágenes, Vídeos, etc.), haz clic derecho sobre cualquier área vacía del área de visualización del explorador y selecciona la opción **Pegar.**

Piensa en cuántos documentos almacenamos día a día, ya sea en las carpetas preestablecidas o en las carpetas que nosotros mismos creamos. Como ya vimos, podemos acceder a las carpetas preestablecidas desde **Accesos Rápidos** o desde **Este equipo,** pero puede que en algún momento queramos tener acceso a la carpeta que contiene a las carpetas preestablecidas. Para ello, seguiremos la siguiente ruta en el explorador "C:\Usuarios\USUARIO", donde "USUARIO" es el nombre de nuestra sesión de usuario.

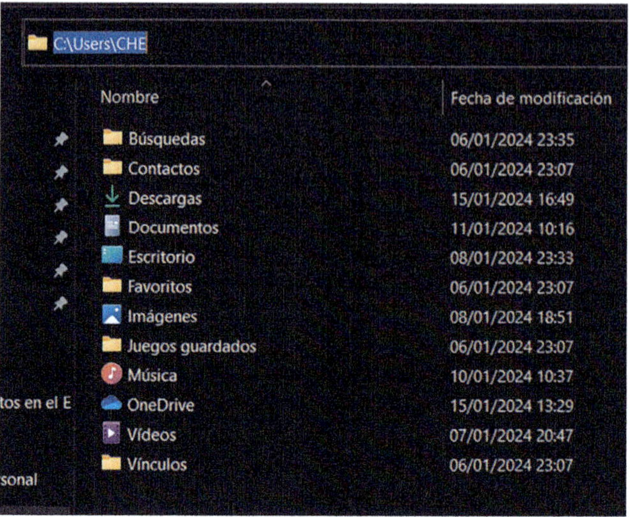

Una vez que tenemos claro dónde se almacenan, guardan y descargan los archivos, es el momento de empezar a plantearnos seriamente una estructura de carpetas adecuada. Aquí tienes algunos consejos:

- Agrupar los archivos con propiedades comunes (imagen, vídeo, texto, etc.) suele ser una buena idea. Puedes mantener, si te apetece, las carpetas predeterminadas de *Windows*.
- Procura no excederte en el número de archivos que almacenas en una sola carpeta. Quizá puedas encontrar características comunes para crear subcarpetas.
- Elige temas amplios para el primer nivel y deja los temas más específicos para las subcarpetas.
- No crees demasiados niveles de subcarpetas, pueden acabar acarreando problemas a causa de la longitud de la ruta.
- Utiliza carpetas para los archivos en uso sobre los que estás trabajando, y crea otra carpeta para los proyectos terminados.

Recuerda, además, la importancia que tienen los nombres de las carpetas a la hora de recuperar los archivos almacenados. Ten en cuenta estas sugerencias:

- Procura utilizar nombres cortos o abreviaturas. Si crees que, con el tiempo, puedes olvidar su significado, no está de más que guardes un registro con el nombre completo y contenido de las carpetas.
- Recuerda utilizar el orden cronológico para organizar archivos y carpetas. Incluir la fecha de creación en el nombre puede ser de mucha utilidad, cuando hablamos de fases de un mismo trabajo.

- Cuando vayas a aplicar numeración para la estructura de almacenaje, comienza con varios ceros. Sería una estructura tipo "00, ..., 010, ..., 101, etc.".
- Cuando organices por nombres de personas, por ejemplo, nombres de autor, comienza por el apellido seguido del nombre.
- Evita los acentos, los puntos, la letra ñ, los caracteres especiales y los espacios en los nombres de archivos y carpetas, ya que pueden dar problemas con el sistema operativo y las aplicaciones. Acostumbra a utilizar guiones "-" y guiones bajos "_" para la separación entre palabras.

APLICACIÓN PRÁCTICA

Vas a comenzar en un trabajo nuevo. Tu jefe te pide que crees una carpeta nueva que compartirás con otras personas del grupo de trabajo. En esta carpeta guardaréis los proyectos que realizaréis conjuntamente cada año, con carpetas diferenciadas por meses y distinguiendo los archivos en uso del trabajo completado.

¿Cuál de los siguientes crees que será la estructura y los nombres adecuados?

a. **Carpeta "Compañeros" \ Carpeta de año (2021, 2022, etc.) \ Carpetas meses (00, ..., 012) \ Carpeta "Completados" y archivos temporales con fecha (250121trabajo001, 260121trabajo001, etc.).**
b. **Carpeta "Companeros" \ Carpeta de año (2021, 2022, etc.) \ Carpetas meses (enero, febrero, etc.) \ Archivos temporales con fecha (2501_trabajo_001, 2601_trabajo_001, etc.).**
c. **Carpeta "TrabajoConjunto" \ Carpeta de año (2021, 2022, etc.) \ Carpetas meses (0, ..., 12.) \ Carpeta "Completados" (archivos "260121-CT-001"), y archivos temporales con fecha (250121-T-001, 260121-T-001, etc.).**
d. **Carpeta "Trabajo" \ Carpetas meses (01 enero, 02 febrero, etc.) \ Carpeta "Completados" y carpeta "Temporales".**

Solución

Para la carpeta raíz nos sirve cualquier nombre que sea significativo. Lo más correcto sería "TrabajoConjunto". "Companeros" también podría ser válido, "Trabajo" es demasiado genérico y "Compañeros" incumpliría la norma de no utilizar "ñ".

Continúa en página siguiente >>

<< Viene de página anterior

Aunque no nos han solicitado específicamente una carpeta para cada año, es recomendable incluirla en la estructura.

Para las carpetas mensuales, lo correcto es numerarlas con 001, …,012 o 01, …, 12. Nombrar las carpetas con el nombre del mes (enero, febrero, etc.) implica que se ordenen por orden alfabético, lo que nos obligaría a hacer la búsqueda de la carpeta del mes en cuestión.

Por último, para diferenciar los archivos temporales de los completados, lo mejor es crear una carpeta donde guardar el trabajo finalizado, aparte de los archivos en uso. Como ya sabemos, para diferenciar distintas fases de un archivo en uso, incluir la fecha en el nombre puede sernos de utilidad. Se pueden incluir palabras descriptivas, pero eso nos obligaría a acordar para cada proyecto cuál es el nombre más representativo para todos los integrantes del grupo de trabajo. Lo más cómodo es poner unas siglas y numerar por orden de proyecto. Es por lo que la sugerencia "260121-CT-001", para archivos completados, y "250121-T-001", para los archivos en uso, sería lo más correcto.

Otro asunto importante que tener en cuenta es valorar cuál es el dispositivo de almacenamiento que más nos interesa. ¿Cuánta memoria necesitamos? ¿Vamos a trabajar en modo colaborativo? ¿Necesitas transportar la información de un lugar a otro? ¿La necesitas en distintos dispositivos? ¿Dónde almacenarás las copias de seguridad? Todas son preguntas interesantes que te ayudarán a decidir tu sistema de almacenaje. Veamos algunas opciones.

Almacenamiento físico

- En este grupo nos referimos a los dispositivos tangibles con los que trabajamos habitualmente, ya sean discos duros internos mecánicos HDD o discos solidos SSD, como almacenamiento extraíble (discos ópticos CD/DVD, unidades *flash*, tarjetas de memoria SD y discos duros extraíbles). Todos estos dispositivos nos pueden ser muy útiles por una razón u otra, la cuestión es valorar cuál es el más recomendable para cada ocasión. Por ejemplo, una unidad *flash*, más conocida como USB, nos puede ser útil para trasportar nuestros archivos. Pero en el caso de tener que entregar el material, por ejemplo, un CV o un *book* de trabajos, es mejor enviarlo por correo electrónico o crear una copia en CD o DVD.

Continúa en página siguiente >>

<< Viene de página anterior

Almacenamiento en la nube

- El almacenamiento en la nube, como el que nos ofrece *OneDrive* en *Windows*, puede gozar de importantes ventajas en algunos casos. Por ejemplo, es un sistema muy seguro, estos servicios *online* suelen estar bien protegidos y actualizados, por lo que son una buena opción para almacenar copias de seguridad o archivos que no queramos perder. Por otro lado, constituyen un perfecto sistema para compartir archivos con otras personas. También son una buena solución cuando acostumbramos a cambiar constantemente de equipos o dispositivos de trabajo y nos interesa tener estos archivos siempre disponibles. Por el contrario, algunas desventajas son que nos obliga a estar conectados a internet y a dejar nuestros documentos en manos de terceros.

SABÍAS QUE...

Para aprender un poco más sobre *OneDrive* puedes comenzar echando un vistazo a estos 21 Trucos. Seguro que te ayudan a sacarle más provecho al almacenamiento en la nube.

https://redirectoronline.com/ifct450215

CONSEJO

Cuando tengas que sopesar cuáles son tus necesidades de almacenamiento, debes pensar en un espacio para copias de seguridad. Los dispositivos sufren ataques de *malware*, destrucción física, borrados accidentales, robos, etc. Las copias deben actualizarse con tanta asiduidad como cambie el contenido o aumente el número de archivos. Recuerda, además, que jamás deben almacenarse en el mismo dispositivo físico.

ACTIVIDAD COMPLEMENTARIA

4. Ana es una joven universitaria que tiene que realizar un trabajo con varios compañeros. Adrián es un profesional del diseño gráfico que va a presentar sus trabajos en una entrevista de empleo. Amparo es fotógrafa y está pensando en cómo es mejor almacenar sus trabajos. Antonio tiene miles de archivos que ha ido acumulando en su empresa de asesoría.

   A partir de lo que has visto sobre el almacenaje de archivos y lo que sepas sobre estos dispositivos, ¿qué dispositivos de almacenaje crees más adecuados para estas personas?

5. Resumen

Internet se construye por la unión de millones de ordenadores (servidores y clientes) a través de líneas de conexión, y estos equipos utilizan un protocolo (TCP/IP) y sus direcciones especificas (la IP, y su traducción, el dominio) para establecer la comunicación.

Para conectar a internet necesitamos:

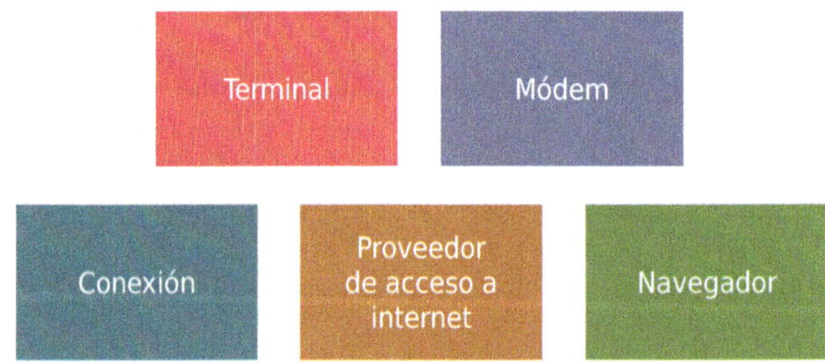

La web es uno de los servicios de internet y está formada por documentos (páginas web) de información codificada en lenguaje HTML. Los navegadores decodifican esta información y la hacen accesible al usuario.

El *ranking* de los navegadores más usados es el siguiente:

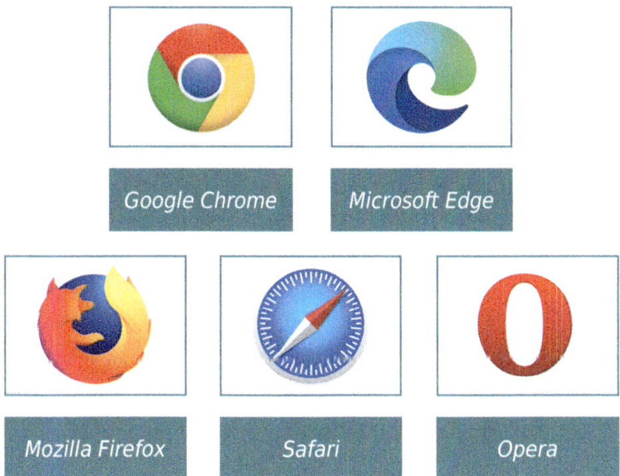

Al trabajar con las pestañas del navegador podemos realizar diversas acciones:

- Reordenar
- Extraer a una nueva ventana
- Cerrar
- Fijar
- Agrupar

Las opciones **Historial** y **Favoritos** nos permiten acceder a información de la navegación y organizar las páginas visitadas, según nuestras preferencias.

Las opciones de configuración del navegador son muy numerosas y están accesibles a través del menú del navegador, seleccionando en el listado **Configuración** (**Ajustes,** en *Firefox),* lo que despliega una pestaña en el navegador con las opciones de configuración disponibles.

Podemos configurar la página de inicio con las siguientes opciones de configuración:

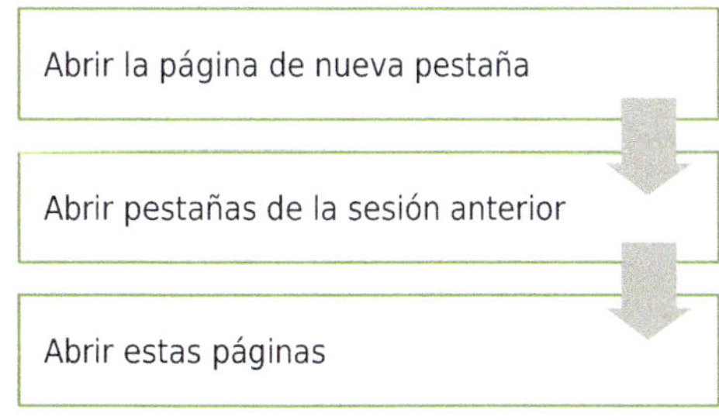

O determinar el motor de búsqueda del navegador mediante estas otras opciones:

- Especificar el buscador predeterminado
- Administrar buscadores

O, también, determinar los datos de navegación que vamos a eliminar, con estas otras:

- Intervalo de tiempo
- Datos de navegación
- *Cookies*
- Archivos e imágenes en memoria caché

A la hora de realizar búsquedas de información, debemos seguir algunas pautas:

- Definir qué información necesitamos
- Seleccionar las fuentes de información
- Realizar la consulta
- Evaluar los resultados
- Analizar y usar la información

Algunos elementos del buscador *Google* son los siguientes:

- Cuadro de búsqueda
- Opciones de búsqueda
- Resultados
- Inicio de sesión
- Menú de aplicaciones

Para facilitarnos la tarea de buscar información en internet podemos utilizar los *feeds* o fuentes RSS, que son medios de redifusión del contenido web.

Hemos revisado algunas pautas para generar una estructura de carpetas adecuada y para nombrar eficientemente los documentos y las carpetas que los contienen.

Es posible identificar las opciones de almacenamiento de nuestros archivos, que podemos dividir en:

Almacenamiento físico	Almacenamiento en la nube

Ejercicios de autoevaluación
Unidad de Aprendizaje 2

1. ¿Qué tecnología conecta los dispositivos a la red de conexiones?

a. El terminal.
b. El navegador.
c. El módem.
d. El proveedor.

2. ¿Cuál de los siguientes navegadores fue creado por Apple para dispositivos *Mac OS*?

a. *Chrome*
b. *Safari*
c. *Opera*
d. *Firefox*

3. ¿En qué elemento de la interfaz del navegador introduciremos la URL que deseamos visitar?

a. Barra de direcciones.
b. Área de trabajo.
c. Botón de inicio.
d. Botón de navegación.

4. ¿Qué atajo de teclado utilizamos cuando queremos recuperar una pestaña cerrada por error?

a. [Control] + [Mayús] + [T].
b. [Control] + [Enter/Intro] + [T].
c. [Control] + [Esc].
d. [Enter/Intro] + [Mayús].

5. ¿Qué datos de navegación son creados por otras páginas con información de nuestro usuario?

a. El intervalo de tiempo.
b. La memoria caché.

c. El historial.
d. Las *cookies*.

6. Dentro de las estrategias de búsqueda, ¿qué acción debemos realizar durante la evaluación de resultados?

a. Evaluar la calidad de los resultados, seleccionar el material de interés y, si fuera necesario, reajustar los criterios de búsqueda.
b. Evaluar la información que necesitamos, recopilar la información que ya tenemos y definir el objetivo y alcance de la información necesaria.
c. Designar fuentes fiables donde buscar información.
d. Definir las palabras clave, usar operadores lógicos y realizar búsquedas avanzadas.

7. ¿Qué encontraremos en el menú de aplicaciones de *Google*?

a. Mi perfil en *Google* desde donde puedo gestionar mi cuenta.
b. Los resultados de la búsqueda.
c. Encontramos distintas opciones de configuración y filtros para acotar las búsquedas.
d. Distintas aplicaciones de utilidad y otras que ni siquiera imaginas.

8. ¿Qué tipo de buscador nos permite buscar, guardar, clasificar y compartir los enlaces de interés?

a. Los metabuscadores.
b. Los motores verticales.
c. Los marcadores sociales.
d. Los directorios de preguntas.

9. ¿Para qué resultan ser útiles las fuentes web?

a. Para buscar páginas de aplicaciones.
b. Para seleccionar mejores buscadores.
c. Para estar al día de los nuevos contenidos de páginas de nuestro interés.
d. Para compartir los mejores enlaces.

10. ¿Dónde no debes almacenar la copia de seguridad?

a. En varios discos duros HDD.
b. En unidades *flash.*
c. En la nube.
d. En el mismo dispositivo del que has hecho la copia.

Unidad de aprendizaje 3

Uso de la comunicación

Contenido

1. Introducción
2. El correo electrónico
3. Videoconferencias básicas *(Skype, Google Chat...)*
4. Identidad digital. Tu imagen personal en internet
5. Resumen

Objetivos

El objetivo general de esta Unidad de Aprendizaje es:

→ Adquirir conocimientos sobre las herramientas de comunicación en entornos digitales para compartir recursos, colaborar y participar de las comunidades de internet.

Los objetivos específicos de esta Unidad de Aprendizaje son:

→ Utilizar aplicaciones de comunicación en internet.

→ Proteger los datos personales en internet.

1. Introducción

Cuando Tim Berners-Lee ideó la *World Wide Web* en el año 1990, difícilmente podría imaginar el desarrollo que esta alcanzaría tres décadas después. El despegue de esta tecnología supuso el florecimiento de la actividad de internet que no ha cesado hasta nuestros días, y con este auge se fueron multiplicando, de manera exponencial, las posibilidades para los usuarios de generar contenidos, compartir recursos y colaborar en red.

Y es que si algo ofrece el mundo conectado, son posibilidades de comunicación e interacción entre personas, sin importar cuál sea la localización física de estas. Por ello, es importante el desarrollo de competencias digitales en el área de la comunicación, que promueva una ciudadanía competente en el uso provechoso de la tecnología y la red de redes, y que capacite para intervenir y participar de la comunidad de internet.

Por tanto, en esta ocasión, exploraremos el funcionamiento de algunas de las principales herramientas de comunicación interpersonal en internet, y, dado que la participación en la experiencia de comunicación en la red comporta no pocos riesgos, veremos cómo resguardar la identidad digital de usos fraudulentos o maliciosos.

En la presente unidad, nuestro protagonista, Beltrán, nos planteará su proceso de integración a la comunicación y participación en el mundo conectado.

2. El correo electrónico

HILO CONDUCTOR

Aunque pueda parecer que las aplicaciones de mensajería instantánea (*WhatsApp* y similares) están sustituyendo a los mensajes de correo electrónico, Beltrán sabe que aún están lejos de alcanzar la imagen de seriedad y profesionalidad que reviste a los *e-mails*. Aprender a manejar eficientemente esta herramienta sigue siendo una apuesta de futuro.

El correo electrónico o *e-mail (electronic mail)* es un servicio que permite enviar y recibir mensajes a uno o múltiples destinatarios a través de internet.

Estos mensajes pueden contener texto, imágenes, vídeos, audios y otros tipos de archivos. El correo electrónico es, en la actualidad, uno de los principales medios de comunicación interpersonal.

SABÍAS QUE...

En el año 2022 los usuarios del correo electrónico enviaron 333.000 millones de correos electrónicos diarios, cifra que se estima aumentará un 17,8 % hasta 2026.

Para entender su funcionamiento, podemos equipararlo al del correo postal: un remitente (tu cuenta de correo) envía un mensaje a un destinatario (cuenta de correo a la que envías el mensaje) y, entre ambos, se encuentra la gestión de una empresa de servicios de correos (el servidor de correos electrónicos). Estos servidores de correos reciben los mensajes que serán almacenados hasta que puedan ser enviados a sus destinatarios.

- Remitente emisor@correo.com
- Servidor de correo
- Destinatario receptor@correo.com

Este es el sencillo esquema que permite la comunicación mediante correos electrónicos. Por supuesto, en sentido inverso, el destinatario se convierte en remitente, cuando envía o contesta un correo recibido, y el remitente en destinatario.

- Destinatario emisor@correo.com
- Servidor de correo
- Remitente receptor@correo.com

Si para poder enviar una carta necesitamos la dirección postal del destinatario, de igual manera, para enviar un *e-mail* necesitaremos disponer de la cuenta de correo electrónico del receptor, además de una propia.

Veamos entonces cuál es la estructura de una cuenta de correo:

Nombre de usuario

- El nombre de usuario es el sobrenombre que utilizamos para identificar al propietario de una cuenta de correo. Este puede ser cualquier palabra o conjunto de ellas como, por ejemplo, nuestro nombre completo, siglas, contracción, apodo o un nombre inventado. El nombre de usuario nos identifica entre los innumerables usuarios de correo que se alojan dentro de un mismo servidor. Pongamos, por ejemplo, que deseamos crear una cuenta en un proveedor de servicios de correo gratuito como *Gmail*, donde pueden alojarse cientos de millones de cuentas de correos. Todas estas cuentas se diferencian unas de otras porque poseen un nombre de usuario único. Esta es la causa de que pueda no ser fácil que el proveedor de correo acepte el nombre de usuario que hemos elegido y debamos realizar varias pruebas hasta encontrar un nombre que aún no esté registrado.

@

- Este símbolo, denominado arroba, sirve de intermediario entre el nombre de usuario y el de servidor. La arroba se lee en inglés como "at", lo que se traduce como "a", "junto a" o "en". Por lo que una cuenta de correo se interpreta como: NOMBREUSUARIO "hospedado en" NOMBRESERVIDOR (nombre@dominio.com).

Nombre de servidor

- El nombre del servidor (por ejemplo, gmail.com) es un dominio que indica en qué servidor se encuentra alojada la cuenta de correo. Algunos particulares y gran parte de las empresas utilizan un dominio propio (por ejemplo, iceditorial.com) al que asignan cuentas de correos corporativas. En este caso, se establece un contrato con un proveedor de correo, que registra el nombre del dominio para el cliente, y que identifica el servidor donde se encuentran alojadas las cuentas de correo corporativas.

SABÍAS QUE...

La palabra "arroba" proviene del árabe y significa "la cuarta parte". En España se utilizaba como unidad de medida de masa y hay pruebas de que se usaba su símbolo (@) desde los siglos XV y XVI.

Para enviar un correo electrónico, además de disponer de una cuenta de correo, debemos utilizar una aplicación específica para este fin. Este *software* hace posible redactar, dar formato al texto, añadir gráficos y archivos, agregar los destinatarios, dotar de características especiales al mensaje, como el acuse de recibo, etc. En definitiva, crear un cuadro donde podamos expresar todo aquello que necesitemos comunicar y en la forma en que deseemos. Por último, al enviar el mensaje, debemos tener la seguridad de que navegará a través de la red hasta alcanzar el buzón de su correcto destinatario.

Una vez en su bandeja de entrada, el destinatario utilizará un *software* compatible, que le permitirá leerlo, contestar, guardarlo, eliminarlo, etc. Nada nos asegura que el destinatario reaccione a nuestro mensaje tal y como esperamos, pero enviar un correo siempre nos garantiza la expectación de obtener una respuesta.

Aunque pueda parecer que la nueva versión tecnológica del correo ha perdido todo el encanto de la fórmula original, las múltiples opciones de personalizar los mensajes permiten aportar la calidez y el estilo necesario para la comunicación más personal.

2.1. Webmails

Si la cuenta de *e-mail* es la nueva dirección postal, cualquier aplicación *webmail* se convierte en nuestra pluma y papel.

Un *webmail* o correo web es una aplicación de correo electrónico basada en web, lo que implica la creación, acceso y gestión del correo a través de una página web, es decir, de manera *online*. En otras palabras, realizaremos cualquier tarea desde el navegador, sin necesidad de descargar los mensajes al ordenador. Entre los principales proveedores de *webmail* encontramos a *Gmail, Hotmail* y *Yahoo!*

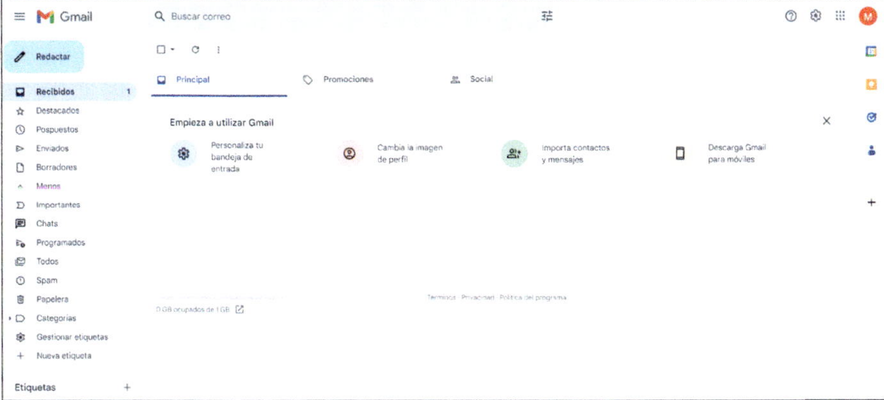

Esta es la pantalla principal de Gmail, desde donde podremos acceder a todas sus funciones.

Ahora veremos cómo podemos **gestionar nuestro correo desde un webmail,** en este caso, el de una cuenta *Gmail.*

Crear una cuenta

Crear una nueva cuenta en *Gmail,* o cualquier otra aplicación de *webmail,* es una tarea sencilla. Accede a la web de *Gmail* y utiliza el botón **Crear una cuenta,** que da acceso al asistente que te guiará durante el proceso.

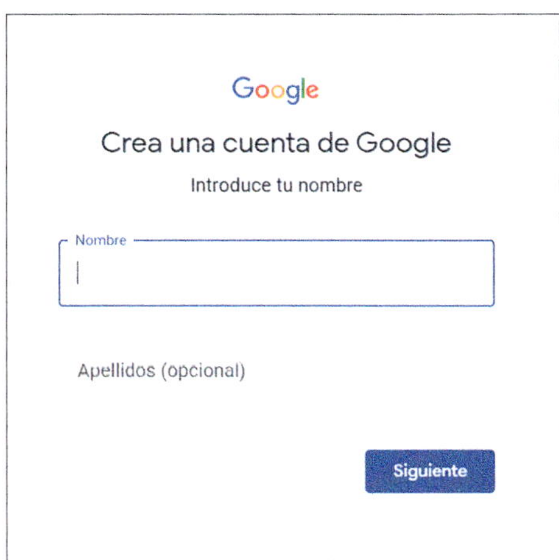

Gmail nos pedirá algunos datos como nuestro nombre y apellidos, el nombre de usuario y la contraseña de acceso al nuevo correo (es importante que atiendas a las recomendaciones de la aplicación para que tu contraseña alcance un nivel óptimo de seguridad). También deberemos aportar un número de teléfono, nuestra fecha de nacimiento, género y otra cuenta de correo de recuperación, datos que nos ayudarán a recuperar la cuenta si en algún momento no conseguimos recordar la contraseña de acceso y que, además, aportan una mayor seguridad ante posibles accesos no autorizados.

Redactar

Una vez dentro del gestor de correos, la primera función que nos interesa es poder redactar los correos. Haciendo clic sobre el botón **Redactar** accedemos a la ventana de creación de mensajes nuevos.

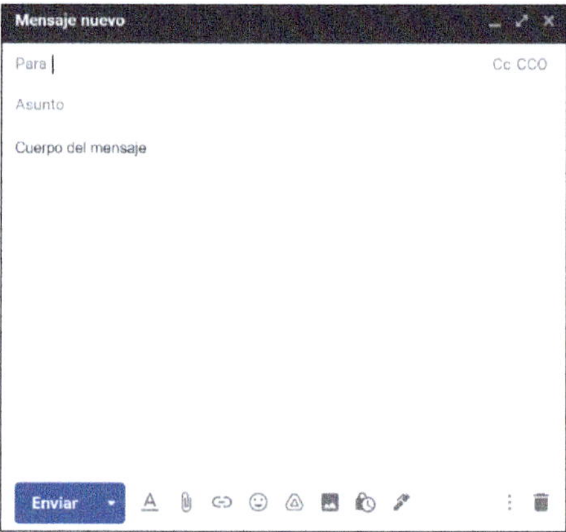

El primer campo **Para,** o destinatario, es el espacio principal donde incluir una o varias direcciones de correo electrónico a las que enviar el mensaje. También están disponibles los campos **CC** y **CCO.** El campo **CC** (copia de carbón) permite incluir más cuentas, denominadas "en copia", además de las cuentas de envío principal. Todas las cuentas serán visibles para los destinatarios, tanto las principales como las que están en copia. Mientras que las cuentas añadidas en el campo **CCO** (copia de carbón oculto) permite añadir cuentas que no sean visibles para los receptores.

En el campo "Asunto", deberemos escribir una descripción corta del motivo del mensaje, que aporte información al destinatario.

En el cuerpo del mensaje incluiremos toda la información que creamos oportuna para la redacción del mensaje. Además de texto, en la barra inferior encontraremos varias funciones que permiten añadir formato al texto, archivos, enlaces, emojis, archivos de *OneDrive,* fotografías o nuestra propia firma digital, además de otras opciones.

Visualizar correos

En la parte central de la aplicación, podemos observar una zona en la que se listarán los correos recibidos en nuestra cuenta.

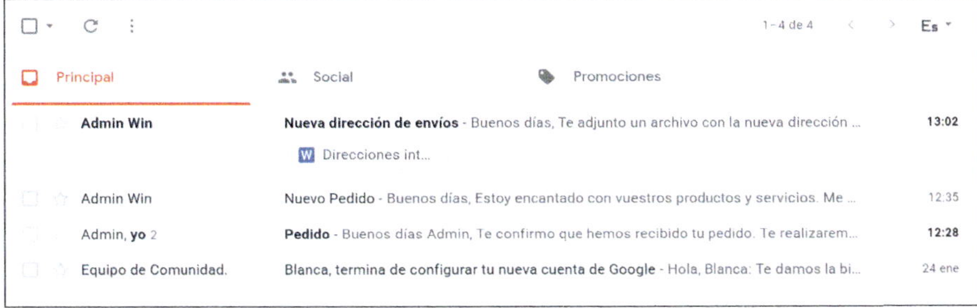

En esta vista, los correos recibidos aportan información del emisor del mensaje, el asunto y parte del cuerpo de texto, además de la hora de recepción o entrada del correo.

Cuando un mensaje no ha sido leído aún, podemos reconocerlo porque se encuentra resaltado en negrita, como puedes observar en el primer correo de la imagen anterior. Una vez lo hayas leído, se mostrará toda la información sin resaltar, como ves en el segundo mensaje del listado. Si un correo contiene algún archivo adjunto, presentará un icono con forma de clip o, en otros casos, una miniatura del archivo adjunto, situada bajo el correo, tal y como se muestra en el primer correo.

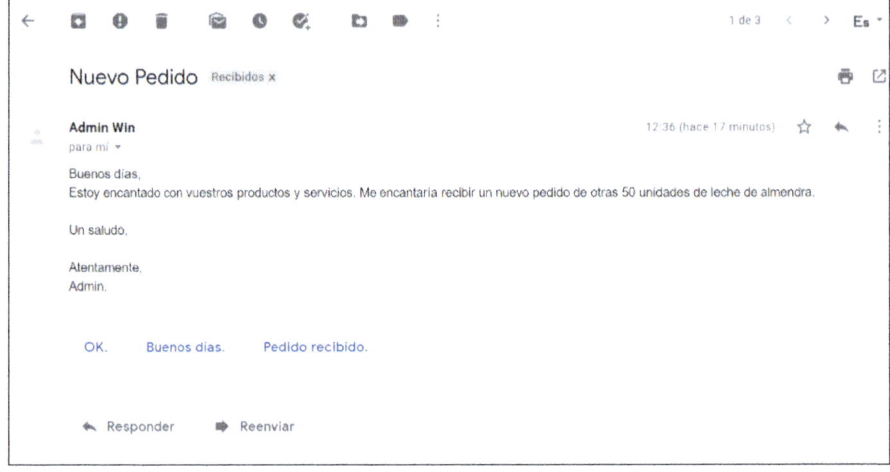

Cuando abrimos un correo, haciendo doble clic, lo primero que vemos es el asunto. Inmediatamente por debajo, observamos información sobre quién es el emisor y la hora de entrada del mismo.

Bajo estos datos, podemos distinguir el cuerpo del mensaje, y tras él, *Gmail* nos ofrece tres opciones de respuesta rápida (en la imagen, las respuestas rápidas son "OK", "Buenos días" y "Pedido recibido", resaltadas en azul), que podemos utilizar cuando así nos convenga. Por último, en la zona inferior del mensaje disponemos de varias acciones a realizar: "Responder", "Responder a todos" y "Reenviar". Cuando seleccionamos **Responder,** se abre una ventana de mensaje donde escribir una respuesta al remitente. En caso de elegir **Reenviar,** estaremos creando un mensaje para enviar a otra cuenta de correo, donde se incluirá una copia del mensaje recibido, en el cuerpo del nuevo mensaje. En caso de que en el correo existan cuentas de correos de otros destinatarios, se activará la opción **Responder a todos.** Al seleccionar esta opción, la respuesta que elaboremos será entregada a todas las cuentas de correos que figuran como destinatarias, además de la del emisor.

En la barra situada sobre el contenido del mensaje y en la zona superior derecha de este, encontramos distintos iconos que nos permiten realizar varias acciones como imprimir el mensaje, marcar como spam, borrar, marcar como no leído, posponer, añadir a tareas, etc. Todas estas funciones nos ofrecen posibilidades que podremos utilizar de acuerdo a nuestras necesidades de gestión del correo.

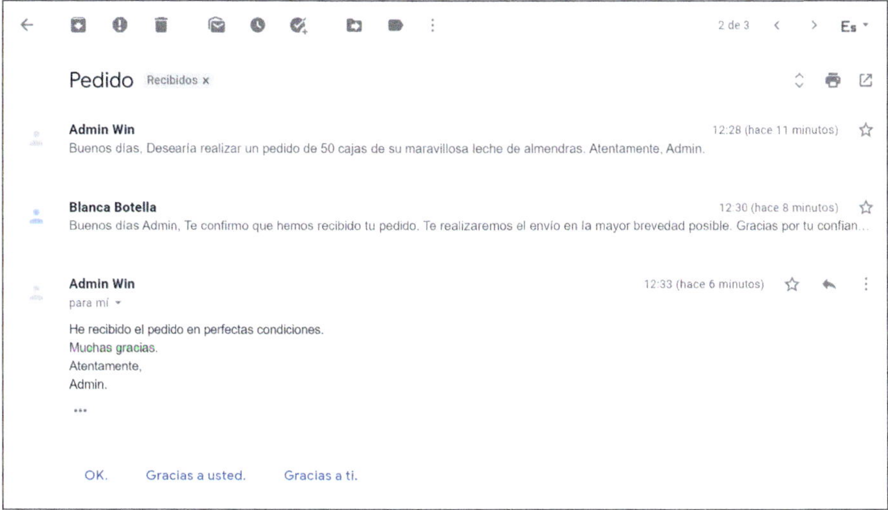

Cuando respondemos a un mensaje, mediante las opciones **Responder** y **Responder a todos,** se crea un hilo de mensajes que nos dará acceso a todas las comunicaciones que se hayan realizado respondiendo al mismo mensaje o asunto. Cada vez que recibimos una nueva respuesta dentro de un hilo de correo, *Gmail* muestra el número de mensajes que forman el hilo y el último mensaje resaltado en negrita.

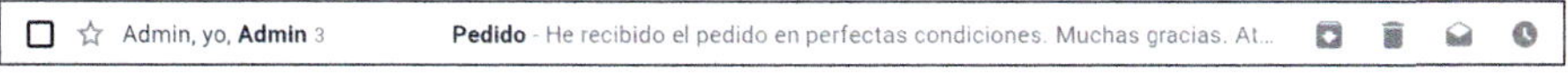

Organizar mediante etiquetas

Las etiquetas (o carpetas, en el caso de otros gestores de correo) son una utilidad que permite agrupar y gestionar los correos atendiendo a determinadas características de los mismos.

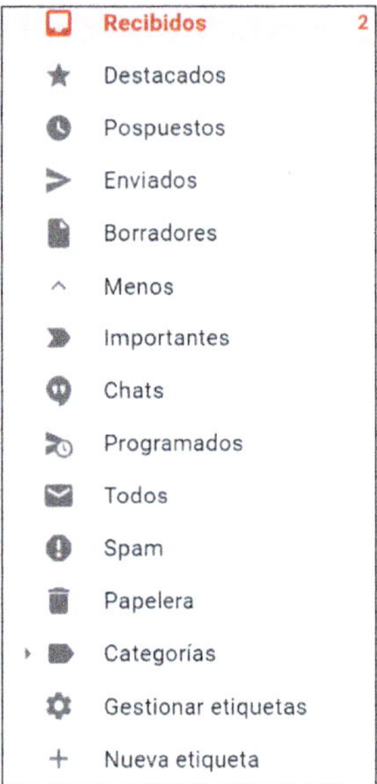

En la columna de la izquierda de la ventana de correo *Gmail*, podemos encontrar un listado de las etiquetas preestablecidas. Quizá la etiqueta más recurrida sea **Recibidos,** antiguamente llamada **Bandeja de entrada,** que es donde se mostrarán todos los mensajes a medida que van siendo recibidos. La etiqueta **Enviados** listará todos aquellos correos que hemos emitido, y **Borradores** aquellos mensajes que hemos, más o menos, redactado pero que cerramos sin llegar a enviar. Otra etiqueta interesante es **Importantes.** Aquí se mostrarán aquellos correos que *Gmail* interpreta que pueden ser interesantes para el usuario, ya sea porque se ha trabajado con mensajes similares antes o porque han sido enviados directamente como prioritarios a tu cuenta.

Otras etiquetas necesitan ser activadas directamente por el usuario. Por ejemplo, para que un mensaje se muestre en **Destacados,** se debe pulsar sobre el icono en forma de estrella que encontramos en la zona superior derecha en todos los mensajes.

Otras dos etiquetas interesantes son **Pospuestos** y **Programados.** Tanto en los mensajes entrantes como en la barra de acciones del mensaje abierto, encontramos el icono **Pospuestos,** que ofrece varias opciones para eliminar el mensaje y que reaparezca en otro momento más oportuno, cuando podamos responder o prestar atención a su contenido. Por otro lado, cuando estamos redactando un mensaje, al hacer clic sobre la flecha junto al botón **Enviar,** podemos elegir la opción **Programar envío,** que permitirá seleccionar fecha y hora para realizar el envío. Estos mensajes se mantendrán en la etiqueta **Programados** hasta su envío.

Otra opción interesante es crear nuestras propias etiquetas y gestionar qué correos queremos que contengan esta característica. Para crear una etiqueta debemos dirigirnos a la última de las opciones del listado de etiquetas del panel izquierdo o, en la barra de acciones de un mensaje abierto, hacer clic sobre **Etiquetas.** Esta acción despliega un menú que permite crear una etiqueta nueva y, también, añadir una etiqueta existente a un mensaje.

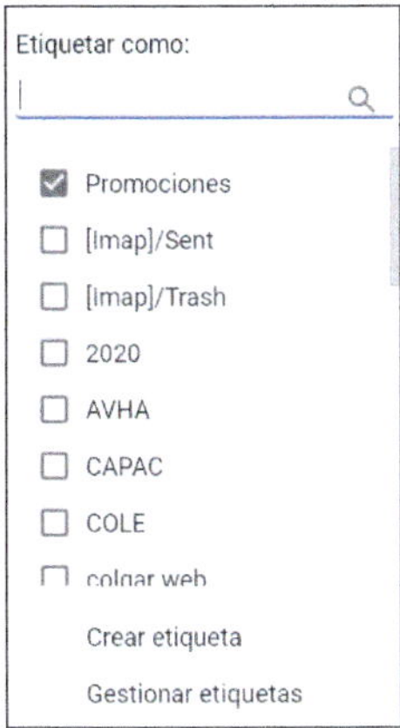

Estos mensajes etiquetados aparecerán listados al hacer clic sobre la etiqueta correspondiente en el lateral izquierdo de la ventana del correo.

Otras dos etiquetas singulares son las etiquetas ***Spam*** y **Papelera.** Se entiende por correo *spam* el correo publicitario o aquel "correo basura" que hemos recibido sin nuestro consentimiento previo. El propio *Gmail* dispone de filtros *antispam* para prevenir que este correo nos moleste. Todo el correo que no pasa ese filtro, o que nosotros etiquetamos expresamente como *spam,* se incluirá en esta etiqueta. Puede ocurrir que, erróneamente, algún correo de interés sea catalogado como *spam* por la aplicación. Por eso mismo, estos correos se guardan hasta un plazo de treinta días. Si encontramos un correo etiquetado por error como *spam,* que no debe considerarse como tal, podemos seleccionar la opción "No es spam" en la advertencia que aparece en la cabecera del mensaje abierto.

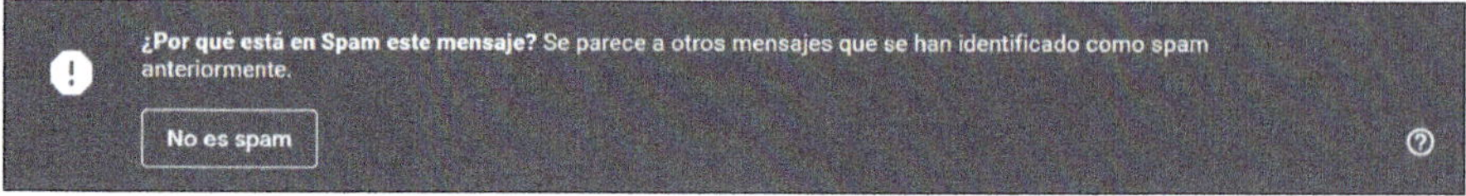

Por otro lado, los mensajes que decidamos eliminar serán etiquetados en la carpeta **Papelera,** donde se mantendrán durante treinta días antes de ser eliminados definitivamente.

Por último, *Gmail* también dispone de otra fórmula de gestionar los correos. Hablamos de las **Categorías.** Estas se muestran como distintas etiquetas, las cuales separan en grandes grupos de contenido los mensajes recibidos.

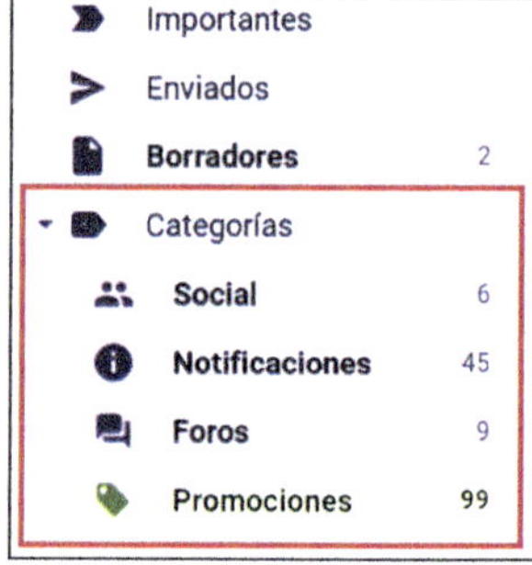

Otras funciones

Además de lo ya visto, *Gmail* dispone de otras utilidades que colaboran a una mejor gestión del correo. Veamos algunas de ellas:

- **Buscador de correo.** En la parte superior de la página encontramos un buscador, donde podremos incluir cuentas de correo, nombres o palabras que ayudarán a crear un listado de correos que las incluyan. Pulsando en la flecha de la derecha del buscador, se despliega un menú de búsqueda avanzada.

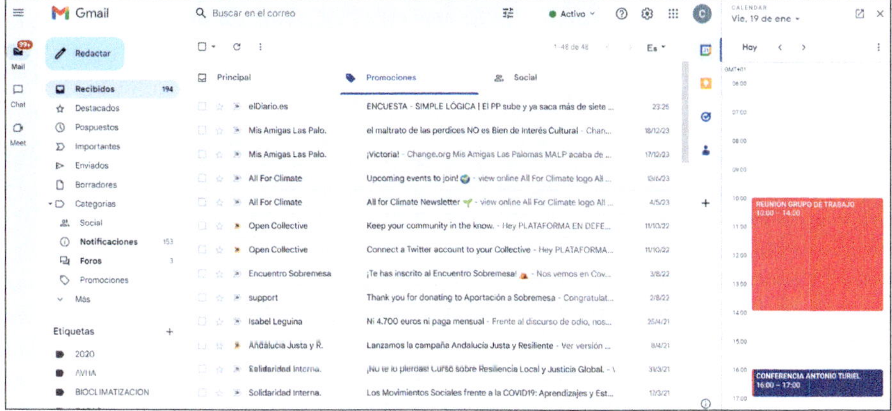

- ➲ ***Meet* y *Google Chat*.** Como veremos un poco más adelante, estas dos aplicaciones nos permiten acceder, desde la propia página de *Gmail*, a otras herramientas de comunicación. *Meet* es una aplicación que nos ofrece la posibilidad de crear videollamadas con una o varias personas y *Google Chat* permite chatear o realizar llamadas telefónicas a través de internet.
- ➲ En la barra lateral derecha de la página encontramos varias utilidades que pueden ayudarnos con la gestión del correo. En primer lugar, tenemos la aplicación *Calendar* o calendario. Esta se desplegará en el lateral derecho, mostrando el contenido de nuestro calendario *Google*. En él podremos consultar o crear nuevos eventos, organizando rápidamente nuestra agenda.

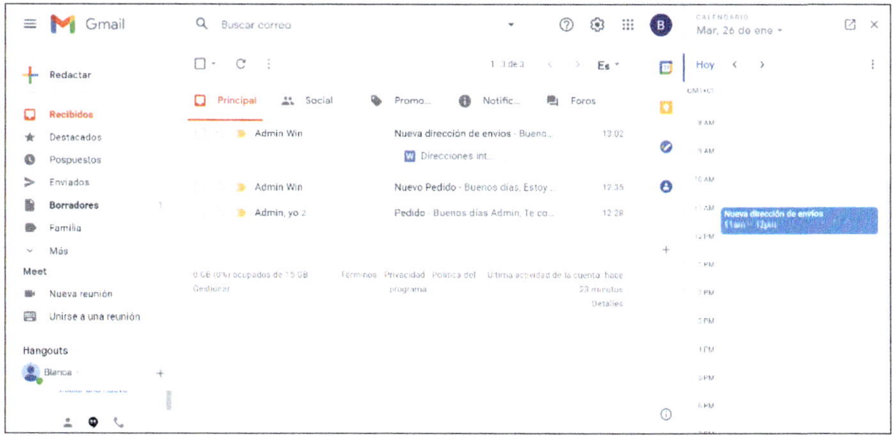

Otras aplicaciones disponibles son *Keep,* que nos permite crear notas, o *Tasks,* en la que podremos programar tareas que realizar en relación con los correos recibidos.

- Por último, pero muy importante, es la aplicación que nos permite gestionar nuestros Contactos de *Google.* Los contactos son todos aquellos datos sobre cuentas de correo, o incluso teléfonos, de las personas o entidades con las que estamos habitualmente en comunicación. Por ejemplo, aquellas cuentas de correo a las que enviemos habitualmente mensajes pueden incluirse en nuestros contactos de *Gmail.* Si utilizamos aplicaciones *Google* en nuestro móvil, podremos incluir todos nuestros contactos telefónicos en la aplicación Contactos para luego poder acceder a ellos desde *Gmail* u otras tantas aplicaciones que están sincronizadas con *Google.*

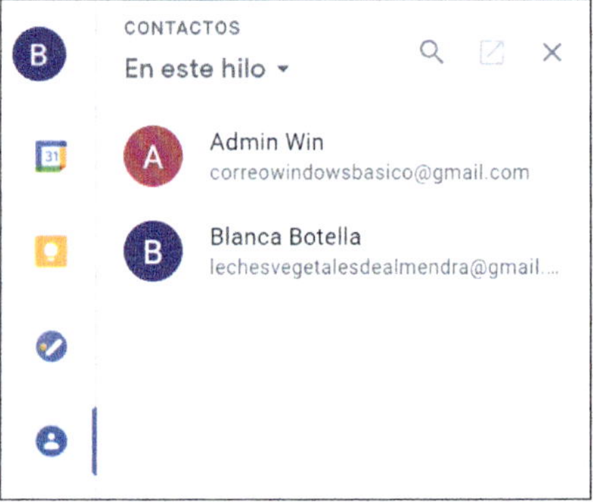

Una de las ventajas de las aplicaciones *webmail* es la seguridad e inmediatez con la que trabajamos. Pero quizá deseemos tener más control sobre el correo, trabajar sin necesidad de estar conectados a internet, utilizar varias cuentas a la vez o usar aplicaciones de terceros que nos faciliten el trabajo. En estos casos, el *software* de gestión de correo, comúnmente llamado cliente de correo, es la mejor opción para nosotros.

TAREA 5

El envío y recepción de correos electrónicos se ha convertido en una actividad inevitable en nuestra sociedad. Intentaremos en esta aplicación practicar su manejo.

Continúa en página siguiente >>

<< Viene de página anterior

Imaginemos un supuesto donde dos personas, Alfredo y Zaira, intercambian impresiones sobre nutrición, dietas y recetas caseras. Alfredo le comenta a Zaira lo interesante que le parece la iniciativa de "Lunes sin carne", a lo que Zaira responde que desconocía la iniciativa.

https://redirectoronline.com/ifct450304

Para realizar esta actividad vamos a crear una conversación, con nosotros mismos, donde a la vez representemos el papel de Alfredo y de Zaira. Para ello, vamos a crear dos correos nuevos, un correo en *Outlook Live* y otro en *Google*, uno para cada personaje. Desde estos correos debemos crear una conversación mediante la que intercambiar enlaces, texto con formato (una receta, por ejemplo), fotografías y archivos.

2.2. Configuración de correo POP, IMAP y SMTP en clientes de correo para ordenadores y dispositivos móviles

Aunque la gestión de correos a través de aplicaciones webmails está muy extendida, no es la única opción. Utilizar **gestores o clientes de correo** como *Microsoft Outlook* o *Mozilla Thunderbird* es bastante usual cuando trabajamos con mucho volumen de correo o cuando disponemos de cuentas de correo corporativo, creadas en un dominio privado. El tratamiento de los mensajes en ambos sistemas de correo es muy similar, sin embargo, un cliente de correo tiene algunas necesidades específicas para su configuración.

Las características principales de estos clientes de correo son:

- Es un *software* que necesita ser instalado.
- Debe configurarse.
- Los mensajes serán descargados, aunque existe la posibilidad de dejar una copia en el servidor.
- Se recomienda realizar copias de seguridad de los correos descargados.
- El correo no estará disponible desde otro dispositivo.
- Ocupan memoria en el dispositivo.

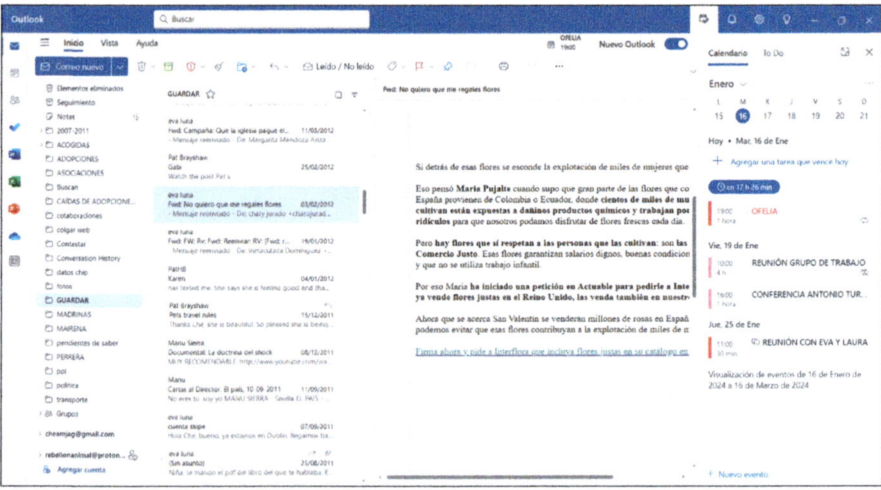

El cliente de correo Microsoft Outlook no solo dispone de buenas herramientas de gestión, también trabaja con fuentes RSS, permite consultar el calendario, tareas, etc.

Para poder configurar una cuenta de correos en un gestor de este tipo, tenemos que saber un poco más sobre los protocolos de internet que rigen el envío de mensajes. Nos referimos a los **protocolos SMTP, POP e IMAP.** Veamos qué queremos decir con esto:

- **SMTP:** el protocolo simple de transferencia o SMTP *(Simple Mail Transfer Protocol)* es el protocolo de envío y recepción de mensajes. Sería como el cartero que recoge el correo que deseamos enviar, llevándolo hasta la oficina postal y que, además, nos trae el correo almacenado en la oficina postal cuando deseamos descargarlo. Es un protocolo muy fiable que transfiere los correos con rapidez y sin problemas, aunque, como no tiene forma de verificar quién es el remitente, ha propiciado que se desarrolle el correo *spam.* Aunque se sigue avanzando en la mejora del estándar SMTP, aún no se ha conseguido crear un protocolo completamente seguro. Durante la configuración del cliente de correo nos pueden solicitar el servidor de correo saliente.

Este dato corresponde al protocolo SMTP más el dominio del servidor, por ejemplo "smtp.gmail.com".

- **POP:** el protocolo de oficina postal o POP *(Post Office Protocol)* es el protocolo de almacenamiento. En una analogía sería la oficina postal, adonde enviamos el correo para que sea distribuido y donde se almacena hasta que decidimos descargarlo. Cuando usamos el estándar POP3, tercera versión del protocolo POP, los mensajes se descargan en nuestro equipo, dejando vacío el servidor. Si queremos configurar el cliente de correo con un protocolo POP3, en el apartado que solicita el servidor de correo entrante deberemos indicar el nombre del protocolo más el dominio del servidor, es decir, "pop.gmail.com", por ejemplo.
- **IMAP:** el protocolo de acceso a mensajes de internet o IMAP *(Internet Message Access Protocol)* es un protocolo de almacenamiento, como POP, pero más moderno. IMAP tiene la ventaja de gestionar directamente en el servidor, sin descargar en el dispositivo, lo que permite acceder al servidor desde diferentes clientes de correo, lo que puede ser necesario si te conectas al correo desde varios dispositivos o con diferentes usuarios, además de gestionar más de una bandeja de entrada. En el caso de querer configurar la cuenta con un protocolo IMAP, en el servidor de correo entrante indicaremos "imap.gmail.com", si es el caso de una cuenta *Gmail,* o el nombre de dominio del servidor de la cuenta.
- **SSL/TSL:** si enviáramos un correo sin cifrar o encriptar, es decir, sin ocultar el contenido del mensaje, cualquiera podría interceptar el envío y leer el contenido o incluso añadir al mensaje algún tipo de *malware (software* malicioso). Sería como enviar una postal, en la que cualquiera puede leer o manipular el contenido del mensaje. Para evitar que esto suceda, las transferencias de datos por internet deben estar encriptadas o cifradas. El cifrado es un procedimiento que transforma el contenido del mensaje en un texto sin sentido aparente. Solo aquel que disponga del algoritmo matemático con el que se cifró será capaz de interpretar correctamente el contenido del mensaje. El cifrado es, por tanto, una fórmula de realizar comunicaciones más seguras manteniendo la confidencialidad de los mensajes. Por ello, los habituales servicios de internet cifran sus datos *(Gmail, Facebook* e incluso los sistemas operativos como Android), por lo que el usuario no necesita hacer nada al respecto. El antiguo protocolo SSL, junto al más actual TLS, son los protocolos criptográficos que permiten las comunicaciones seguras tanto en la transferencia de datos para acceder a sitios web (HTTPS) como durante el envío y recepción de correo. Como veremos, esto tiene importancia al configurar un cliente de correo.
- **Puertos:** un puerto es una parte del dispositivo informático, ya sea *hardware* o *software,* que permite establecer la comunicación entre dispositivos y, por tanto, enviar y recibir datos de un equipo a otro. Cuando, en la configuración del cliente de correo, activamos la encriptación SSL/

TSL, el programa automáticamente activa los usos de puertos que corresponden a este tipo de transmisión segura.

Servidor de entrada (IMAP)	Puerto 993
Servidor de entrada (POP3)	Puerto 995
Servidor de salida (SMTP)	Puerto 465

Estos puertos serán los mismos para todos los dispositivos, ya sea un ordenador, tableta o *smartphone.*

Ahora que ya conocemos los aspectos que intervienen en la configuración del cliente de correo, veamos un ejemplo.

EJEMPLO

Vamos a configurar una cuenta de correo en un dispositivo Android. Estos dispositivos suelen tener preinstalado uno o dos clientes de correo (normalmente *Gmail* está integrado en ellos). Para empezar, entramos en la opción **Ajustes** de nuestro teléfono y nos dirigimos a la sección **Cuentas.** Dentro de esta sección seleccionamos **Añadir cuenta.**

+	Añadir cuenta

Esta opción lista diferentes opciones, entre ellas **Personal (IMAP)** y **Personal (POP3),** también permite seleccionar la opción **E-mail.** Independientemente de qué tipo de cuenta añadas *(Gmail, Hotmail* o de dominio propio), puedes elegir cualquiera de las opciones de configuración.

Una vez seleccionado el protocolo que nos resulte más interesante (IMAP o POP3), accederemos a una pantalla que nos solicita el correo que vamos a añadir al cliente. Al hacerlo se activa la posibilidad de realizar una configuración manual y, dentro de esta, seleccionar el protocolo que queremos usar para la cuenta.

Continúa en página siguiente >>

<< Viene de página anterior

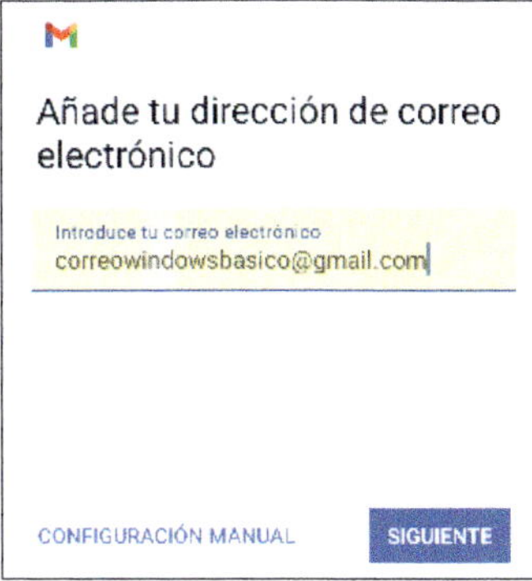

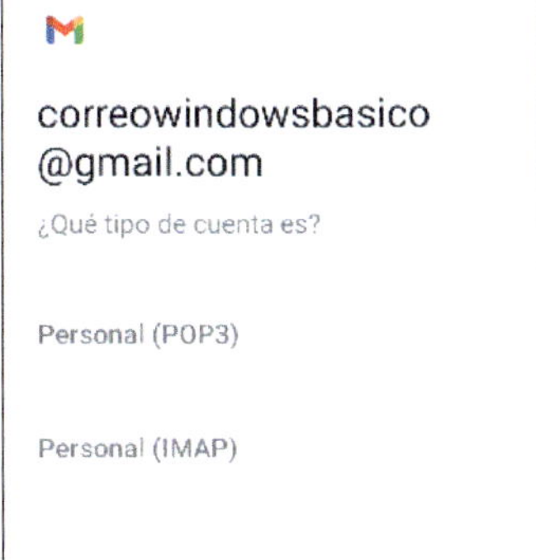

La siguiente ventana nos solicita la contraseña para la cuenta. Una vez ingresada, aparecerán en pantalla los **Ajustes del servidor de entrada.**

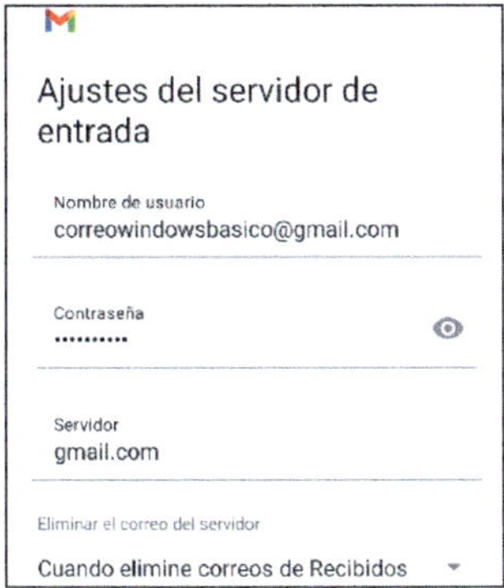

Si utilizas un correo con dominio propio, debes consultar a tu proveedor cuáles son los datos de dominio que debes utilizar.

Ajustados los datos del servidor de entrada, configuraremos igualmente los datos del servidor de salida. Comprueba siempre que los datos introducidos sean los correctos.

NOTA

Cuando intentas agregar tu cuenta de *Gmail* a un cliente de correo *(Outlook*, por ejemplo), es posible que recibas un mensaje de error y no consigas terminar la configuración. Esto, en algunos casos, puede ser a consecuencia de que *Google* exige activar una autenticación en dos fases. Para ello, deberás acceder a la siguiente página y seguir los pasos que te indica. Al final del proceso te será suministrada una contraseña que podrás usar finalmente para la configuración de la cuenta.

https://redirectoronline.com/ifct450306

APLICACIÓN PRÁCTICA

En el ordenador de tu oficina has decidido instalar un cliente de correo para la gestión de los muchos correos diarios que llegan o creas con pedidos, contactos con los clientes, proveedores, etc. A veces, en tus viajes de negocio necesitas consultar el correo, ya sea desde tu portátil o desde tu teléfono móvil.

¿Cuál crees que sería el protocolo de servidor entrante más adecuado para tus necesidades?

Solución

El protocolo IMAP gestiona el correo directamente en el servidor, sin descargar en el dispositivo, lo que permite acceder al servidor desde diferentes clientes de correo, que puede ser necesario si te conectas al correo desde varios dispositivos.

3. Videoconferencias básicas (*Skype, Google Chat...*)

HILO CONDUCTOR

Hasta hace relativamente poco tiempo, un comercial como Beltrán debía recorrer muchos kilómetros antes de conseguir concretar una venta. Hoy en día, existen herramientas digitales que solucionan el aspecto presencial y la distancia con un simple clic. Y no es que Beltrán haya renunciado al contacto directo con sus clientes, pero, cuando la agenda se complica, sabe que puede atenderlos a través de una reunión virtual.

La comunicación es un acto preciso mediante el cual se transmite un mensaje desde una persona emisora hasta otra persona o personas que lo reciben. En la comunicación presencial este acto es inmediato, se sustenta en el lenguaje oral y se apoya en otra información que aporta el lenguaje gestual de los que intervienen.

Pero, cuando lo presencial no es posible, los humanos hemos buscado fórmulas diversas para superar la distancia y conseguir conectar con el destinatario, a toda costa, utilizando desde señales de humo, el tam-tam, los mensajeros y las palomas o la correspondencia hasta tecnologías más recientes como el telégrafo, el teléfono, el correo electrónico o la videoconferencia.

DEFINICIÓN

Videoconferencia
Tecnología que hace posible la interacción en tiempo real de dos o más personas situadas a distancia, mediante el uso de audio y vídeo. Por lo general, también permite compartir de manera simultánea documentos y otro tipo de información.

Hasta hace no mucho, se trataba de una tecnología costosa, reservada a ámbitos empresariales o universitarios, que requería *software* y equipos dedicados. Pero el desarrollo de las TIC ha democratizado y extendido su uso al ámbito personal. En la actualidad, los requerimientos para establecer una videoconferencia se reducen a los siguientes:

Conexión de internet

- Es el requisito imprescindible. Para que se produzca la transmisión de información es necesaria una conexión a red, y para que la calidad de la imagen y del audio sea suficiente, es recomendable que esta sea una conexión de banda ancha (que transfiere grandes cantidades de información). Por otro lado, el ancho de banda de una conexión se mide en megabits por segundo (Mbps) y es la cantidad de datos que transporta entre dos puntos durante un tiempo concreto. Para videoconferencias se recomienda un ancho de banda superior a 1,5 Mbps para videoconferencias uno a uno, y un mínimo de 5 Mbps en conexiones grupales.

Terminales

- Cada ubicación en la que se encuentra un participante de la videoconferencia ha de conectarse mediante algún dispositivo, ya sea un ordenador de sobremesa, un portátil u otro tipo de dispositivo móvil (*smartphone*, tableta, etc.).

Sistema de vídeo

- Algunos dispositivos, como los ordenadores portátiles o los teléfonos móviles y tabletas, disponen de sistema de captura y reproducción de vídeo integrado. Para aquellos que no cuenten con este componente se pueden adquirir cámaras web (webcam) e instalarlas en el equipo, que debe disponer, además, de una tarjeta de vídeo que permita procesar estos datos.

Sistema de audio

- Del mismo modo, algunos dispositivos disponen de un sistema integrado de micrófono y altavoces. En caso contrario, deberá adquirirse e instalarse en el equipo.

Aplicación para videoconferencias

- Son programas que gestionan el envío y recepción de la información de audio y vídeo. Por lo general, utilizan un códec (motor de compresión y descompresión de vídeo) para conseguir una comunicación fluida y en tiempo real. Existen dos tipos de soluciones con las que realizar una videoconferencia:
  - ***Software* de aplicación.** Son aplicaciones para videoconferencia que, instaladas en el equipo, permiten el acceso a salas de videoconferencia virtuales en servidores dedicados.
  - **Aplicaciones web.** Son aplicaciones para videoconferencia *online*, por lo que no es necesario instalarlas en el equipo. Se accede a través de la página web de la compañía desarrolladora de la aplicación. Para iniciar una videoconferencia pueden solicitar que el usuario se registre en la página.

En 2020, se dispararon las estadísticas de uso de estas herramientas en los hogares. Igualmente en el ámbito laboral, la videoconferencia ha permitido celebrar reuniones telemáticas que han facilitado el tránsito a la modalidad de teletrabajo.

Dependiendo del número de ubicaciones de los participantes, los tipos de videoconferencia que se establecen son:

- **Punto a punto:** en esta modalidad se conectan dos dispositivos. Es similar a una llamada uno a uno, pero utilizando vídeo, es decir, consiste en una videollamada entre dos terminales. En cada dispositivo se puede contar con la presencia de uno o de varios participantes que interactúan a través de un solo terminal. Un ejemplo de ello sería una videollamada en la que madre e hija (desde un ordenador portátil, por ejemplo) conectan con los abuelos (en un teléfono móvil, por ejemplo).
- **Multipunto:** en esto caso, existen tres o más participantes con sus respectivos terminales. Dentro de este tipo se distinguen dos formatos:
  - **Presentación.** Uno de los participantes lleva el peso de las intervenciones. El resto solo escucha o interviene puntualmente para hacer alguna pregunta. Es el caso de las clases *online* y las ponencias. Un ejemplo de este formato es el ***webinar,*** que ha tenido un desarrollo exponencial debido a la crisis sanitaria de 2020. Se trata de una sesión impartida por un experto, que se programa para una fecha y hora concretas, a la que los participantes deben inscribirse previamente. Los *webinar* pueden grabarse para ofrecer como contenido pregrabado a los usuarios que no pudieron asistir o a cualquier otro interesado en la exposición.
  - **Discusión.** En este caso, todos los participantes pueden intervenir ordenadamente, según un turno de palabra o de manera espontánea.

Las videoconferencias multipunto son frecuentemente utilizadas por las entidades como reuniones de coordinación.

Veamos ahora algunas características de las aplicaciones para videoconferencia de uso más extendido.

- ***Skype:*** es una aplicación de escritorio distribuida por Microsoft que permite todo tipo de comunicaciones (texto, voz y vídeo) entre usuarios de *Skype*. Es compatible con los principales sistemas operativos para todo tipo de dispositivos, no tiene límite de duración en la videollamada y puede hospedar reuniones de hasta (según se puede leer en su página web) 100 personas, aunque a medida que se incrementa el número de participantes, es más probable que surjan dificultades en las comunicaciones debido al volumen de datos. Necesitarás tener descargada e instalada la aplicación en tu equipo y disponer de una cuenta *Microsoft* o *Skype*. Cuando inicies la aplicación te solicitará tu cuenta y contraseña. Si no tienes una, puedes crearla sobre la marcha siguiendo las instrucciones que te ofrece el asistente. La primera vez que inicies *Skype*, la aplicación te pregunta si quieres importar tus contactos de *Microsoft*. La videoconferencia en *Skype* dispone de las funciones habituales que proporcionan estas aplicaciones de comunicación: activar o apagar micrófono y cámara, compartir la pantalla del escritorio, escribir en el chat del grupo, al que se pueden agregar documentos o enlaces, etc. Recientemente, Microsoft ha lanzado la aplicación web de *Skype*, cuyo funcionamiento es similar al de otras aplicaciones *online*, y con la que puedes prescindir de descargar el *software* de escritorio.
- ***Hangouts (ahora Google Chat):*** esta aplicación de escritorio, obsoleta hoy día, pertenecía a la firma *Google*. Ha sido sustituida por *Google Chat*, aplicación dedicada a la comunicación mediante mensajería instantánea, permitiendo la creación de salas virtuales para grupos y favoreciendo el trabajo grupal con el uso de documentos colaborativos. Por su parte, la aplicación *Google Meet* está dedicada a realizar videollamadas uno a uno o grupales, hasta un máximo de 100 personas y 60 minutos (en la versión gratuita). Ambas están integradas en *Gmail* y en gran parte de la suite *Microsoft*.

  Google Meet tiene una interfaz muy sencilla. Se trata de una aplicación web, aunque para dispositivos móviles se puede descargar el *software* de aplicación. Iniciar una sesión en Meet es tan sencillo como localizar el enlace de acceso en el menú de aplicaciones de *Google*, disponible en su página de inicio. Al estar integrados en *Gmail*, el gestor de correo viene acompañado de *Google Meet* y de *Google Chat*, a través del enlace accesible desde la ventana de la aplicación.

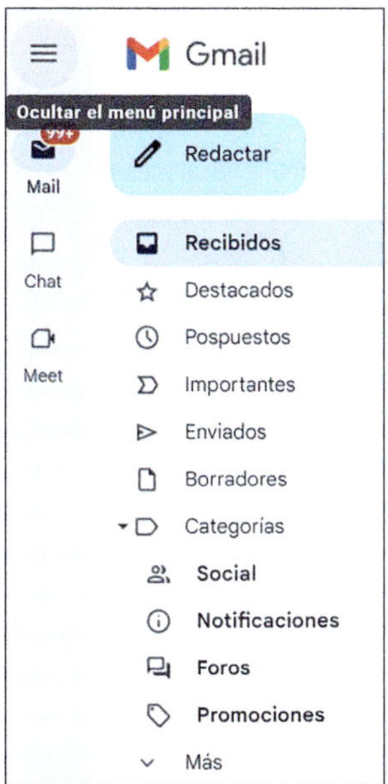

Al crear una reunión, obtendremos el enlace que debemos enviar a los contactos que van a participar en la videoconferencia. Con solo clicar en este, los invitados podrán acceder a la sala de videoconferencia creada. Igualmente, si hemos sido invitados, utilizaremos el enlace de invitación para acceder a la reunión. Su funcionamiento es similar a otras herramientas de videoconferencia, disponiendo, a grandes rasgos, de las mismas opciones. Una curiosidad es que permite una traducción simultánea de las intervenciones, lo que puede ayudar cuando los participantes tienen lenguajes diferentes o, incluso, cuando, por alguna razón, no se escucha bien a la persona que habla. En cualquier caso, esta opción aún necesita ser optimizada para que sea realmente eficiente.

- ***Zoom:*** sin lugar a dudas, y a pesar de sus fallos de seguridad, que parece haber resuelto, esta ha sido la herramienta de videoconferencias más popular durante la crisis sanitaria de 2020. Pertenece a la compañía Zoom Video Communications y es compatible con los principales sistemas operativos. Es un *software* basado en la nube, pero debes descargar la aplicación en tu dispositivo y utilizar una cuenta de usuario de *Zoom, Google* o *Facebook* para poder acceder a las reuniones.

  Zoom está ideado como solución de comunicación para empresas, pero dispone también de un plan gratuito, con el que se pueden celebrar videoconferencias de hasta 100 personas y por una duración de 40 minutos.

  Para crear una reunión en *Zoom,* debes acceder a su página web y registrarte con tu correo electrónico. Zoom enviará un mensaje a tu correo para confirmar el registro y que puedas activar la cuenta. La primera vez que entres a una sala de videoconferencias de *Zoom,* se descargará la aplicación que debes instalar para acceder a la reunión. Una vez dentro, verás que las opciones de *Zoom* son similares a las de las otras aplicaciones de videoconferencia, incluida la ventana de chat para compartir mensajes y archivos, la posibilidad de compartir pantalla, etc.

- ***Jitsi:*** es una aplicación web de *software* libre que ahora pertenece a la compañía 8x8 Inc. Es compatible con *Windows, Linux* y *Mac OS,* y también dispone de apps para iOS y Android. Esta herramienta es completamente gratuita, no tiene límites de participantes ni de duración en la videollamada. No necesitas descargar ninguna aplicación ni registrarte o crear cuenta alguna.

  Para crear una videoconferencia en *Jitsi* solo accede a su página web e introduce un nombre para la sala de reunión en el cuadro de diálogo (procura que sea un nombre bastante específico, porque si es un nombre que ya existe, puedes entrar a una sala creada previamente por otro usuario), y haz clic sobre el botón ***Start meeting.***

Con esta acción ya habrás creado tu sala de videoconferencia. La interfaz de *Jitsi* también es muy sencilla.

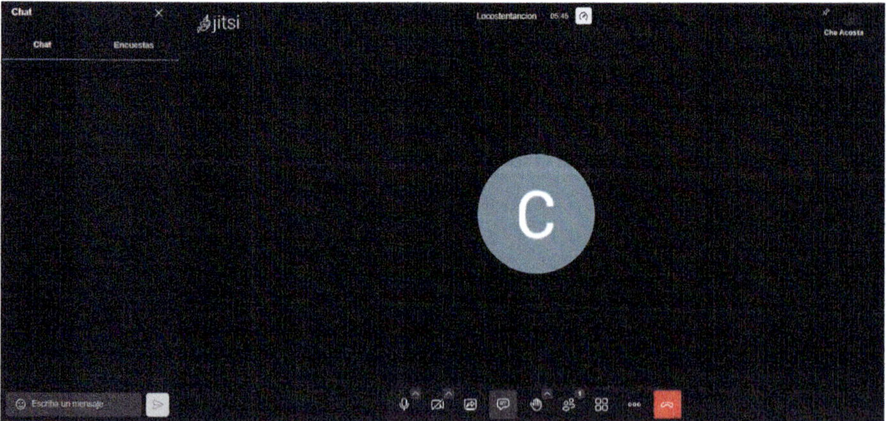

En la barra de herramientas inferior dispone de botones para apagar/activar el audio, apagar/activar la cámara, compartir pantalla, acceder al chat, levantar la mano para solicitar intervenir, obtener la lista de los participantes, cambiar la vista de los participantes y salir de la reunión. Mediante la lista de opciones que se despliega al hacer clic en el botón **Más opciones** se accede a otras herramientas y a las configuraciones avanzadas, además de al enlace para invitar a otros participantes.

ACTIVIDAD COMPLEMENTARIA

5. Genera una sala para videoconferencia en *Jitsi* para el próximo viernes a las 18:00 h, estableciendo una contraseña de acceso para acceder a la misma.

4. Identidad digital. Tu imagen personal en internet

HILO CONDUCTOR

Hasta hoy, Beltrán no era consciente de la importancia de cada una de sus interacciones en internet. Esta mañana, un cliente le ha dado la enhorabuena por el nacimiento de su primera nieta. Este había visto publicada la buena noticia que Beltrán había subido a su perfil de una red social en la que participa. A raíz de esto, le asalta la duda sobre cuánta información guarda internet sobre él.

La respuesta a la duda de Beltrán es: "mucha", a no ser que vivas completamente al margen de la red, lo que, a día de hoy, es bastante complicado en un mundo hiperconectado. Esta perspectiva sobre la pérdida de privacidad en el ámbito virtual se completa con otra más positiva: la construcción de relaciones y aprendizajes que el ámbito virtual potencia. En definitiva, ser conscientes de nuestra identidad digital permitirá aprovechar los beneficios de las sociedades tecnológicas, evitando padecer sus inconvenientes.

Pero ¿qué es exactamente la identidad digital?

DEFINICIÓN

Identidad digital o identidad 2.0

Todo lo que hacemos en internet deja una huella digital que la tecnología *Big Data* puede rastrear y analizar. Podríamos decir que, el conjunto de la información personal que un usuario introduce en la red, unido al cúmulo de interacciones que establece a través de los diferentes servicios de internet (navegación, compras, redes sociales, búsquedas, publicaciones, correo electrónico, etc.) conforman su identidad digital, su "yo" en la red.

Una persona puede disponer de una o varias identidades digitales diferentes en internet, dependiendo de los servicios que utilice y cómo los gestione, y estas identidades pueden o no coincidir con su identidad analógica. Pero, entonces, ¿qué elementos constituyen la identidad digital? Veamos esto:

Datos personales

- Estos datos refieren a identificadores de la persona en el mundo real, es decir, nombre, DNI, fecha de nacimiento, género, dirección postal, titulación académica, número de la Seguridad Social o de la tarjeta de crédito y un largo etcétera. Estos datos los aporta el usuario para acceder a determinados servicios de internet.

Comportamiento en la red

- Nos referimos a aquella información que tiene que ver con las actuaciones del usuario, tales como la creación de perfiles en redes sociales, páginas profesionales, portales de empleo, etc.; la lista de sus contactos en redes sociales o profesionales, los perfiles que sigue y que le siguen; las comunicaciones a través del correo electrónico y de mensajería instantánea; su historial de navegación; las compras que efectúa; la prensa a la que está suscrito; los comentarios y *likes* que realiza sobre las publicaciones en internet; valoraciones de productos, y, en general, cualquier contenido que genera en la red (vídeo, fotografías, audios, comentarios, blogs...). Todo ello forma parte de la identidad del usuario en internet.

Continúa en página siguiente >>

<< Viene de página anterior

Inferencias a partir de su comportamiento
- Esta información se extrae de los anteriores datos mediante modelos tecnológicos que analizan grandes cantidades de información *(Big Data)*, y se utiliza para valorar el perfil de un usuario, por ejemplo, para determinar su grado de influencia en un ámbito concreto o su propensión a realizar una compra determinada.

Opiniones de otros
- Estos datos se relacionan con el concepto de **reputación *online*,** que se construye en función de las interacciones que otros establecen con el perfil del usuario, sea este una persona, una empresa o una marca. La reputación *online* queda fuera del control del usuario, ya que se construye externamente por el resto de usuarios en su interacción, mediante sus opiniones y valoraciones.

En definitiva, como ocurre en el mundo real con la identidad personal, la identidad digital es un activo valioso que es necesario proteger. Si no lo hacemos, dejamos en manos de la ciberdelincuencia nuestros datos personales, y nuestra reputación, en las de posibles desaprensivos o intereses maliciosos.

Existen datos especialmente sensibles que suelen estar protegidos mediante la identificación del usuario y las contraseñas de acceso, como los datos bancarios. También los certificados digitales colaboran a autentificar al usuario y proteger su información, pero hemos visto que, incluso lo que publicamos en una red social, puede ser utilizado para perjudicarnos.

Podemos clasificar las amenazas a la identidad digital en internet en tres grandes grupos:

- **Suplantación de la identidad digital:** el riesgo de no proteger convenientemente el acceso a las credenciales que autentifican nuestra identidad digital puede conllevar desde la suplantación, con intenciones de descrédito de nuestra persona, hasta la suplantación en transacciones económicas, que puede implicar la pérdida de capital. Ante casos de suplantación de la identidad digital, el usuario puede emprender acciones en virtud de su derecho al honor y a la propia imagen, o pedir responsabilidades si se ha perdido la custodia de la información personal por parte de terceros.
- **Amenazas a la privacidad:** en este caso, el riesgo radica en el uso malintencionado de datos personales sensibles que pertenecen a nuestra esfera privada, teniendo en cuenta que, sobre la información que exponemos en una red abierta perdemos el control de la difusión que se haga de ella.

- **Amenazas a la reputación *online:*** como vimos anteriormente, lo que otros puedan decir sobre nosotros, afectará positiva o negativamente a nuestra reputación *online* y, con ella, a la identidad digital. Por tanto, debemos sopesar publicar aquella información personal que pueda generar reacciones, especialmente, las negativas.

Por tanto, para mantener la integridad de los datos personales, los expertos realizan algunas recomendaciones:

- Cuando tengas que aportar información sensible, utiliza redes que estén protegidas por cifrado.
- No introduzcas tus datos personales en páginas web sin protocolo HTTPS, que no mantienen la información encriptada.
- Utiliza las indicaciones de las aplicaciones a la hora de crear contraseñas seguras y cámbialas con regularidad.
- Instala las actualizaciones del *software* de tus dispositivos, especialmente el antivirus, para reforzar las condiciones de seguridad.
- Lee las políticas de privacidad que aceptas cuando utilizas servicios de internet y valora si son apropiadas.
- Comprueba si los enlaces que cliqueas te dirigen a lugares seguros, pues pueden ser un reclamo para ciberataques.
- Cuida la forma y el contenido de lo que publicas en internet.
- Concede el acceso a tu información más personal solo a personas de confianza.
- Solicita permiso antes de publicar datos de terceros.
- Utiliza el principio de prudencia en la publicación de opiniones y contenidos.

En resumen, nuestra identidad digital se nutre de todo aquello que hacemos, que decimos y que somos en internet. Protegerla y cuidarla es esencial para estar a salvo de usos malintencionados y, al mismo tiempo, aprovechar las ventajas de participar del universo digital.

NOTA

Los expertos recomiendan que, para proteger tu identidad digital, realices con regularidad *egosurfing*, también llamado *vanity searching*, es decir, monitorizar tu nombre en un motor de búsqueda como, por ejemplo, *Google*. También es deseable localizar los seudónimos y apodos que utilices, y así tener identificada toda la información asociada a tu identidad digital. Para realizar la búsqueda, si

Continúa en página siguiente >>

<< Viene de página anterior

se trata de un nombre muy frecuente, es recomendable limitar los resultados añadiendo un segundo apellido o cualquier otro dato (localidad, apodo, profesión...). Si introducimos los términos de búsqueda entrecomillados, esto también reducirá el espectro de resultados.

Si no encuentras información, es probable que tu actividad en internet haya sido muy escasa o nula. Podría darse el caso de que sí tengas una copiosa actividad en internet, pero tus datos solo se encuentren en sitios web muy restringidos según su política de privacidad. Si encuentras información que no te interesa que aparezca en buscadores, puedes realizar una petición a *Google* para que la elimine, accediendo al enlace que se muestra a continuación.

Mientras que, si la información que no deseas ver expuesta pertenece a algún perfil tuyo creado en una red social, deberías revisar los ajustes de privacidad de tu perfil y modificarlos.

https://redirectoronline.com/ifct450307

TAREA 6

Como sabes, la identidad digital es dinámica, está en constante transformación, se va conformando en función de nuestras interacciones y según la huella digital que nuestra actividad deja en la red.

¿Has pensado cuál es tu identidad digital actual?

Te proponemos que hagas un poco de *egosurfing* para detectar qué información sobre tu identidad digital hay accesible en internet. ¿Esta información debería ser accesible?

Continúa en página siguiente >>

<< Viene de página anterior

Por otro lado, trata de valorar cómo gestionas tu identidad digital. ¿Qué tipo de perfil o perfiles tienes en internet? ¿Un perfil más bien relacional, con amistades y familia? ¿Un perfil profesional, dedicado a tu actividad laboral? ¿O más bien una marca personal, en la que destacas por algún conocimiento específico? ¿O es que eres activista, y dedicas tu esfuerzo a denunciar y transformar la sociedad? Puede que tengas una mezcla de todos ellos o de algunos, o que seas excepcionalmente diferente a todo eso. En cualquier caso, trata de distinguir aspectos como:

- ¿Por qué nombre o nombres te identificas en la red?
- ¿Tu perfil o perfiles son públicos o restringidos?
- ¿Qué información personal tiene internet sobre ti?
- ¿A qué contenidos e imagen está asociada tu identidad digital?
- ¿Con qué servicios de internet se relaciona tu identidad digital?
- ¿Cómo son tus contactos (pocos y selectos, muchos y desconocidos...)?
- ¿Qué tipo de comentarios haces en internet? ¿Qué comentarios te hacen?
- ¿Incluyes vínculos a páginas oficiales, de prestigio, innovadoras?
- ¿En qué redes sociales y otros servicios de internet no participas? ¿Por qué?

Y ahora ¿tienes una mejor idea de cuál es tu identidad digital actual? ¿Crees que está suficientemente protegida (teniendo en cuenta que es imposible garantizar la seguridad 100 %)?

5. Resumen

Uno de los principales medios de comunicación en internet es el **correo electrónico,** que permite el intercambio de mensajes en red.

El esquema que permite la comunicación mediante correo electrónico es el siguiente:

- Remitente emisor@correo.com
- Servidor de correo
- Destinatario receptor@correo.com

Por otro lado, la estructura a la que responde una cuenta de correos la podemos resumir en estos términos:

- Nombre de usuario
- @
- Nombre de servidor

Para **enviar un mensaje de correo electrónico** necesitamos, además de la cuenta de correo, una aplicación destinada a tal fin.

La primera posibilidad es utilizar una aplicación basada en web, un ***webmail.*** La gestión de un correo desde el *webmail* de *Gmail* puede resumirse en las siguientes acciones:

- Crear una cuenta
- Redactar
- Visualizar correos
- Organizar mediante etiquetas
- Otras funciones

Pero si deseamos tener más control sobre el correo, trabajar sin necesidad de estar conectados a internet, utilizar varias cuentas a la vez o usar aplicaciones de terceros, la opción más apropiada es utilizar un cliente de correo.

Las **características** principales de estos clientes de correo son:

- Es un *software* que necesita ser instalado.
- Debe configurarse.
- Los mensajes serán descargados, aunque existe la posibilidad de dejar una copia en el servidor.

Continúa en página siguiente >>

<< Viene de página anterior

- Se recomienda realizar copias de seguridad de los correos descargados.
- El correo no estará disponible desde otro dispositivo.

La configuración de una cuenta en un cliente de correo utiliza los siguientes protocolos:

- SMTP
- POP
- IMAP
- SSL/TSL
- Puertos

Otra de las herramientas de comunicación interpersonal en internet son las **videoconferencias,** que podríamos definir como la tecnología que hace posible la interacción en tiempo real de dos o más personas situadas a distancia, mediante el uso de audio y vídeo.

Las **necesidades técnicas** para realizar una videoconferencia son:

- Conexión de internet
- Terminales
- Sistema de vídeo
- Sistema de audio
- Aplicación para videoconferencias

Dependiendo del número de ubicaciones de los participantes, los tipos de videoconferencia que se establecen son:

- Punto a punto
- Multipunto

Algunas de las aplicaciones de videoconferencia más utilizadas son:

Entendemos por **identidad digital** el conjunto de la información personal que un usuario introduce en la red, unido al cúmulo de interacciones que establece a través de los diferentes servicios de internet.

La identidad digital se conforma a partir de:

- Datos personales
- Comportamiento en la red
- Inferencias a partir de su comportamiento
- Opiniones de otros

Podemos clasificar las amenazas a la identidad digital en internet en tres grandes grupos:

- Suplantación de la identidad digital
- Amenazas a la privacidad
- Amenazas a la reputación *online*

Por tanto, para mantener la integridad de los datos personales, es conveniente seguir las recomendaciones de los expertos en cuestiones de seguridad y comportamiento en internet.

Ejercicios de autoevaluación
Unidad de Aprendizaje 3

1. ¿Por qué es necesario el nombre del servidor en una cuenta de correo?

a. Porque es el dominio que indica en qué servidor está alojada la cuenta de correo.
b. Porque es el sobrenombre del propietario de la cuenta de correo.
c. No es importante, solo debemos elegir el protocolo adecuado.
d. Porque identifica al usuario correcto, entre innumerables usuarios de correo dentro de un mismo servidor.

2. ¿Cuál es la principal diferencia entre una aplicación *webmail* y un cliente de correo?

a. En un cliente de correo siempre se descarga el correo al dispositivo, mientras que en las aplicaciones *webmail* no es necesario.
b. En las aplicaciones *webmail* siempre se puede acceder desde distintos dispositivos; en los clientes de correo no es posible.
c. No existen realmente diferencias porque, mediante el protocolo IMAP, gestionamos directamente en el servidor, sin descargar en el dispositivo.
d. Las aplicaciones *webmail* están basadas en web, lo que implica acceder a ellas online desde el navegador. Un cliente de correo es un *software* que debe instalarse en un dispositivo para su uso.

3. ¿Cómo evitamos que otras personas puedan ver las cuentas de otros destinatarios incluidos en el mismo correo?

a. Enviando el correo a un solo destinatario.
b. Enviando todas las cuentas en copia.
c. Incluyendo todas las cuentas en el campo CCO.
d. Incluyendo todas las cuentas en el campo Copia de Carbón.

4. ¿Cómo enviamos el contenido de un mensaje recibido a otras cuentas distintas al remitente del correo?

a. Usando la opción Responder.
b. Usando la opción Responder a todos.
c. Usando la opción Reenviar.
d. Copiando y pegando el contenido en el cuerpo de un mensaje nuevo.

5. ¿Qué protocolo criptográfico permite la transferencia de datos segura?

a. IMAP
b. POP3
c. SMTP
d. SSL/TSL

6. ¿Qué gestiona una aplicación para videoconferencias?

a. Gestiona el envío y recepción de la información de audio y vídeo.
b. Gestiona el sistema integrado o externo de audio y vídeo.
c. Gestiona la conexión de red.
d. Gestiona el dispositivo, ya sea un ordenador de sobremesa, portátil u otro dispositivo móvil.

7. ¿Qué tipo de videoconferencia es aquella realizada entre un ordenador y un *smartphone?*

a. Tipo webinar.
b. Tipo multipunto.
c. Tipo punto a punto.
d. Tipo presentación.

8. ¿Qué aplicación de videollamadas no tiene límite de duración o participantes?

a. *Zoom*
b. *Jitsi*
c. *Meet*
d. *Skype*

9. Cuando realizamos búsquedas en internet, ¿a qué elemento de la identidad digital estamos sustentando?

a. Opiniones de otros.
b. Inferencias a partir del comportamiento.
c. Datos personales.
d. Comportamiento en la red.

10. ¿Por qué debemos ser prudentes a la hora publicar opiniones y contenidos que nos llegan de diversas redes sociales?

a. Porque pueden ser bulos o *fakenews* que perjudiquen mi reputación *online.*
b. Porque pueden suponer un agravio injustificado a la dignidad de otras personas.
c. Porque puede suponer un delito penable.
d. Todas las opciones son correctas.

Unidad de aprendizaje 4

Creación del contenido

Contenido

1. Introducción
2. Herramientas ofimáticas básicas (procesador de textos y presentaciones)
3. Permisos a la hora de utilizar información de internet
4. Conocimiento de los formatos de archivos (pdf, doc, docx, jpg, gif, png, ...)
5. Resumen

Objetivos

El objetivo general de esta Unidad de Aprendizaje es:

→ Apreciar el potencial de las tecnologías para crear, modificar y compartir contenidos digitales.

Los objetivos específicos de esta Unidad de Aprendizaje son:

→ Generar contenidos digitales sencillos.

→ Identificar las autorizaciones que nos permiten acceder y utilizar los contenidos digitales en red.

1. Introducción

Con la aparición de la web 2.0, el rol del usuario cambió desde el simple consumidor de información a lo que se vino a denominar **prosumidor,** es decir, aquel que consume pero que, al mismo tiempo, es capaz de producir contenidos. El usuario de la red hoy no es un mero espectador. Participa activamente en la creación y transformación de la información. No en vano, las más recientes técnicas de *marketing* empresarial tienen muy en cuenta este rol de los usuarios en sus estrategias.

Para que un usuario disfrute de la plena experiencia de participar en el universo conectado, necesita conocimientos y habilidades que le permitan utilizar, modificar y crear contenidos. Ello implica capacidades para desarrollar e integrar contenidos digitales de manera colaborativa, así como el uso ético, responsable y democrático de la información que se comparte.

En esta unidad, indagaremos en las herramientas fundamentales que permiten modificar y crear nuevos materiales que podrán publicarse y compartirse en red. No podemos obviar que utilizar contenidos digitales distribuidos en internet puede vulnerar derechos de autoría, por lo que es importante que identifiquemos qué materiales se pueden o no utilizar. Revisaremos los mecanismos de acceso al trabajo colaborativo en plataformas en red y algunos de los principales formatos de archivo que caracterizan a los contenidos de internet.

Beltrán, esta vez, se enfrentará a varias dudas que le han surgido al aplicar las posibilidades de la creación de contenidos digitales en su ámbito profesional.

2. Herramientas ofimáticas básicas (procesador de textos y presentaciones)

Como comercial, Beltrán tiene que trabajar constantemente sus argumentos de ventas. Debe asegurarse de que son claros y concisos, que no se olvida de ninguna ventaja competitiva de sus productos. Él está muy seguro de su buen hacer y su capacidad para expresar sus ideas, pero si pudiera trabajar con

Continúa en página siguiente >>

<< Viene de página anterior

buenos textos, crear atractivas presentaciones o utilizar mejores gráficos, su esfuerzo sería más productivo. ¿Cómo podría hacer esto?

La palabra **ofimática** es un acrónimo construido a partir de las palabras **ofi**cina e infor**mática.** Con ella nos referimos a todas aquellas técnicas, aplicaciones y equipos que comúnmente se usan para desarrollar el trabajo habitual de una oficina.

DEFINICIÓN

Ofimática

La RAE define ofimática como "automatización, mediante sistemas electrónicos, de las comunicaciones y procesos administrativos en las oficinas".

La ofimática se compone tanto del *hardware* o equipos de oficina (ordenadores, impresoras, escáneres, redes, etc.) como del *software* o aplicaciones informáticas. Con la ofimática pretendemos crear, manipular, almacenar y transmitir toda aquella información que se genera en una oficina, de forma óptima y automatizada.

Desde los principios de la ofimática en la década de los setenta hasta hoy, se han desarrollado paquetes de los programas más utilizados, llamados ***suites,*** además de aplicaciones más específicas. Las aplicaciones ofimáticas atienden a las necesidades principales en el tratamiento de la información. Entre otras aplicaciones, podemos encontrar:

Procesadores de texto

- Dedicados al tratamiento de contenidos en formato texto.

Hojas de cálculo

- Dedicadas al procesamiento de datos numéricos y alfanuméricos.

Continúa en página siguiente >>

<< Viene de página anterior

Presentaciones

- Herramienta para exponer ideas mediante texto, imágenes, gráficos y audio.

Bases de datos

- Dedicadas al almacenamiento organizado de gran número de datos para su posterior recuperación mediante búsquedas o consultas.

Utilidades

- Aplicaciones específicas para funciones concretas como calculadoras, compresores de archivos, capturadores de pantallas, bloc de notas, etc.

Aplicaciones de comunicación

- Aplicaciones específicas para diversos canales de comunicación como gestores de correo, chats, videoconferencias, etc.

La *suite* más popular es el paquete *Microsoft Office,* donde se incluyen programas tan renombrados como *Word, Excel* o *PowerPoint.* Desde 2010, Microsoft ofrece una *suite* ofimática en la nube, es decir, son aplicaciones a las que accedemos de manera *online* a través de internet. Hablamos de *Office 365.* Su principal ventaja es que permite compartir y editar documentos entre varios usuarios en tiempo real.

Otro de los paquetes ofimáticos populares es *LibreOffice,* un *software* de código abierto completamente gratuito para cualquier tipo de uso (particular, comercial, etc.). Es, por tanto, una aplicación muy extendida entre estudiantes, ONG, universidades, etc. Utilizaremos este paquete para entender qué tipo de aplicaciones tiene un paquete de ofimática:

- ***Writer:*** es un procesador de texto similar a *Word.* Estas aplicaciones hacen posible dar forma a un texto para que resulte más atractivo y claro. Se rige bajo el principio WYSIWYG o *"what you see is what you get"* (traducido como "lo que ves es lo que obtienes"). Según este principio, lo que veamos en pantalla será idéntico a su imagen real o impresa. Algunas de las múltiples funciones que encontramos en esta aplicación son:
    - Uso de plantillas y estilos. Una plantilla es un modelo con determinada estructura y estética. La plantilla nos da la posibilidad de utilizar esta estructura previa mientras que, mediante los estilos,

aplicamos combinaciones de fuentes, tamaños, color, etc., a diferentes partes del texto.

- Permite insertar gráficos, hojas de cálculo y otros objetos.
- Dispone de herramientas de dibujo.
- Exporta el resultado en diferentes formatos como, por ejemplo, PDF y DOCX, que veremos un poco más adelante.
- Admite la firma digital de documentos, una forma de proteger la autenticidad del material.

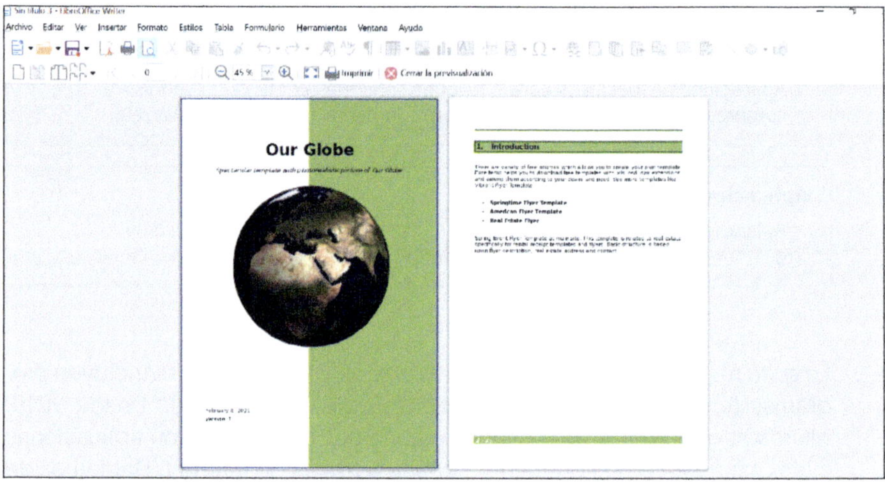

Interfaz de LibreOffice y plantilla

- ***Calc:*** es una aplicación de hojas de cálculo, similar a *Excel*. Se basa en un sistema de filas y columnas que crean un entramado de celdas. A estas celdas se les puede asignar un valor o una operación matemática.

A3 | =SUMA(A1:A2)

	A	B	C
1	8		
2	2		
3	10		

Detalle de una hoja de cálculo y suma sencilla

Por ejemplo, en la imagen podemos ver que a la celda A1 le hemos asignado el valor 8 y a la celda A2, un valor 2. En la celda A3 hemos establecido que indique el valor de la suma A1 y A2, dando un resultado de valor 10. Esta es una operación muy sencilla, pero otras acciones más complejas hacen que esta aplicación esté indicada para trabajar en administración, contabilidad, para realizar operaciones científicas, etc.

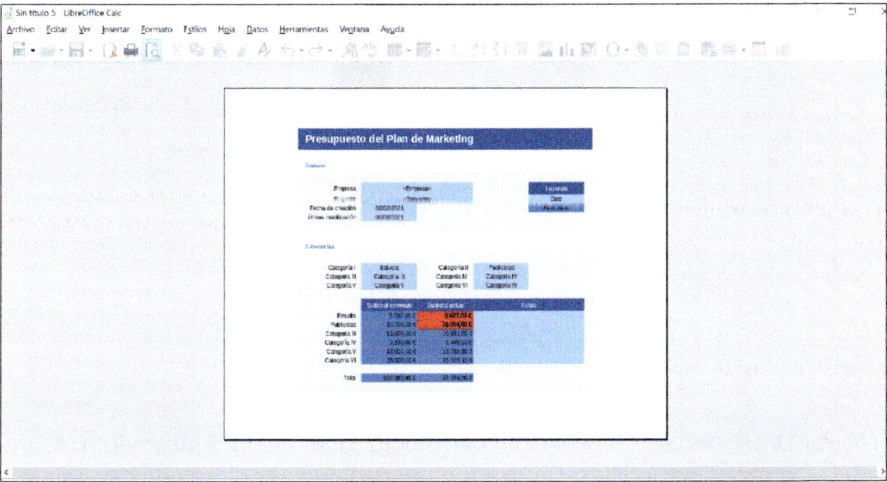

Ejemplo de aplicación práctica. Un presupuesto.

- ***Impress:*** esta aplicación es una herramienta de creación de presentaciones multimedia, similar a *PowerPoint.* Una presentación es una forma de mostrar información relativa a un proyecto, tema, idea, etc. Suele utilizarse como apoyo o recordatorio durante conferencias o exposiciones. Las presentaciones están formadas por diapositivas, que es la forma de llamar a cada una de las páginas o pantallas que forman una presentación. En una diapositiva se pueden incluir textos, imágenes, gráficos, vídeos y audios, además de añadir interactividad a los elementos incluidos en ella.

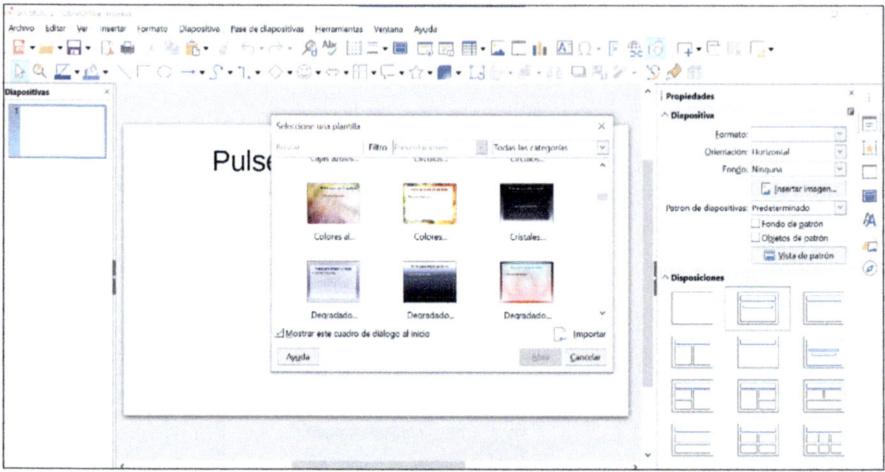

Interfaz de Impress con menú Selector de plantillas

- ***Draw:*** es una aplicación de dibujo que utiliza fundamentalmente gráficos vectoriales. Un **gráfico vectorial** es un dibujo en dos dimensiones, formado por un conjunto de formas geométricas independientes (líneas, arcos, círculos, polígonos, etc.). Cada uno de estos elementos está definido matemáticamente según su forma, posición, color, etc. *Draw* también puede realizar algunas funciones con gráficos de mapa de bits, que consisten en imágenes formadas por píxeles. No es un programa vectorial de alta gama, aunque posee más funciones que muchas de las herramientas de dibujo de otros programas ofimáticos. Permite crear gráficos y diagramas, retocar fotografías e imágenes, usar objetos 3D, elaborar bocetos, dibujos técnicos, carteles, etc.

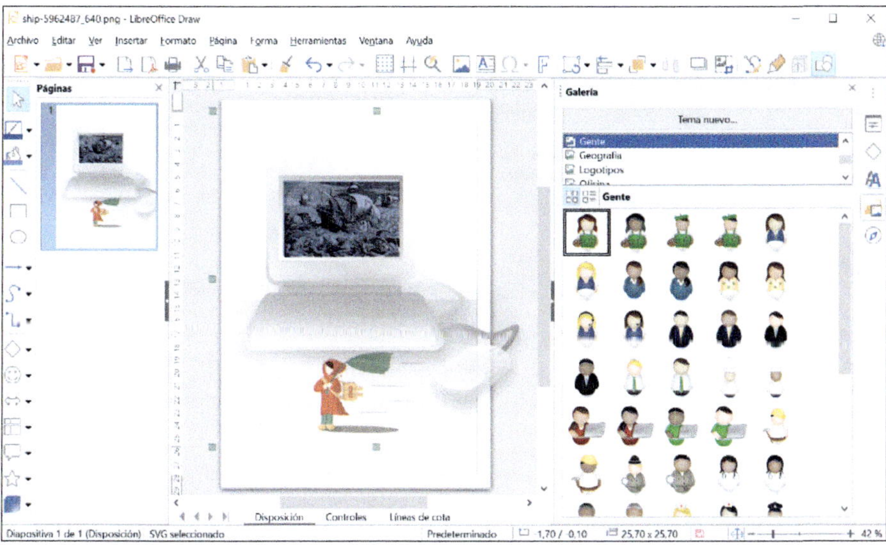

Interfaz y ejemplo de diseño en Draw

- ***Base:*** es la aplicación de *LibreOffice* destinada a la creación y gestión de bases de datos. Una base de datos está formada por un conjunto de datos organizados de forma estructurada. Si piensas en una biblioteca, el servicio de consulta electrónica de su catálogo utiliza una base de datos. Siguiendo con el ejemplo, cada género literario constituiría una sección que denominaremos **tabla.** Por lo que podríamos crear una tabla para poesía, otra para novela negra, romántica, etc. Cada tabla incluiría detalles de cada libro, por ejemplo, número de identificación (ID), nombre del autor, título de la obra, etc. El conjunto de estos datos de un libro constituye un **registro.** Y cada uno de los datos incluidos en un registro es lo que se denomina **campo,** por ejemplo, el campo "título de la obra". Esto es solo una pequeña aproximación a la gestión de una base de datos. Aunque puede parecer complicado, diariamente, y sin darnos cuenta, consultamos bases de datos como el catálogo de productos de tu tienda favorita, el extracto de la cuenta corriente, etc. Base permite la creación y gestión de bases de datos complejas.

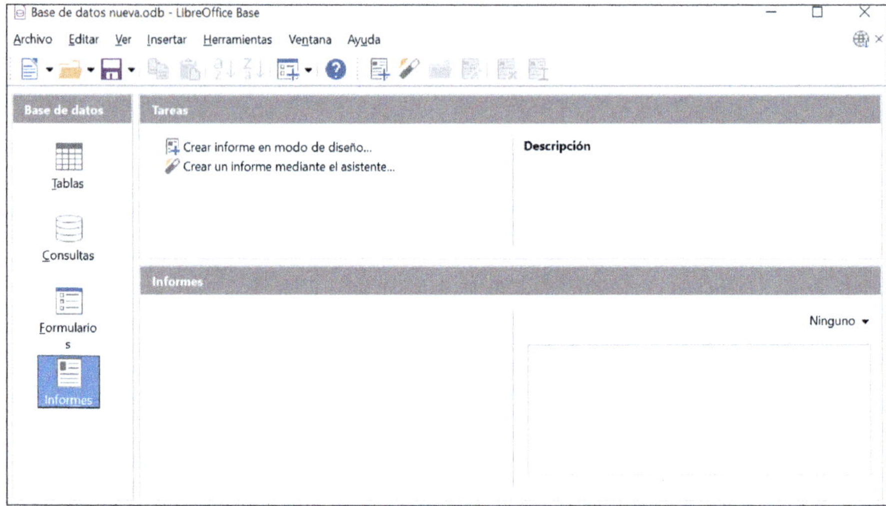

Interfaz de Base

- ***Math:*** es un editor de ecuaciones y fórmulas matemáticas de forma simbólica, es decir, no realiza ningún cálculo real. Posteriormente, estas fórmulas pueden ser utilizadas, por ejemplo, en el resto de aplicaciones de la *suite LibreOffice*.

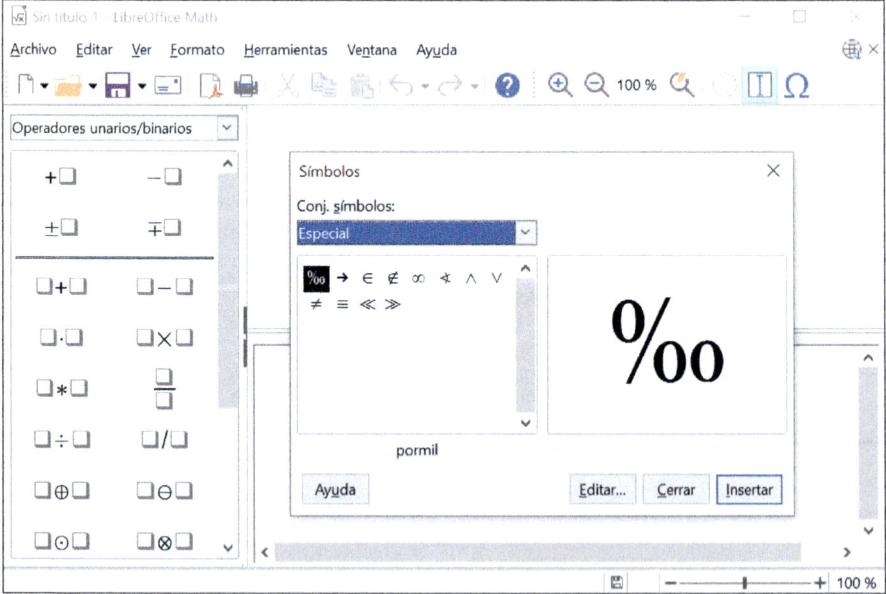

Interfaz y menú Símbolos en Math

SABÍAS QUE...

Para profundizar más en esta *suite*, *LibreOffice* te ofrece una guía que puedes descargarte:

Independientemente del paquete de ofimática que usemos, una vez que conocemos cómo funcionan estas aplicaciones, podemos aventurarnos a utilizar cualquier otro programa de procesamiento de texto, hojas de cálculo, etc., ya que todas estas aplicaciones **comparten funcionalidades similares.** Exploraremos, entonces, las funciones más habituales en un procesador de textos:

- **Abrir y guardar:** tan importante como saber guardar nuestros documentos es conocer las opciones de que disponemos a la hora de abrirlos.

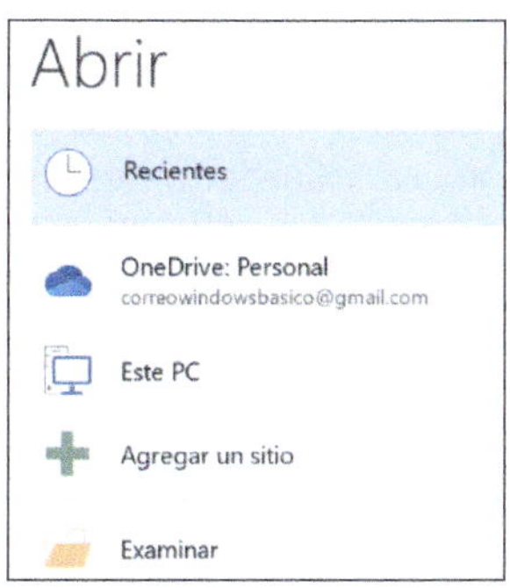

Detalle del menú ***Abrir*** *en Word*

Cada procesador dispone de diferentes opciones, pero es común que la aplicación ofrezca un listado de documentos que hemos utilizado recientemente. Además de la opción habitual de **Abrir** documentos almacenados en nuestro ordenador, es posible que nos ofrezca la opción de descargar archivos almacenados en un servidor, ya sea de una red local o de internet, e incluso de un espacio de almacenamiento en la nube, como sucede en *Word.*

Otra posibilidad que ayuda a localizar archivos es poder determinar el **tipo de archivo** entre los que debe realizar la búsqueda.

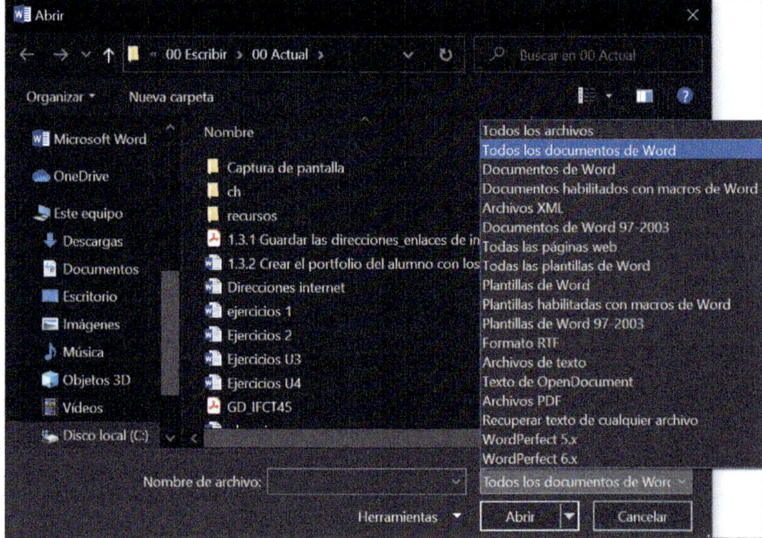

Explorador que se despliega mediante el comando ***Abrir***

En cualquier caso, siempre podemos abrir un archivo **Nuevo,** a partir de un documento en blanco o de una plantilla.

También hay diversas opciones para guardar archivos. Tras asignar un nombre al archivo (si aún no lo tiene), indicaremos el lugar donde será almacenado. Mediante el comando **Guardar como,** podemos elegir distintas opciones de guardado dependiendo del lugar de almacenaje (en el dispositivo, en red o en la nube) e, incluso, guardar una copia en un formato de archivo diferente como, por ejemplo, PDF, generar una plantilla a partir del archivo o seleccionar otros formatos de archivo compatibles con el procesador de texto.

- **Copiar, pegar e insertar:** copiar y pegar son funciones muy frecuentes en multitud de aplicaciones. Se pueden copiar los textos e imágenes incluidos en, prácticamente, cualquier programa y, posteriormente, pegarlos en el documento que estamos trabajando en el procesador de texto. Solo es necesario seleccionar el elemento que copiar, hacer clic derecho y localizar el comando **Copiar**. También puedes utilizar el atajo de teclado [**Control**] + [**C**]. A la hora de pegar el contenido, según el procesador que estemos utilizando, dispondremos de diferentes opciones de pegado. Por ejemplo, en la barra de herramientas en el comando **Pegar** del menú **Inicio** de *Word,* encontramos las opciones **Mantener formato de origen** (esto también se consigue mediante el atajo de teclado [**Control**] + [**V**]), **Combinar formato** o **Mantener solo texto.**

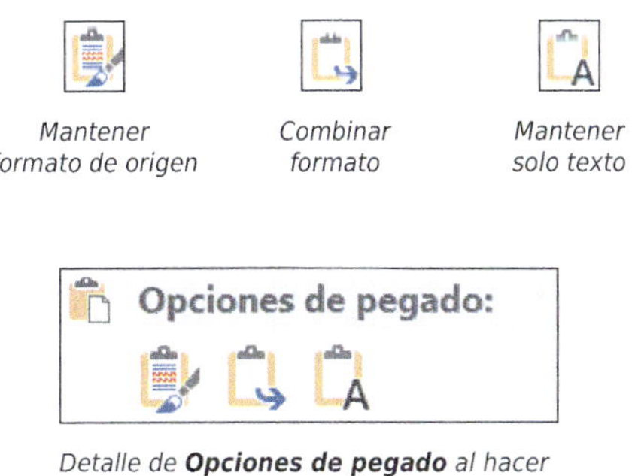

Detalle de ***Opciones de pegado*** *al hacer clic derecho sobre el archivo*

Cuando mantenemos el formato original, el material se pega con el mismo formato que el de origen. Al combinar formatos se eliminarán algunas características del texto y se mantendrán otras, como negritas, cursivas o hipervínculos. Cuando mantenemos solo el texto, pegamos texto simple, es decir, sin formato.

Pero el pegado no es la única opción de añadir contenidos. Todos los procesadores de texto disponen de diversas opciones para **Insertar** elementos.

Opciones para insertar elementos en la barra de herramientas de Word

En este menú, existen opciones esenciales como **Tabla,** que dibuja una estructura de celdas, de la que podremos seleccionar el número de columnas y filas, y que nos ayudará a organizar mejor la información. También disponemos de opciones como **Formas** o **SmartArt,** que añaden elementos visuales para enriquecer el texto o facilitar su comprensión. Existen multitud de opciones como **Hipervínculo, Encabezado, Pie de**

página, Cuadro de texto..., opciones todas ellas que ofrecen resultados dinámicos, por lo que suele ser buena idea comprobar si son convenientes para nuestro trabajo.

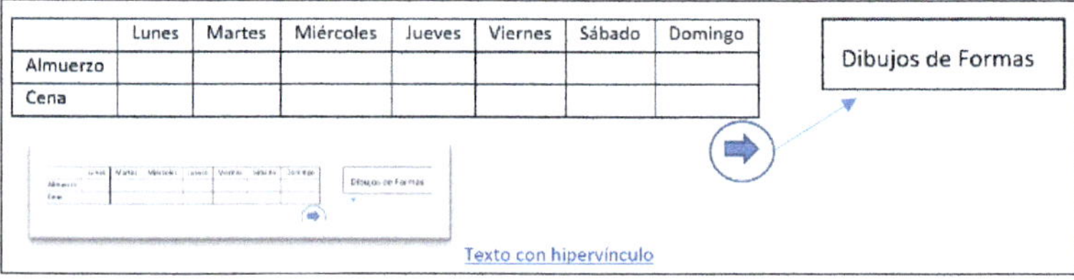

Ejemplo de elementos insertados en un documento

Por último, para insertar archivos de imagen, disponemos de las opciones **Imágenes** e **Imágenes en línea.** En este último caso, se puede insertar imagen desde internet.

- **Trabajo con fuentes, párrafos y estilos:** una fuente o tipo de letra es un grupo de caracteres alfanuméricos con unas características y diseño común. Entre las más populares están las fuentes Calibri, Helvética, Arial o Times New Roman. Los caracteres pueden, además, modificarse cambiando su tamaño, aplicando texto en cursiva o en negrita, subrayado, reemplazando su color, etc.

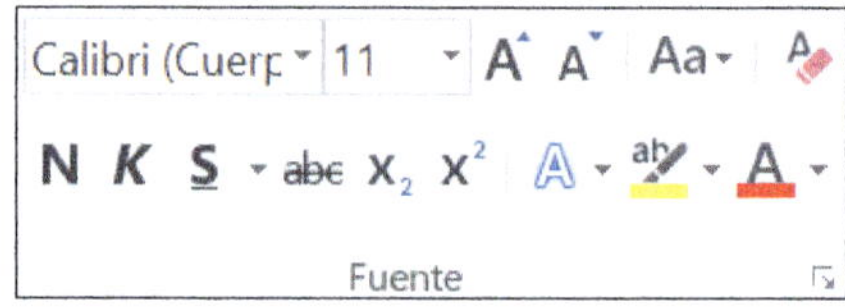

Opciones de formato de la barra de herramientas de Word

Para aplicar estos formatos deberemos seleccionar primero el texto o caracteres que modificar y hacer clic sobre el icono de la función que deseamos asignarle.

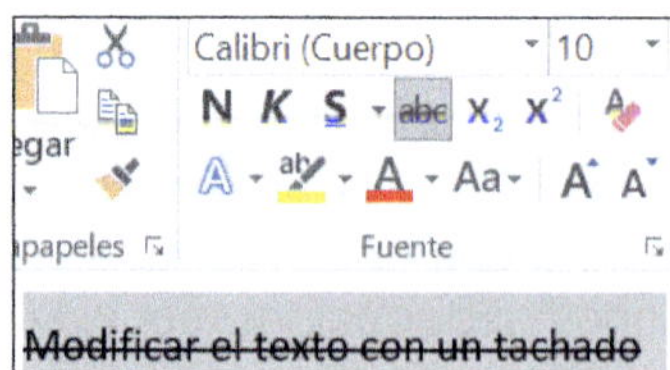

Ejemplo de texto con formato tachado

Del mismo modo que modificamos los caracteres adaptándolos a nuestras necesidades expresivas, podemos diferenciar un párrafo o un conjunto de ellos.

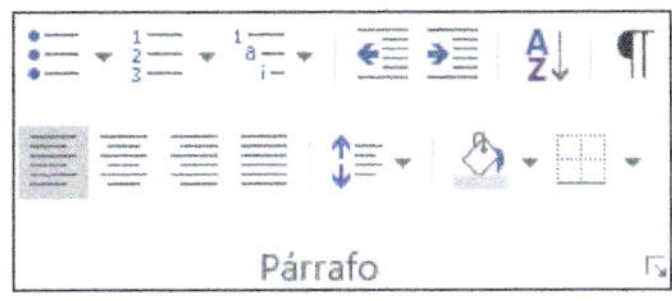

Opciones de formato de párrafo de la barra de herramientas de Word

Con el texto seleccionado, solo será necesario hacer clic sobre el icono **Viñeta** para crear una lista con viñetas o una lista numerada si hacemos clic sobre su correspondiente icono. También disponemos de opciones para aumentar o disminuir la sangría (distancia entre el texto y el margen del documento), indicar la alineación del texto o la separación entre las líneas de texto o párrafos.

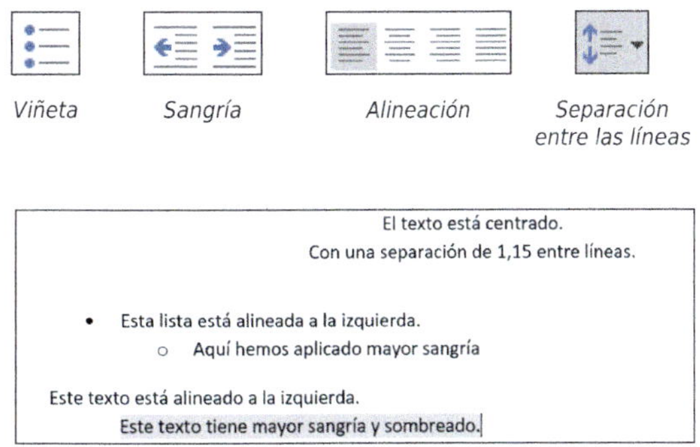

Ejemplos de texto con formato

Una vez que avanzamos en la construcción de nuestro texto, es probable que encontremos que hay rasgos de diseño que repetimos frecuentemente, por ejemplo, algunas características de los títulos, como su tamaño, color, etc.

Ejemplo de texto con Estilos aplicados

Para no tener que repetir el proceso, podemos automatizar cada conjunto de características del texto. Para ello, una vez seleccionado el texto con las características que vamos a repetir, nos dirigimos al cuadro de **Estilos.** En el cuadro de diálogo podremos **Crear un estilo,** al que daremos un nombre para identificarlo. Hecho esto, dispondremos de este nuevo estilo para aplicarlo directamente a cualquier texto seleccionado o podremos utilizar cualquiera de los preestablecidos.

Opciones de estilo de la barra de herramientas de Word

- **Establecer formato de página y párrafo:** modificar las características de las páginas con las que vamos a trabajar es esencial. Por ejemplo, el tamaño de página debe adaptarse al fin último del texto o al tamaño de impresión. No necesitamos el mismo tamaño de página para una carta que para imprimir un texto en tamaño póster. La orientación también puede ser decisiva, sobre todo cuando trabajamos con gráficos. Los márgenes son los espacios en blanco alrededor del texto. Los márgenes son importantes, por ejemplo, durante la impresión, ya que algunas impresoras no pueden utilizar todo el tamaño del papel, por lo que los márgenes actúan de guía.

Opciones de formato de página de la barra de herramientas de Word

Otras opciones pueden estar enfocadas al tratamiento de los párrafos. Por ejemplo, podemos modificar la sangría de un párrafo o su espaciado.

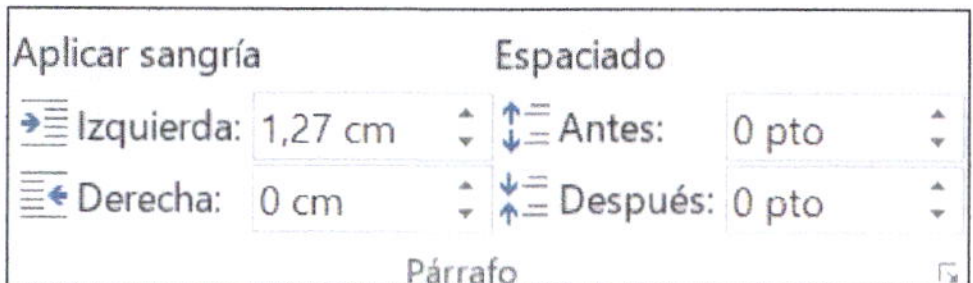

Opciones de formato de página de la barra de herramientas de Word

También es posible encontrar opciones para organizar el texto en relación a otros elementos de la imagen seleccionando su alineación, indicando cómo se superponen los elementos, etc.

- **Uso de plantillas:** una plantilla es un documento que contiene un diseño de página, fuentes, márgenes y estilos predefinidos. Existen plantillas para todo tipo de textos, como CV, informes, cartas, etc. Cuando abrimos una plantilla observamos que está dispuesta para que incluyamos el texto correspondiente en los espacios señalizados.

Ejemplo de plantilla de la aplicación Word

Cada procesador de texto dispone de algunas plantillas de muestra, pero podemos ampliar la colección realizando una búsqueda y descargando nuevos modelos en el equipo.

Detalle del selector de plantillas de la aplicación

Otra opción sería crear nuestras propias plantillas, por ejemplo, utilizando la imagen corporativa de la empresa o según nuestro gusto personal.

- **Imprimir:** cualquier procesador de texto dispondrá de una opción que permita conectarnos a una impresora y enviar el documento en uso directamente a su bandeja de impresión. Para ver las opciones disponibles nos dirigimos a **Imprimir,** disponible en el menú **Archivo.**

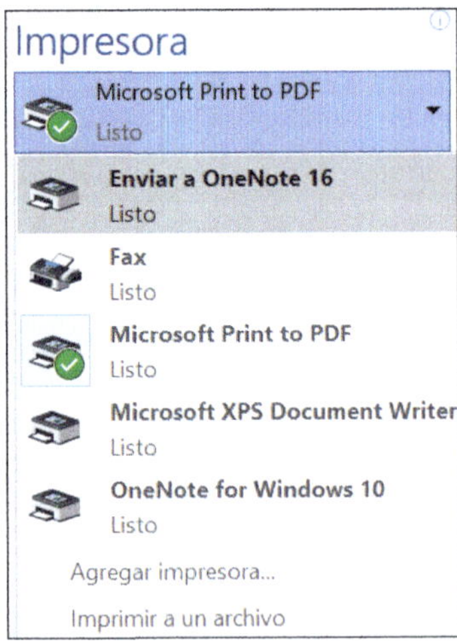

*Detalle del menú **Impresora** de Word*

Si no disponemos de una impresora o no está configurada, el programa nos ofrecerá algunas alternativas como crear un archivo PDF, *OneNote,* etc. Para poder imprimir debemos estar conectados a la impresora, ya sea en red o directamente; debe estar bien instalada y configurada, encendida y agregada a los dispositivos disponibles del procesador de texto.

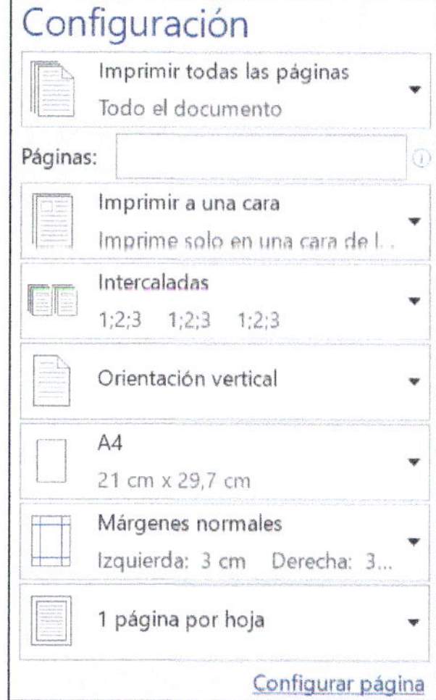

Menú ***Configuración*** *de la impresión en Word*

Una vez que está todo conectado y en funcionamiento, podremos determinar aspectos de la impresión del documento. Entre otras posibilidades, podemos solo imprimir las páginas deseadas, imprimir una o las dos caras del papel, elegir el tipo de orientación y tamaño de página, los márgenes, etc.

TAREA 7

Como vimos, independientemente del procesador de textos que usemos, aplicar un sencillo formato a un texto se consigue utilizando funciones que encontraremos en cualquiera de estas aplicaciones.

Imagina que tienes que dar formato al texto de una receta. En tu dispositivo no tienes instalado ningún procesador de texto, ¿qué puedes hacer?

Continúa en página siguiente >>

<< Viene de página anterior

En este caso, puedes utilizar el procesador de texto en la nube que ofrece *Google*. Recuerda que, en el menú **Herramientas** de la página de inicio de *Google*, puedes seleccionar la aplicación **Documentos** para acceder al procesador de textos.

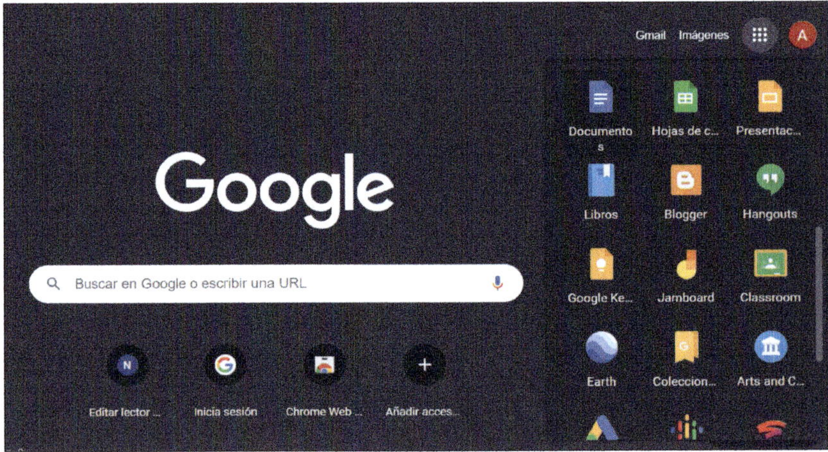

Una vez en la aplicación, selecciona abrir un documento **En blanco.**

Seguidamente, copia el siguiente texto de la receta y pégalo en el documento, utilizando la opción **Pegar sin formato** que se encuentra en el menú **Editar:**

(Para seleccionar el texto, haz clic izquierdo al principio del texto y, sin soltar, arrastra el cursor hasta el final de este. Después puedes soltar y quedará el texto resaltado, indicando que está seleccionado).

Tabulé libanés. El tabulé, tabbouleh o tabouli es una ensalada verde saludable muy popular en países de Oriente Medio, en especial en Líbano, de donde es originario. El auténtico tabulé no es una ensalada de cuscús, sino una ensalada de perejil a la que se añade un poquito de bulgur y hortalizas frescas, pero donde predomina siempre el perejil. RECETA DE TABULÉ LIBANÉS. Ingredientes: un manojo grande de perejil (unos 250 gramos). Un manojo pequeñito de menta fresca (unos 50 gramos). ½ pepino. 2 tomates (que sean bien carnosos). ½ cebolla. 4 cucharadas de bulgur. Un chorrito de aceite de oliva. El zumo de 1 limón. Aprox. ¼ de cucharadita de sal. Preparación: pon el bulgur en un bol y añade ½ taza de agua caliente. Déjalo reposar unos minutos. Lava el perejil, la menta y las verduras, y sécalas muy bien con papel de cocina. Quita los tallos

Continúa en página siguiente >>

<< Viene de página anterior

del perejil y la menta y pica finas las hojas. Pica fino el pepino, tomates y cebolla y ponlos sobre papel de cocina para que absorba el exceso de agua. Mezcla todos los ingredientes, escurre el bulgur y añádelo también. Alíñalo con la sal, aceite y limón y sírvelo fresquito. Receta Original: Virginia García. CUERPOMENTE.

Comienza a formatear el texto, con las siguientes indicaciones:

- Aplica a todo el texto la fuente Verdana, y un tamaño de fuente de 10 puntos.
- Separa en frases y párrafos el contenido de la receta. Coloca el cursor al final de cada frase y pulsa Intro. Si dos o más frases forman un párrafo, puedes volver a juntarlas usando la tecla Retroceso.
- Selecciona el texto "Tabulé libanés". En la barra de herramientas localiza la opción Estilos y mediante el menú desplegable aplica al texto el estilo Título. En la opción Color del texto, localiza el color Verde oscuro 1 y aplícalo también al texto. Sitúate al final de la frase y pulsa Intro para separar el título del resto del texto.
- Repite el proceso aplicando el estilo Título 3 a "RECETA DE TABULÉ LIBANÉS" y Título 4 a "Ingredientes:" y "Preparación:". Recuerda espaciarlos del resto del texto.
- Ahora vamos a trabajar con el primer párrafo, justo debajo del primer título. Selecciónalo y observa la barra de herramientas. Verás que el texto está alineado a la izquierda. Selecciona la opción Justificar.
- Nuestra siguiente acción será convertir en una lista con viñetas los ingredientes de la receta. Asegúrate de que cada ingrediente está en una línea diferente y sin espacios de separación entre ellos. Selecciona todos los ingredientes y aplica el formato Lista con viñetas.
- Realiza la misma operación con el texto que explica la forma de preparación, pero esta vez aplica el formato de Lista numerada. Debemos obtener cuatro puntos, así que piensa qué frases permanecen en el mismo párrafo.
- Aplica a la última frase, donde se indica la autoría de la receta, un tamaño de fuente de 9 puntos.

Una vez terminado el formateado del texto, insertaremos una imagen, ya que es un elemento imprescindible cuando hablamos de recetas.

- En primer lugar, busca en internet la foto de una ensalada tabulé y descárgala en el ordenador.
- Sitúa el cursor delante del primer título y crea un nuevo espacio de separación utilizando Intro.
- Sitúate al principio del documento e inserta la imagen que has descargado. Utiliza el comando Insertar imagen de la barra de herramientas. En el menú

Continúa en página siguiente >>

<< Viene de página anterior

desplegable selecciona Subir del ordenador. La imagen ocupará la parte superior del documento.

- Adapta el tamaño de la imagen al espacio del documento de manera que ocupe todo el ancho y aproximadamente una quinta parte del espacio vertical del documento. Cuando seleccionas una imagen, puedes observar un borde destacado en todo el perímetro. Es el llamado tamaño de marco, y también verás unos pequeños cuadros azules en las esquinas y a la mitad de cada lado de la imagen; estos son los manejadores. Si pulsas y, sin soltar, arrastras los manejadores, podrás modificar el tamaño de la imagen. Procura mantenerla dentro de los márgenes de impresión del documento, de los que tendrás una referencia en las reglas superior y vertical que puedes ver en el área de trabajo del documento. Cuando creas que el tamaño es correcto, haz clic en cualquier zona fuera de la imagen.

¡Bien hecho! Acabas de dar formato a un documento de texto. Para terminar, busca en el menú **Archivo** la opción Descargar y guarda el documento en tu dispositivo como archivo PDF.

Una herramienta que también nos será de mucha utilidad son las presentaciones. De una parte, nos enfoca en crear una estructura para dar forma y sintetizar el mensaje que queremos transmitir. Por otra, nos pone en contacto con elementos de diseño (formato de texto, combinación de colores y formas, imágenes, elementos multimedia) para explorar el potencial de comunicación de estos recursos. Veamos en qué consisten:

- **Diapositivas:** antes de que existiera una solución digital, hasta finales del siglo XX, la proyección de imágenes se realizaba mediante diapositivas o transparencias, que consistía en proyectar sobre un fondo blanco a cierta distancia la luz que atravesaba una fotografía positiva (de color real) fijada sobre un soporte transparente. He aquí el motivo por el que se llaman diapositivas a las páginas de los programas de presentaciones: porque su efecto es como el de aquellas fotografías.
  Las diapositivas son el soporte sobre el que iremos añadiendo los elementos que conforman la presentación. Una presentación contará con tantas diapositivas como necesitemos para componer el mensaje o exposición.
  Al iniciar una presentación, podremos seleccionar comenzar con una diapositiva en blanco o abrir un proyecto basado en alguna de las diversas plantillas disponibles o, si fuera el caso, abrir un documento reciente.

Detalle del selector de plantillas en PowerPoint

Posteriormente, podremos añadir diapositivas con un diseño preestablecido o sin formato, un duplicado de una diapositiva existente, etc.

Menú ***Nueva diapositiva*** *en PowerPoint*

Si incorporamos diapositivas con un diseño preestablecido, dispondrán de determinados marcadores de posición. En estos marcadores podremos agregar texto u otros elementos de imagen, según sean nuestras necesidades.

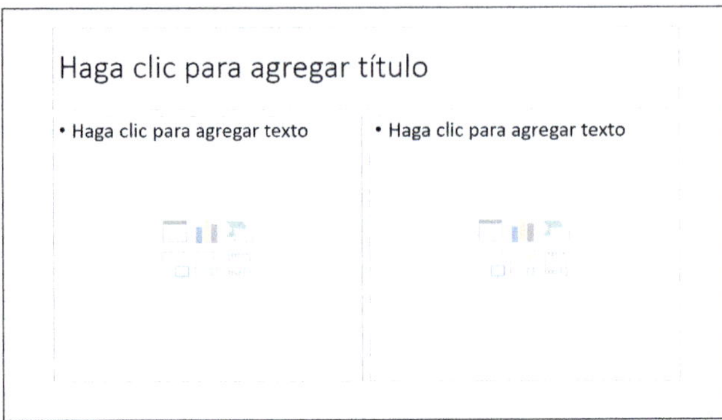

Ejemplo de una diapositiva nueva con diseño preestablecido

Seleccionando los distintos elementos de la diapositiva, podremos modificar el formato o características del objeto activo. En el caso de los textos, nos sonarán herramientas que utilizamos en un procesador de texto.

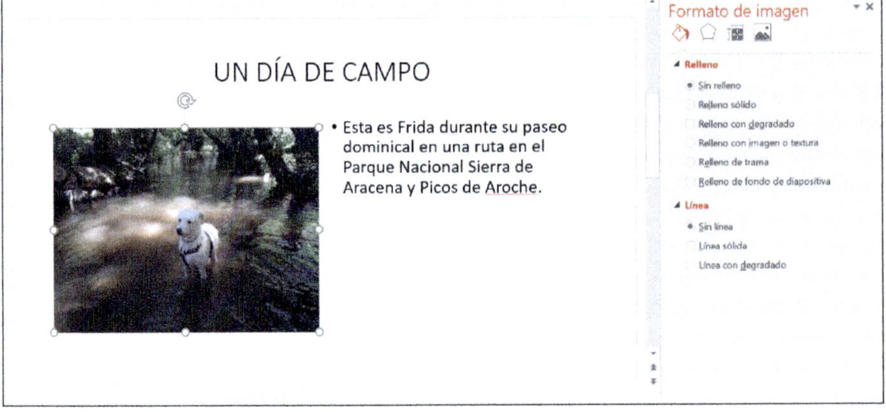

Diapositiva en la que se han añadido contenidos de texto e imagen

- **Ilustraciones:** en el menú **Insertar** disponemos de una gran variedad de elementos que incluir como parte del diseño. Entre otras opciones existen varias posibilidades para utilizar ilustraciones. Entre ellas encontramos **Formas** o dibujos vectoriales que pueden ayudar a establecer relaciones visuales entre los contenidos, aunque deben usarse con mesura. Con la misma función, en *PowerPoint* encontramos los **SmartArt,** elementos gráficos que nos ayudan a visualizar listas y diagramas de procesos. Otra opción es agregar **Gráficos** a las diapositivas, como elementos descriptivos de patrones y tendencias de los datos.

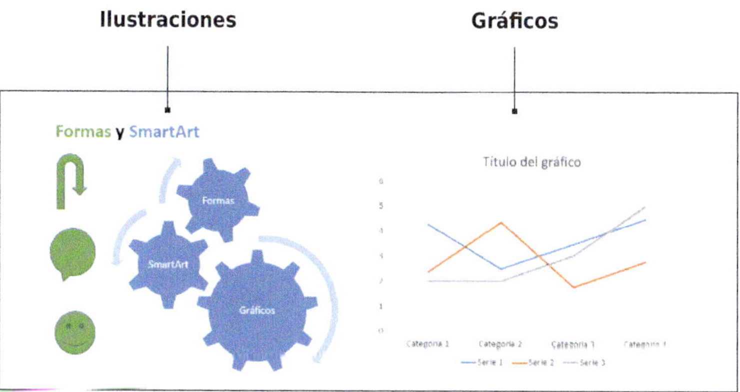

Ejemplo de diapositiva con distintos elementos insertados

- **Multimedia:** en el mismo menú **Insertar,** las opciones multimedia disponibles permiten insertar audio y vídeo, que se encuentren tanto en línea como almacenadas en el equipo, para que se reproduzcan durante el visionado de la diapositiva. En *PowerPoint* disponemos de la opción **Grabación de pantalla,** que captura el vídeo de lo que ocurre en la pantalla del ordenador mientras, al mismo tiempo, podemos grabar nuestros comentarios al respecto. Esta captura se puede insertar y reproducir durante el visionado de la diapositiva.

Control del comando Grabación de pantalla

- **Transiciones:** en el menú **Transiciones,** disponemos de varias de estas opciones. Una transición es un **efecto visual** que se ejecuta durante el paso de una diapositiva a otra. Estas transiciones se utilizan para evitar el cambio repentino de diapositivas, consiguiendo que se suavice el paso mediante un efecto visual. Además de seleccionar la transición más acorde al tema de exposición o a nuestros gustos, podemos indicar su duración y añadirle un sonido. Siempre hay una acción que desencadena el paso a la siguiente diapositiva. Por lo general, podremos activar el paso mediante un clic de ratón o indicando un tiempo de exposición para la diapositiva.

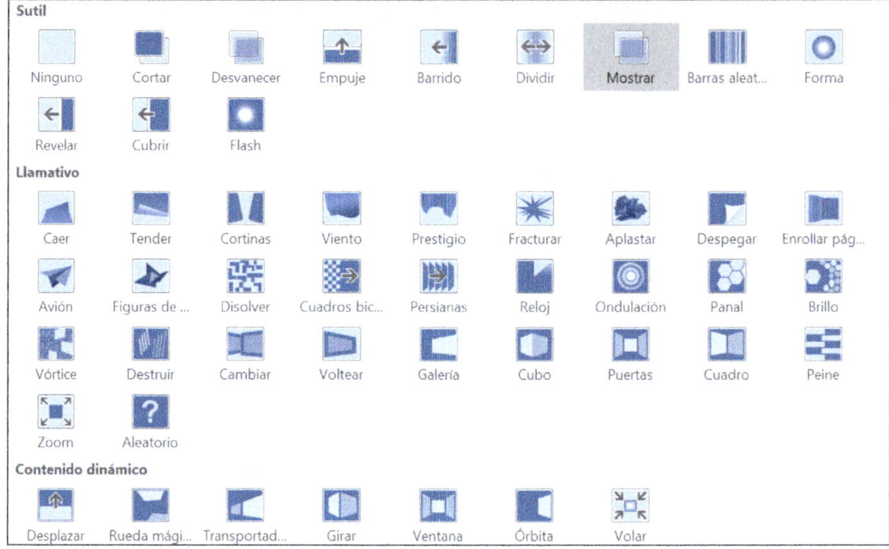

*Menú **Transiciones** de PowerPoint*

- **Animaciones:** las animaciones, como las transiciones, son efectos, aunque en este caso, se aplican a los objetos incluidos en la diapositiva. Podemos animar tanto la aparición de un elemento como su desaparición. Para controlar los efectos aplicados a diferentes objetos, disponemos del menú **Animación.** En el panel que se despliega podremos controlar, de forma gráfica, el número, orden y duración de las diversas animaciones aplicadas en la diapositiva.

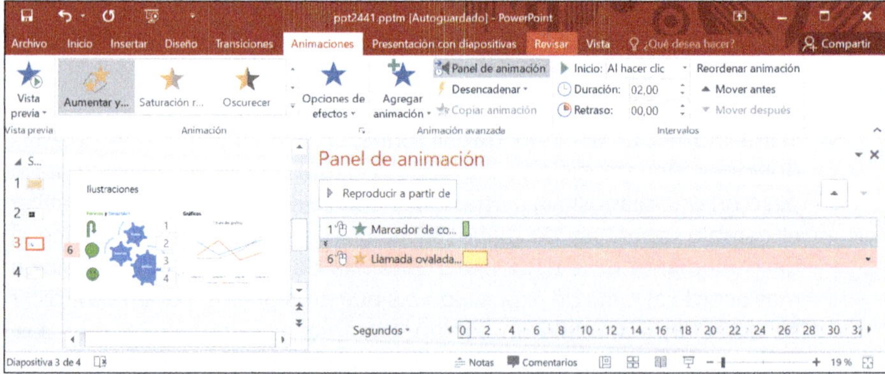

Panel para trabajar con animaciones en PowerPoint

- **Presentación:** realizar la exposición de un tema en un tiempo determinado no es una tarea fácil. Cuando un orador dispone de una hora para exponer un tema debe adaptar su discurso a ese tiempo, sin sobrepasar ni quedarse corto, al tiempo que señala el refuerzo gráfico contenido en las diapositivas en el momento indicado. También es posible que, para un mismo tema, dispongamos de tiempos de exposición distintos. Para facilitar la tarea del conferenciante, estas aplicaciones disponen de herramientas para adecuar las presentaciones a los tiempos y requerimientos de la exposición. Por ejemplo, en el menú **Presentación con diapositiva,** podemos elegir la diapositiva a partir de la cual comenzar la presentación, eliminar diapositivas, ensayar los tiempos de duración de cada diapositiva, etc.

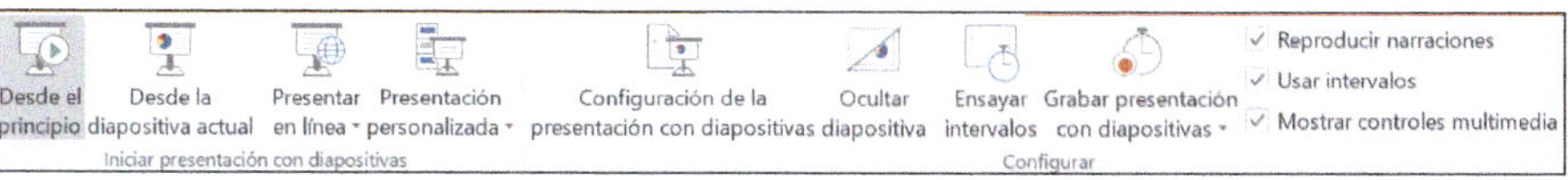

Detalle de la barra de herramientas de PowerPoint

- **Exportar:** algunos de los programas de la *suite* de ofimática pueden generar un archivo que, aun no siendo compatible con la aplicación que lo crea, puede utilizarse en otro tipo de aplicaciones. Así, por ejemplo, *Writer* puede crear documentos en formato EPUB, que es un tipo de archivo de libros electrónicos. *Impress,* por su parte, puede exportar una presentación creando un archivo SWF de imagen animada.
  PowerPoint puede exportar directamente un archivo de vídeo (MPEG). Además, nos permite empaquetar una presentación para CD, USB o cualquier otro dispositivo de almacenamiento. Esto es útil, ya que una presentación puede incluir contenidos que dependen de archivos externos, como pueden ser fuentes, imágenes y multimedia. Al reproducir la presentación en otro equipo, si no disponemos de estos archivos, no podrá mostrar estos contenidos. Para evitar este tipo de errores utilizaremos la opción **Empaquetar presentación** del comando **Exportar** en el menú **Archivo,** mediante la que se genera un archivo que incluye todos los archivos necesarios para la correcta reproducción de la presentación, creando una copia completa en el dispositivo que le señalemos.

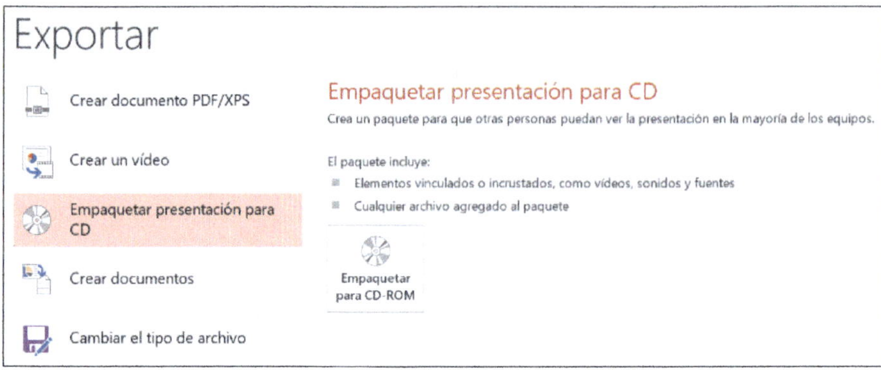

Menú Exportar de PowerPoint

SABÍAS QUE...

Podemos aprender un poco más sobre presentaciones atendiendo a consejos que nos ofrecen en internet o curioseando en *Slideshare*, una red social íntegramente formada por presentaciones, que contiene una extensa galería de estas creaciones.

https://redirectoronline.com/ifct450404

https://redirectoronline.com/ifct450405

En el ámbito del uso personal, el manejo de aplicaciones como procesadores de texto y presentaciones permite mejorar las habilidades de comunicación y favorece la creatividad. Pero, además, a nivel profesional, familiarizarnos con las herramientas ofimáticas amplía nuestras opciones laborales. La ofimática es un requisito imprescindible para la competitividad en un mercado cada vez más tecnológico.

ACTIVIDAD COMPLEMENTARIA

6. Cristina es una joven estudiante que tiene que presentar un trabajo sobre el cambio climático. Ha pensado en elaborar una presentación que le ayude a exponer los conceptos sobre los que tiene que hablar ante toda la clase. Para ello, ha buscado presentaciones en internet a modo de inspiración, pero está dudosa entre cuatro de ellas:

Presentación 1	Presentación 2
https://redirectoronline.com/ifct450407	*https://redirectoronline.com/ifct450408*

Presentación 3	Presentación 4
https://redirectoronline.com/ifct450409	*https://redirectoronline.com/ifct450410*

Explica las posibles ventajas e inconvenientes de cada una de estas cuatro presentaciones. ¿Cuál de ellas recomendaríais a Cristina? ¿Qué elementos de cada una de ellas elegirías para una presentación?

3. Permisos a la hora de utilizar información de internet

HILO CONDUCTOR

Cuando Beltrán elabora materiales de promoción necesita recursos (imágenes, textos, gráficos) para incluir en sus documentos. En ocasiones, sus proveedores proporcionan estos elementos, pero no siempre es así y, por tanto, Beltrán se ha decidido a tratar de conseguir esos recursos en internet. Hoy ha descubierto una página para descargar imágenes con licencia 🅭 y está tratando de averiguar qué significa.

Al navegar por internet, accedemos sin dificultad a una enorme cantidad de contenidos elaborados por otros usuarios. Que estos contenidos sean fácilmente accesibles no indica que podamos utilizarlos sin más. Del mismo modo, si eres tú quien genera contenidos que vuelcas a la red, nadie podrá hacer uso de ellos sin tu expreso consentimiento.

Para ello, la **Ley de Protección Intelectual (LPI)** preserva la autoría de la creación literaria, artística o científica, cualquiera que sea el formato, correspondiendo al autor dos tipos de derechos:

Derechos morales

- Se refieren a la vinculación entre el autor y su obra. Dado que ese vínculo no caduca, los derechos morales no tienen limitación en el tiempo y son intransferibles, no pudiendo cederse a un tercero, como sí ocurre con los derechos patrimoniales.

Derechos patrimoniales

- También llamados derechos de explotación o económicos, se refieren a la utilización de la obra por terceros, exista o no beneficio. Es decir, el autor es quien puede decidir el uso de la obra, sea su fin comercial o gratuito, por lo que siempre debe existir el expreso consentimiento para ello. Estos derechos pueden cederse o venderse a un tercero y tienen una duración limitada (en el Estado español, desde la creación de la obra hasta setenta años después de la muerte del autor), momento a partir del cual la obra pasa a formar parte del dominio público.

Por tanto, lo primero que necesitamos saber antes de usar contenidos de internet para nuestras necesidades es si estos están sujetos a derechos de autor o pertenecen al **dominio público.** En este último caso, podremos utilizarlos libremente, siempre respetando la paternidad de la obra.

Para el resto de contenidos digitales, sujetos a derechos de autor, podemos distinguir dos tipos de **licencias de uso,** otorgadas por los autores:

- ***Copyright:*** este es el término inglés equiparable a la expresión "Todos los derechos reservados", lo que indica que el autor no consiente ningún tipo de uso, total o parcial de su obra, que no haya sido autorizado expresamente.
- ***Copyleft:*** en contraposición a la anterior, esta licencia permite a cualquier usuario utilizar, modificar y distribuir una obra, siempre que se mantengan las mismas condiciones de libertad de reproducción y difusión en las sucesivas versiones o copias. No es necesario solicitar autorización. Este tipo de licencia surge en el ámbito de los programas informáticos, como estrategia para liberar el *software*. Es el denominado *software* libre o de código abierto. Posteriormente, pasó a aplicarse también a otros tipos de creaciones fuera del ámbito de la informática (música, vídeo, libros, etc.).

  Dentro de esta categoría de licencias se encuentran las denominadas *Creative Commons,* que establecen algunas condiciones concretas de utilización. Estas pueden ser las siguientes (además de sus combinaciones):

Creative Commons

- Autoría: se debe mencionar al autor de la obra.
- No comercial: se puede utilizar solo para fines no lucrativos.
- Sin obras derivadas: es posible utilizarse sin modificar su contenido.
- Compartir igual: se puede emplear manteniendo el mismo tipo de licencia de la obra original.

NOTA

En el caso de aquellos contenidos que no especifican qué tipo de licencias rigen sobre ellos, sobreentendemos que la obra está protegida por *Copyright.*

Por otra parte, un gran número de contenidos de internet tienen un acceso restringido a ciertos usuarios. Esto es habitual, por ejemplo, en sistemas multiusuarios, en los cuales, al integrarse en plataformas o en redes de trabajo, cada tipo de usuario tiene acceso solo a aquellos materiales sobre los que le han sido asignados permisos. Esto forma parte de la seguridad del sistema, para evitar que personas no autorizadas puedan destruir o modificar los contenidos, o el funcionamiento del propio sistema.

Así pues, dependiendo del tipo de plataforma a la que el usuario desea acceder, podemos encontrar, en líneas generales, los siguientes tipos de usuario:

- **Superusuario:** tiene acceso a todo el sistema. Es el encargado, en última instancia, de la admisión, gestión y permisos de los usuarios.
- **Usuario registrado:** los usuarios son el conjunto de personas que tienen acceso a un sistema informático. En general, el usuario se registra generando una cuenta de usuario con sus datos. Para entrar al sistema necesita autentificarse, lo que puede hacer mediante la introducción de una contraseña o de otros métodos digitales de identificación. Dependiendo de los permisos que el superusuario le asigne, tendrá acceso a unos u otros contenidos y funciones del sistema.
- **Visitante:** en algunos sistemas, es posible acceder a determinada información pública, que no es especialmente confidencial, sin estar registrado. Es un acceso temporal que solo permite acceso a una parte reducida del sistema y que únicamente reconoce funciones de lectura de algunos archivos o materiales.

En el trabajo colaborativo sobre contenidos digitales, los usuarios disponen de diferentes **permisos o privilegios** a la hora de acceder a los materiales, que variarán en función del rol que tiene asignado cada usuario o grupo de usuarios.

Así, los principales privilegios que se conceden a los usuarios son:

Lectura
- Se refiere al permiso para acceder a un archivo o carpeta y poder leer su contenido.

Continúa en página siguiente >>

<< Viene de página anterior

Edición	Ejecución
- En este caso, el permiso autoriza a modificar, borrar o añadir archivos.	- Si el archivo se puede ejecutar, como un programa, por ejemplo, este permiso concede esta opción al usuario.

NOTA

En general, los contenidos generados por un usuario son propiedad de este, y podrá acceder a ellos de manera plena. Es común, además, que sea el propietario quien otorgue los permisos de acceso a sus archivos.

Por último, se denomina **rol** al conjunto de funciones que un usuario o grupo de usuarios puede desempeñar en un sistema multiusuarios. Dependiendo del tipo de sistema en que nos encontremos, los roles pueden variar en función de las acciones que sea posible ejecutar. En cuanto a la creación de contenidos, algunos de los roles que podemos encontrar en sitios web son:

- **Administrador:** es el rol con mayor número de funciones. Puede gestionar la admisión y permisos de usuarios. Además, está habilitado para modificar, añadir o eliminar los contenidos.
- **Editor o gestor:** es el rol que se encarga de la gestión de los contenidos, por lo que puede acceder a todos los archivos, modificarlos, eliminarlos, publicar nuevos contenidos y supervisar la publicación de otros autores.
- **Autor:** este rol puede crear, editar, publicar y eliminar sus propios contenidos, pero no tiene permiso para modificar los contenidos o publicaciones de otros autores.
- **Colaborador:** en este caso, el usuario puede crear y modificar sus contenidos, pero no puede publicarlos. En caso de que un editor decidiera publicarlo, no tendrá permiso para eliminar la publicación.
- **Suscriptor:** un suscriptor puede leer las publicaciones y recibir mensajes en su cuenta de usuario, pero no puede actuar sobre los contenidos y publicaciones.

En síntesis, lo fundamental de una buena gestión de usuarios, permisos y roles, a la hora de compartir documentos digitales en red, es favorecer las condiciones de seguridad y estabilidad del sistema, concediendo permisos con criterios selectivos para que la información sea accesible y, sobre todo, se genere de manera segura.

TAREA 8

Las plataformas colaborativas en red permiten a un grupo de personas comunicarse y trabajar juntos sin necesidad de encontrarse físicamente en el mismo espacio.

Google, por ejemplo, tiene una herramienta muy apropiada para este tipo de comunicaciones: los grupos *Google*. En esta actividad vas a generar un grupo *Google* y añadir a un par de contactos. De esta manera podrás ver sobre el terreno cómo conceder o retirar permisos a los usuarios de la plataforma que has creado.

El procedimiento para crear el grupo es muy sencillo:

Accede al menú de herramientas de la página de inicio de *Google*. Selecciona la aplicación **Grupos.** Esto te dirige a la interfaz de inicio de la aplicación. La primera opción disponible en el panel lateral derecho es **Crear grupo.** Haz clic en esta opción.

En el primer cuadro de diálogo que se despliega, debes asignar los datos para el grupo que vas a crear (nombre y correo electrónico del grupo). Haz clic en **Siguiente.**

A este punto queríamos llegar. El segundo cuadro de diálogo nos permite configurar los permisos y ajustes de seguridad. Establece lo siguiente:

- Solo pueden buscar el grupo sus miembros. Solo pueden formar parte del grupo los usuarios invitados. Todos los miembros pueden ver las conversaciones. Solo pueden publicar los administradores y propietarios. Y solo los propietarios pueden ver quiénes son miembros del grupo.

En el siguiente cuadro de diálogo puedes añadir miembros al grupo. Para ello, introduce la dirección de correo electrónico de personas de la clase.

- Añade algunos miembros, un rol de administrador (que puede ser tu profesora o profesor) y, si quieres, algún otro propietario más (porque tú eres la persona propietaria de manera predeterminada, al haber creado el grupo). Tienes apartados independientes para introducir los correos de cada uno de los diferentes roles.

Continúa en página siguiente >>

<< Viene de página anterior

- Puedes incluir un texto de invitación, que llegará a cada persona a la que has invitado. Mantén el resto de opciones como están. Haz clic en **Crear grupo.** Verás que aparece un recuadro que te solicita activar la opción No soy un robot. Hazlo, es una medida de seguridad. Entendemos que eres de carne y hueso. En el siguiente recuadro selecciona Ir al grupo, lo que te dirige hasta la interfaz de tu nuevo grupo recién creado.

En el panel lateral puedes acceder a la opción **Miembros.** Verás el listado de usuarios, sus roles y permisos de publicación. Como rol propietario podrás modificar estas opciones.

En el panel lateral, por último, accede a la opción **Configuración del grupo** para establecer algunos permisos más:

- Establece que todos los miembros puedan publicar.
- Determina que solo los roles propietarios puedan acceder a la información de correo electrónico de los miembros.
- Haz que los mensajes los modere el administrador antes de publicarse. Que solo el propietario pueda gestionar los miembros y que el administrador pueda gestionar los perfiles personalizados que hubiera.

Acabas de ver, a grandes rasgos, en qué consiste una gestión sencilla de usuarios, la asignación de roles y permisos de funciones, en una plataforma colaborativa como Grupos de Google.

4. Conocimiento de los formatos de archivos (pdf, doc, docx, jpg, gif, png, ...)

HILO CONDUCTOR

Desde que Beltrán elabora contenidos para sus promociones, ha comprobado que los archivos utilizan una nomenclatura diferente, dependiendo del tipo de datos que contienen. Ahora se explica por qué las aplicaciones no abren todos los archivos, sino solo aquellos que disponen de las especificaciones necesarias para cada tipo de programa.

La información en internet se almacena en secuencias de 8 **bits** (ceros y unos) llamadas ***bytes.*** Un conjunto ordenado de *bytes* da lugar a un **archivo informático** o **fichero,** que es una unidad organizada de información. Cada archivo contiene un nombre que lo identifica, un punto y una **extensión,** que informa sobre el tipo de datos que contiene.

EJEMPLO

Hemos denominado al archivo de la siguiente imagen "geranio", y su extensión es ".jpeg", una extensión propia de archivos de imagen.

Archivo geranio.jpeg

La manera en que la información se organiza y se codifica en el archivo es lo que se denomina formato. Los **formatos** son estándares y suelen identificarse por el tipo de extensión. Es el formato de archivo el que establece la compatibilidad entre los ficheros y las aplicaciones que los utilizan.

Es importante conocer los formatos para poder gestionar y almacenar la información y para acceder posteriormente a ella, utilizando las aplicaciones oportunas. Los equipos reconocen las extensiones de los archivos y determinan el programa con el que pueden ser abiertas.

NOTA

Los diferentes sistemas operativos pueden utilizar formatos diferentes para el mismo tipo de archivo, aunque, por lo general, es posible realizar una conversión de unos formatos a otros al utilizarlos en un sistema operativo diferente.

SABÍAS QUE...

El equipo puede estar configurado para no mostrar la extensión de los archivos. En este caso, podemos acceder a esta información, por ejemplo, haciendo clic derecho sobre el archivo y seleccionando **Propiedades** en el menú contextual. Esta acción despliega una ventana con datos sobre el archivo, entre otras cosas, su formato.

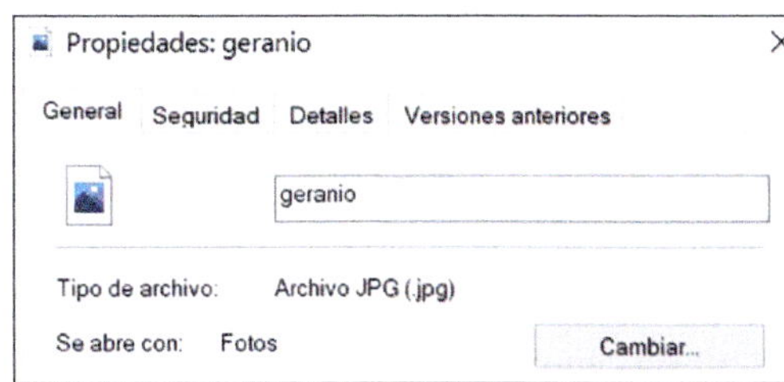

*Ventana **Propiedades** del archivo geranio.jpeg, donde podemos apreciar el tipo de archivo y su extensión.*

Puede que, al abrir un archivo, el equipo no reconozca la extensión o también es posible que pueda abrirse mediante varias aplicaciones. En cualquiera de estos casos, el sistema puede preguntarnos con qué programa deseamos abrir el documento, mostrando un listado de aplicaciones disponibles.

Existen multitud de formatos de archivos. Algunos de ellos son propios del sistema y permiten el correcto funcionamiento del equipo. Otros formatos pertenecen a archivos ejecutables, es decir, funcionan por sí mismos sin necesidad de acudir a otras aplicaciones. Por último, encontramos los archivos de datos, que almacenan un tipo concreto de información y que necesitan de una aplicación para acceder a ellos.

Los principales formatos de archivo de datos se pueden agrupar según el tipo de datos que contienen. Hagamos un repaso de ellos:

- **Archivos de texto:** son los archivos que contienen datos creados en un procesador de texto. Las extensiones se corresponden con el tipo de procesador con que han sido creados. Así, por ejemplo, los archivos **.doc** son archivos de texto con formato (que tienen aplicados estilos de texto, párrafo, página, etc.), generados con la aplicación *Microsoft Word.* En versiones posteriores a 2007, *Word* puede generar formatos de archivo **.docx,** que tienen el mismo propósito de los formatos .doc, pero están más comprimidos y ocupan menos espacio de almacenamiento. Existen otros formatos de texto propios de otras aplicaciones, como los **.odt,** generados en el procesador *Writer* que forma parte de la suite de software de código abierto *LibreOffice.* También podemos encontrar formatos de texto plano (sin formato) como **.txt,** creados por aplicaciones como el bloc de notas de *Microsoft.*
- **Archivos de imagen:** las imágenes requieren una mayor cantidad de espacio de almacenamiento que los anteriores documentos. Es por eso que, en general, los formatos de imagen aplican mecanismos de

compresión a los datos de las imágenes, disponiendo cada uno de los formatos de mayores o menores estándares de calidad. Así, el formato **.jpg** (o **.jpeg**) es uno de los más extendidos. Aplica una alta tasa de compresión con pérdida, resultando archivos reducidos de una calidad bastante aceptable. Otro formato de imagen habitual es **.png,** que es un formato libre con compresión sin pérdida, que permite, además, incluir una capa para generar transparencias en la imagen. Los formatos **.tiff** o **.tif** frecuentemente se utilizan para obtener archivos de calidad empleando compresión sin pérdida. Otro formato de imagen habitual es **.gif,** muy común en la web por su tamaño reducido y la posibilidad de añadir animaciones. Algunas aplicaciones generan archivos con formato específico del programa, como los **.psd** de *Photoshop,* **.ai** de *Illustrator,* etc. En general, los archivos de imagen pueden abrirse con aplicaciones de tratamiento de imagen, pero también pueden incluirse en otros documentos, como los archivos de texto. También existen pequeñas aplicaciones de visionado de imágenes, como Fotos de *Windows, Picasa,* etc.

- **Archivos de sonido:** como las imágenes, los archivos de sonido también están sometidos a códec (codificadores/decodificadores) de compresión. Uno de los formatos más difundidos de este tipo de archivos es **.wav,** un formato sin compresión que genera archivos de gran tamaño, que es el más frecuentemente utilizado por los reproductores. Sin embargo, el formato **.mp3** (y la versión posterior **.mp4**) utiliza el códec del mismo nombre para generar archivos comprimidos de música con una buena calidad y tamaño reducido, por lo que es el preferido para compartir audio en internet. Algunos de los reproductores de audio y también de vídeo más extendidos son *Reproductor Multimedia* o *VLC Media Player.*
- **Archivos de vídeo:** los archivos de vídeo contienen imagen y audio asociado, por lo que el tamaño de estos archivos es generalmente de grandes dimensiones. Estos archivos se utilizan comprimidos con diferentes códecs que dan nombre a los formatos. Es importante disponer de estos códecs en los equipos porque, en caso contrario, no podremos visualizar el vídeo. El formato más utilizado es **.avi,** que mantiene una calidad óptima y un tamaño medio de archivos. Pero en internet se ha extendido el uso de los formatos que aplican una compresión superior que el anterior, generando archivos de tamaño más reducido, con una calidad apropiada. En este sentido, encontramos formatos **.mpg** o **.mpeg** (varias versiones), que aplican a los archivos compresión con baja pérdida tanto a vídeos como a películas.
- **Archivos de datos comprimidos:** existen aplicaciones expresamente dedicadas a comprimir lotes de archivos. El resultado es un conjunto agrupado de ficheros, con un tamaño más reducido que se puede compartir fácilmente en la red. WinRAR es una de estas aplicaciones, y el formato de archivo que genera es **.rar.** Otra de estas aplicaciones es WinZip, que genera archivos comprimidos **.zip.**

- **Otros archivos:** uno de los formatos de archivo más extendidos, y que no coincide con ninguna de las anteriores categorías, es el **.pdf,** archivo generado en la aplicación Adobe Acrobat, que contienen texto e imagen protegidos, de solo lectura. De reducido tamaño, se ha convertido en el estándar de difusión para este tipo de contenidos en la red. Más formatos de otro tipo de documentos son:
  - Bases de datos: la aplicación *Access* de *Microsoft* genera archivos con formato **.accdb** (**.mdb** en versiones previas a 2010). En la *suite* de *software LibreOffice* los archivos correspondientes, generados en la aplicación *Base,* disponen del formato **.odb.**
  - Hojas de cálculo: en el caso de las hojas de cálculo, la extensión que utiliza *Excel* de *Microsoft* es **.xls** (actualmente **.xlsx**), mientras *LibreOffice* generará archivos .ods en la aplicación *Calc.*
  - Presentaciones: por su parte, los archivos de presentaciones generados en *PowerPoint* tendrán el formato **.ppt** (actualmente **.pptx**), mientras que los generados en *Impress* de *LibreOffice* corresponderán al formato **.odp.**

SABÍAS QUE...

En el sitio web **openwith.org** puedes buscar la extensión de un archivo que no sabes con qué programa abrir y te indicará qué aplicaciones puedes utilizar.

En los últimos años, la producción de contenidos digitales se ha multiplicado exponencialmente. No es raro que aparezcan nuevos productos digitales asociados a formatos de archivo novedosos. Estar al tanto de estas novedades es una buena táctica para conseguir aprovechar la infinidad de posibilidades y contenidos a los que podemos acceder al sumergirnos en la red.

APLICACIÓN PRÁCTICA

Amelia está creando una página web para su negocio de juguetes infantiles. Sabe que los padres no tienen mucho tiempo y quiere que su página sea sencilla, que todo esté accesible con facilidad y que los

Continúa en página siguiente >>

<< Viene de página anterior

contenidos tengan un tamaño reducido para que la página no tarde en cargarse.

¿Qué tipo de formato de archivo crees que debería utilizar Amelia para las fotografías con la que mostrará los artículos?

Solución

Lo fundamental para Amelia es reducir el tamaño de las imágenes para conseguir una navegación por la página que sea lo más fluida posible. Los archivos JPEG se someten a un proceso de compresión de sus datos y, aunque la imagen sufre algún tipo de pérdida, el resultado es bastante aceptable.

5. Resumen

La ofimática hace referencia a todas aquellas técnicas, aplicaciones y equipos que comúnmente se usan para desarrollar el trabajo habitual de una oficina. Existen *suites* o paquetes de estas aplicaciones. Aunque todos comparten características comunes, el paquete *LibreOffice*, por ejemplo, consta de las siguientes aplicaciones:

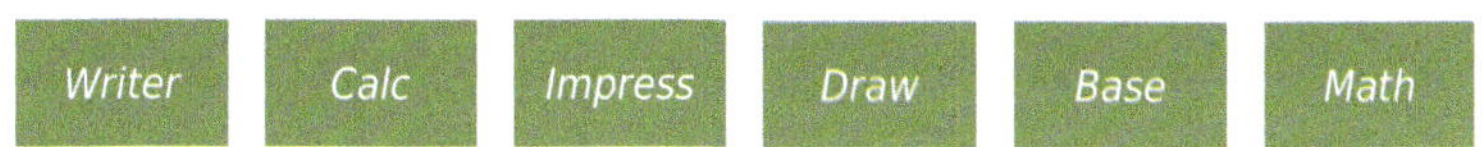

Concretamente, algunas de las principales funciones de un procesador de texto son:

- Abrir y guardar.
- Copiar, pegar e insertar.
- Trabajo con fuentes, párrafos y estilos.
- Establecer formato de página y párrafo.
- Uso de plantillas.
- Imprimir.

Así como el funcionamiento de las aplicaciones de presentación multimedia se basa en: diapositivas, ilustraciones, multimedia, transiciones, animaciones, presentación y exportar.

Al analizar los derechos de autoría, podemos diferenciar dos tipos de licencia de uso de los contenidos digitales:

En el ámbito del trabajo colaborativo, el acceso al contenido en plataformas de trabajo se encuentra protegido mediante diversos permisos: lectura, edición y ejecución.

Además de funcionar según la asignación de diferentes roles a los usuarios: administrador, editor o gestor, autor, colaborador y suscriptor.

Los siguientes formatos de archivos de datos son los más importantes, y nos permitirán utilizar aplicaciones para gestionar y acceder a los contenidos cuando sea necesario:

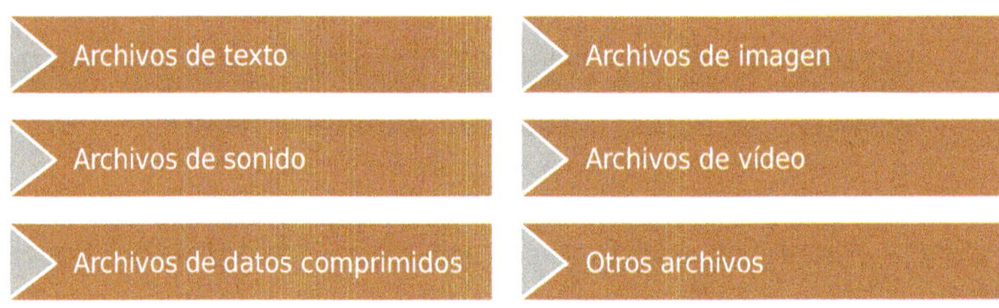

Ejercicios de autoevaluación Unidad de Aprendizaje 4

1. ¿De qué se compone la ofimática?

a. Se compone tanto del *hardware* como del *software* enfocado al trabajo de oficina.
b. Se compone de diversas aplicaciones para el tratamiento de la información.
c. Son aplicaciones específicas para funciones concretas como el bloc de notas.
d. Se compone de equipamiento de oficina como ordenadores, impresoras, etc.

2. Indica si la siguiente afirmación es verdadera o falsa: "Utilizamos bases de datos para realizar operaciones matemáticas aplicadas al trabajo en administración, contabilidad, ciencia, etc.".

- Verdadero
- Falso

3. ¿Mediante qué herramienta automatizamos un conjunto de características de texto para su aplicación?

a. Creando plantillas.
b. Usando la función Insertar.
c. Utilizando los estilos.
d. Modificando el formato de página.

4. ¿Sobre qué elementos podemos aplicar formatos en un documento de *Word*?

a. Sobre los textos.
b. Sobre los párrafos.
c. Sobre las páginas.
d. Todas las opciones son correctas.

5. **¿Para qué utilizaremos la función Exportar?**

   a. Para la creación de vídeos.
   b. Para crear un efecto visual entre diapositivas.
   c. Para guardar archivos sin formato.
   d. Para guardar archivos en formatos no compatibles con el programa que estamos usando.

6. **¿Cuándo caducan los derechos morales?**

   a. Con la muerte del autor.
   b. Setenta años después de la muerte del autor.
   c. Cuando son cedidos o vendidos.
   d. Nunca.

7. **Indica si la siguiente afirmación es verdadera o falsa: "Podemos usar cualquier fotografía que muestre una licencia *Copyleft*, incluida *Creative Commons,* aunque es necesario indicar su autoría, salvo en obras de dominio público".**

   - Verdadero
   - Falso

8. **Al registrarnos en una aplicación, ¿obtenemos acceso completo a los contenidos y funciones del sistema?**

   a. Sí, incluso a la admisión, gestión y permisos de usuarios.
   b. Sí, salvo a la admisión, gestión y permisos de usuarios.
   c. Dependerá de los permisos que nos asigne el superusuario.
   d. No, solo a la información pública.

9. **¿Cuál es nuestro rol cuando aportamos contenidos en redes sociales?**

   a. Administrador
   b. Editor
   c. Autor
   d. Colaborador

10. ¿Cuáles son las extensiones que corresponden a *Microsoft Word?*

a. Genera archivos .doc y .docx.
b. Genera archivos .odt y .txt.
c. Genera archivos .xls y .ppt.
d. Genera archivos .pdf.

Unidad de aprendizaje 5

Configuración de la seguridad

Contenido

1. Introducción
2. Formas básicas de uso de medios informáticos para garantizar la seguridad (tanto el ordenador como el dispositivo móvil)
3. Rutinas para una navegación segura
4. El antivirus
5. Resumen

Objetivos

El objetivo general de esta Unidad de Aprendizaje es:

→ Distinguir los riesgos asociados al uso de las TIC y las estrategias de seguridad para la protección de los dispositivos y de la información.

Los objetivos específicos de esta Unidad de Aprendizaje son:

→ Identificar las amenazas para la seguridad de los dispositivos y los contenidos digitales durante la navegación.

→ Utilizar antivirus para contrarrestar la vulnerabilidad de los dispositivos.

1. Introducción

A lo largo de este manual, hemos puesto en valor los beneficios del uso de los entornos digitales para nuestras sociedades y para los individuos. Pero, al hablar de seguridad, es imprescindible señalar los riesgos que esto conlleva, no solo para nuestros dispositivos, sino también para nuestra información y privacidad. Y el mayor riesgo para la seguridad es el desconocimiento de las amenazas que envuelven a nuestra actividad en el entorno digital. El primer paso para un uso seguro de la red es reconocer los riesgos e identificar las vulnerabilidades de los sistemas informáticos.

Las TIC deben utilizarse racionalmente, el acceso a la red y su uso debe hacerse de manera responsable, tomar medidas a la hora de compartir información, entender también los riesgos que puede suponer a nuestra salud y a nuestro entorno un uso prolongado y el gasto energético que implica. Pero, a pesar de toda esta toma de conciencia, ahí fuera hay quien está empeñado en obtener información de manera ilegítima para utilizarla en su propio beneficio. Para esto, los sistemas de seguridad digital han dado forma a herramientas que nos ayudan a prevenir estas situaciones o actúan en caso de que seamos víctimas de algún ataque.

La presente unidad recoge las prácticas que pueden proteger nuestras comunicaciones en internet, aquellas acciones que resguardan la integridad de la información durante la navegación, y las herramientas que podemos utilizar para prevenir ataques, además de los mecanismos que se pondrían en marcha en caso de que el sistema haya sido infectado.

Mientras tanto, Beltrán pondrá todo de su parte para proteger sus dispositivos que, en caso de ataque, pondrían comprometer no solo su información personal, sino la de la empresa para la que trabaja.

2. Formas básicas de uso de medios informáticos para garantizar la seguridad (tanto el ordenador como el dispositivo móvil)

HILO CONDUCTOR

Beltrán está entusiasmado con lo que aprende sobre el uso de las tecnologías y el apoyo que le prestan sus diferentes dispositivos para desarrollar su trabajo. Pero, a la vez, le preocupa que un error en el almacenamiento le haga perder su información o, aún peor, que pueda ser la causa de entrada de un virus que infecte los dispositivos informáticos de su empresa. Hoy es el día que va a dedicar a mejorar la seguridad de sus comunicaciones.

A veces, sobre todo cuando leemos noticias sobre los ataques informáticos perpetrados a grandes compañías, pensamos que las personas, a nivel individual, somos insignificantes dentro del entramado y complejo mundo de la seguridad informática, que con instalar un antivirus hemos cumplido con nuestra responsabilidad personal. Pero esto no es cierto. Al igual que el efecto mariposa que, cuando esta aletea en un lugar, provoca un tornado al otro lado del mundo, una intrusión en nuestro ordenador o dispositivo móvil puede desencadenar daños no solo a nuestra información, sino también a la de otros usuarios o entidades.

Aunque exista cierta controversia sobre la nomenclatura, a la hora de encarar la seguridad de los datos y equipos, sobre todo a nivel empresarial, podemos distinguir tres conceptos que, a veces, se confunden:

- **Seguridad de la información:** cuando hablamos de seguridad en términos amplios, que involucra diversas áreas y responsabilidades, nos referimos a la seguridad de la información. Así pues, algunos niveles de seguridad empresarial pueden gestionarse desde el Departamento de RR. HH. o formar parte de la formación para empleados. Por ejemplo, en 2020, la red social *Twitter* (ahora es *X*) fue víctima de un ciberataque muy sonado. Los atacantes sobornaron a un empleado para que les permitiera el acceso a herramientas de administración, a través de las cuales obtuvieron el control de las cuentas oficiales de personajes tan relevantes como Barack Obama, Elon Musk o Bill Gates. Desde estas cuentas usurpadas publicaron un tuit en el que prometían que, si se enviaba cualquier cantidad de monedas virtuales *(Bitcoins)*, serían devueltas multiplicadas por dos. Aunque las cuentas fueron bloqueadas a los pocos minutos, se estima que la estafa rondó los 120.000 dólares. Debido a estos fallos de seguridad es por lo que algunas empresas deben tener selecciones de personal muy exigentes. Por tanto, la seguridad de la información se ocupa tanto de los aspectos tecnológicos de la seguridad como de otros ámbitos menos cibernéticos como, por ejemplo, el comportamiento humano.

- **Seguridad informática:** esta área de la seguridad que, como la ciberseguridad, pertenecen al ámbito de la seguridad de la información, es la que depende del *hardware* y *software* del sistema informático. Es un error común creer que la seguridad informática se limita a la protección de los dispositivos de almacenamiento de los datos, como ordenadores o servidores. Uno de los aspectos más importantes de esta seguridad es mantener libre de intrusos los canales por donde circula la información. Para ello, es importante controlar las redes de comunicación y su infraestructura. Por ejemplo, el mayor caso de espionaje en la red fue el protagonizado por la Agencia Nacional de Seguridad (NSA, por sus siglas en inglés) de EE. UU. Fue desvelado por *The New York Times* gracias a los documentos filtrados por Edward Snowden. Según fue extraído de los datos aportados, la NSA extorsionó a empresas, robó claves de encriptación, alteró *software* y *hardware,* etc. El fin último era acceder a las comunicaciones privadas en cualquier parte del mundo.
- **Ciberseguridad:** aunque muchos defienden que seguridad informática y ciberseguridad son sinónimos, otros entienden que la ciberseguridad incluye un aspecto que la hace diferente. Esta diferencia estriba en que, mientras que la seguridad informática mantiene una actitud pasiva, es decir, se ocupa de prevenir o paliar los efectos de la ciberdelincuencia, la ciberseguridad tiene un papel más activo u ofensivo. La ciberseguridad no solo protege, también puede atacar. Muchos aseguran que, desde hace años, hay una guerra encubierta en la que intervienen empresas y países. El caso de la NSA de EE. UU. es muestra de ello. Uno de los aspectos más sobresalientes de la ciberseguridad es el empleo de personal con elevados conocimientos informáticos en lenguajes de programación, telecomunicaciones, además de manipulación de *software* y *hardware,* lo que se llama popularmente *hackers. Hacker* no es sinónimo de ciberdelincuente, es más, cada vez son más valorados, y mejor pagados, tanto por entidades privadas como públicas.

SABÍAS QUE...

El año 2020 destacó no solo por la pandemia global; también por el asombroso repunte de los ciberataques. Parece que, como algunos apuntan, el confinamiento

Continúa en página siguiente >>

<< Viene de página anterior

dio tiempo y oportunidad a algunos para dedicarse a actividades ilícitas, favorecidas por los grandes fallos de seguridad que produjo la aplicación improvisada del teletrabajo. Nadie estaba preparado para lo que trajo ese año; tampoco la seguridad de la información.

Los expertos consideran que, en seguridad de la información, se deben atender tres pilares fundamentales que preservan la seguridad de los datos y equipos:

Integridad
- Se refiere a la consistencia de los datos almacenados. Consiste en acciones encaminadas a garantizar que los datos no se modifican sin autorización y que se mantienen inalterables en el tiempo. Uno de los mecanismos utilizados para ello es el **cifrado** de la información.

Confidencialidad
- En este caso, el objetivo es garantizar que los datos almacenados solo son accesibles por personas autorizadas. En caso contrario, podría vulnerarse la privacidad de los usuarios o la información reservada de las entidades. Para mantener la confidencialidad de la información se suelen utilizar métodos de **autentificación** para el acceso a los datos, mediante contraseñas o firmas digitales.

Disponibilidad
- Nada de lo anterior tendría sentido si la información no fuera accesible, a los usuarios autentificados o autorizados, cuando es necesaria. Este principio hace referencia a disponer mecanismos para mantener el flujo de información estable, utilizando, por ejemplo, sistemas de respaldo que poder utilizar en caso de pérdida de los datos.

En seguridad, se entiende que el ser humano es el eslabón más débil del sistema informático. Algunas de las estrategias de ciberataques están centradas en esta premisa, por lo que concentran sus esfuerzos en atacar a personas para conseguir el acceso al sistema. A este tipo de estrategias se las denomina **ingeniería social.**

Algunas de estas tretas son masivas, es decir, se lanza el anzuelo al mayor número de personas posible y se espera a que alguien caiga en el engaño. Otras son dirigidas, no cesan hasta encontrar a la persona adecuada, la estudian y deciden cuál es el mejor modelo de engaño. Conocer y aplicar las siguientes normas básicas nos ayudará a mantenernos alejados de este tipo de artimañas, tanto en casa como en el trabajo:

- **Nunca dejar a la vista información sensible:** algunos de los errores más comunes son escribir contraseñas en pósits que se pegan a la pantalla, o en libretas que se dejan sobre la mesa, información personal impresa en carpetas o archivadores, documentos tirados a la papelera sin destruir, etc.
- **Nunca dar información sensible por correo:** no es difícil crear una página web o correo que suplante la identidad de una empresa. Con este tipo de suplantación intentan engañar a los usuarios para obtener información confidencial como la cuenta del banco, contraseñas, etc. (esta estrategia se denomina ***phishing***). Si debemos entregar información comprometida, es más conveniente hacerlo personalmente, y en caso de tener que hacerlo por medios telemáticos, confirmar primero que estamos enviando la información a un lugar seguro. Llamar a las oficinas, confirmar para qué necesitan la información, pedir un teléfono o correo y una persona de contacto, etc.
- **Nunca abrir un archivo adjunto, ni seguir un enlace a otra página, desde un correo con remitente desconocido:** para poder acceder a un sistema, a veces, es necesario que alguien abra o ejecute un archivo. Por ello, los ciberdelincuentes crean correos que resulten atractivos, ya sea porque suplantan una identidad o utilizan asuntos llamativos, con el fin de que bajemos la guardia y tengamos la suficiente curiosidad para abrir el archivo adjunto o sigamos un enlace a una página web maliciosa. Por ello, desconfía de cualquier archivo adjunto, salvo que estés esperando su llegada o el remitente suela realizar este tipo de envíos. Si recibimos un correo inusual de alguien conocido, tengamos las mismas precauciones; es posible que su ordenador esté infectado o hayan falsificado su dirección de origen.
- **Nunca conectar dispositivos desconocidos:** una técnica habitual es dejar abandonado un USB infectado a la vista del personal de la empresa que se quiere infectar, a la espera de que alguien lo recoja, lo conecte a su ordenador y, con esto, infectar y acceder al sistema. Pero, al margen de este tipo de ataques, es fácil infectar nuestro ordenador si conectamos un dispositivo que previamente haya estado conectado a un equipo con algún virus. Por ello, por norma general, es mejor evitar conectar nuestros dispositivos de almacenamiento a otros equipos o que otras personas, incluso conocidas, conecten estos dispositivos a nuestro equipo. Para minimizar los riesgos, más adelante veremos algunas soluciones.
- **No descargar aplicaciones poco fiables o visitar páginas sospechosas:** antes de descargar cualquier aplicación, busquemos información sobre ella, como comentarios en publicaciones web reconocidas o de otros usuarios y, en el caso de decidir descargarla, hagámoslo desde la cuenta oficial. Más adelante hablaremos sobre los riesgos al navegar por internet.

- **Cuidado con impresoras o escáneres:** es habitual utilizar este tipo de dispositivos para hacer copias de información personal como contratos, nóminas, etc. Las impresoras multifunción están conectadas en red y son utilizadas con frecuencia como puerta de entrada al sistema. A veces, en una red de oficina, se utiliza una impresora compartida, que puede estar alejada, y que dejará las copias a la vista hasta que lleguemos a recogerlas. La mejor opción es disponer de un dispositivo personal desde el que tratar con información sensible.
- **Mantenerse informado:** si conoces de antemano qué artimañas utilizan habitualmente los ciberdelincuentes y estás al día de los nuevos ataques, es más difícil que puedan cogerte desprevenido. Para mantenerte al día te aconsejamos la web de la Oficina de Seguridad del Internauta (OSI), su blog o su boletín, al que puedes suscribirte.

2.1. Cómo mantener la seguridad

Veamos, por último, algunas de las acciones, según la vulnerabilidad del tipo de dispositivo, que, como usuarios, debemos realizar para mantener nuestra seguridad y, además, proteger la de los demás.

El ordenador

Aunque a pequeña escala, en nuestra casa, el conjunto de dispositivos conectados entre sí y a internet forman un sistema, una red conectada a la red de redes. Cada dispositivo conectado a internet es una potencial puerta de entrada a código malicioso, miradas indiscretas y a la pérdida de datos importantes. Si, además, trabajamos desde casa, nos arriesgamos a infectar la red de la empresa. Para evitar quebraderos de cabeza, debemos realizar unas simples acciones que permitirán mantener nuestra red privada protegida. Veamos algunos consejos para plataformas Windows, que pueden servir igualmente para otras plataformas, aunque puedes encontrar consejos específicos en la web de OSI:

- **Utilizar correctamente las cuentas de usuario.** En *Windows* disponemos de dos tipos distintos de cuentas de usuario: la **cuenta de administrador** y la **cuenta de usuario local.** Desde una cuenta de administrador podemos realizar cualquier cambio que deseemos en el sistema; por ello, es necesario tener permiso de administrador para poder instalar programas. Desde una cuenta de usuario sin privilegios, podremos utilizar los programas, crear o descargar archivos, pero no disponemos de permiso para modificar el sistema. En todo equipo es necesario disponer de una cuenta de usuario administrador que permita instalar y actualizar el *software*, pero ahí debe quedar su uso. Para nuestra actividad cotidiana debemos usar una cuenta de usuario sin privilegios. Así, si un *software* malintencionado se descarga en nuestro equipo mientras estamos en esta cuenta, no dispondrá de permiso para modificar el sistema, por lo que no le sería posible infectar el equipo. Otro consejo es crear cuentas de usuarios distintas para cada una de las personas que utilicen el equipo, con el objetivo de que nuestros documentos, historial de navegación, contactos y cualquier otro material que corresponda a nuestra privacidad permanezcan ocultos y a salvo de posibles errores o pérdidas. Otro caso especial son los niños, que también deben disponer de su propia cuenta, ya que ellos son más vulnerables a posibles engaños por parte de ciberdelincuentes. Para menores, es recomendable tanto su propia cuenta de usuario como el uso de herramientas de control parental. Por último, si trabajamos desde casa, es conveniente que separemos en dos cuentas de usuario diferentes nuestra faceta personal y profesional. Con esto, prevenimos situaciones que puedan poner en riesgo nuestra privacidad o la información confidencial de nuestra empresa.

- **Contraseñas correctas.** Una contraseña es como la cerradura de la puerta de nuestra casa, nos protege de la intromisión de cualquiera que pase por la calle. Usar contraseñas como "12345" o "contraseña" es como si dejáramos la puerta abierta; utilizar una contraseña poco segura es como irnos de casa sin cerrar con llave. Una contraseña funcional debe contener ocho caracteres como mínimo, letras mayúsculas y minúsculas, además de números y caracteres especiales. Por otro lado, otro gran error consiste en usar la misma llave para todas nuestras puertas. Si algún ciberdelincuente llega a conseguir nuestra contraseña accedería a todo nuestro mundo virtual, material personal y profesional, cuentas bancarias, contactos, etc. Para evitar esto, utiliza contraseñas diferentes para cada usuario o servicio que utilices. Existen gestores de contraseñas que te pueden facilitar la tarea de recordarlas todas. Por último, no compartas tus contraseñas con nadie, incluso las personas mejor intencionadas pueden no ser tan cuidadosas como tú a la hora de proteger tu seguridad.
- **Instalación y actualización de programas, antivirus y cortafuegos.** Otra recomendación es procurar instalar programas con moderación, ya que con cada instalación nos arriesgamos a que se instalen programas maliciosos escondidos en el *software* original, sobre todo si son programas poco fiables o descargados desde páginas de descarga que puedan estar infectadas. Es conveniente, además, desinstalar aquellas aplicaciones a las que no les damos uso. Por último, es imprescindible que mantengamos actualizados cualquier *software* instalado en nuestro equipo, ya que, con estas actualizaciones, se corrigen las vulnerabilidades que se han detectado ante ciberataques. No son recomendables los programas que no disponen de actualizaciones regulares.

Para mantener a salvo el equipo podemos instalar programas de seguridad que exploren el sistema en busca de posibles ataques. Entre estos programas se encuentran los antivirus y cortafuegos (que veremos más adelante). Un equipo debe estar siempre protegido por este tipo de programas. Podemos utilizar los que vienen por defecto en Windows, descargar alguno gratuito u optar por alguna versión de pago. Y por supuesto, hay que mantenerlos constantemente actualizados.

- **Cifrar la información y copias de seguridad.** Es posible que, aunque utilicemos todas las medidas de seguridad pertinentes, con el mismo uso del equipo acabemos sufriendo un ataque que infecte nuestro ordenador. Para mantener nuestros datos seguros, pese a que alguien acceda a nuestro equipo, debemos cifrar los documentos. Al cifrar los documentos la información se vuelve ilegible excepto para la persona que disponga de la contraseña de descifrado. Podemos acceder a las opciones de cifrado de Windows o descargar una aplicación gratuita. Desde *Windows 10* es posible, por ejemplo, cifrar archivos o carpetas. Para ello, haz clic derecho sobre el elemento que quieres cifrar. En el menú contextual pincha en **Propiedades,** y dentro de la pestaña **General,** selecciona **Opciones avanzadas.** En la nueva ventana haz clic en la casilla de verificación **Cifrar contenido para proteger datos** para proteger datos y pincha en **Aceptar.** De nuevo, en la ventana de propiedades, pulsa **Aplicar** y **Aceptar.** Pero el cifrado por sí solo no elimina el riesgo de perder la información durante un ataque o infección. Para asegurarnos de tener los datos a salvo ante cualquier eventualidad, debemos realizar copias de seguridad. Lo más aconsejable es disponer de tres copias: una en el disco duro, otra en la nube y una tercera en un dispositivo externo o DVD/CD. Recuerda que la información sensible debe estar cifrada, sobre todo si la vas a guardar en la nube.
- **Conexiones seguras.** Probablemente, no somos conscientes de que los dispositivos rúter-wifi son nuestra responsabilidad y, como tal, debemos protegerlos por nuestra propia seguridad. Lo peor que puede sucedernos no es que alguien del vecindario se conecte a la red sin permiso y ralentice nuestra conexión a internet, ni que un ciberatacante asalte nuestras comunicaciones o incluso obtenga la información almacenada en nuestros dispositivos. El peor escenario es que utilicen nuestra conexión para realizar actos delictivos y tengamos problemas legales. Existe una forma sencilla de comprobar si tu rúter-wifi se encuentra comprometido. Apaga todos los dispositivos que utilicen la red wifi. No olvides que, además del equipo de sobremesa y portátiles, debes apagar los móviles, la televisión, si es interactiva, y los electrodomésticos que puedas encender/apagar o manipular desde el móvil. Si una vez apagados todos los dispositivos, la luz del piloto wifi sigue parpadeando en el rúter, puede ser que alguien más esté conectado a la red. Para asegurar la red wifi debemos cerciorarnos de que el cifrado de la red es WPA2, cambiar las claves por defecto de acceso a la red y del panel

de control del rúter, además de verificar cada cierto tiempo si alguien se conecta. La Oficina de Seguridad del Internauta tiene a disposición de los usuarios una sencilla guía para configurar el rúter wifi, una página que proporciona rutinas para saber si alguien se está conectando a tu red wifi y una línea de atención telefónica gratuita para atender las preguntas que te surjan. Por último, una recomendación: evita conectarte a redes wifi públicas o gratuitas. Desconocemos quién puede estar conectado y con qué intenciones, lo que nos expone a robos de información o infecciones.

- **Dispositivos IOT y webcam.** Los dispositivos IoT *(Internet of Things)* o **internet de las cosas** son aquellos electrodomésticos o dispositivos que, conectados a red, nos ofrecen nuevos servicios o prestaciones. Entre ellos podemos encontrar desde aspiradoras que se encienden y apagan desde el móvil, webcam que vigilan qué hace nuestro perro en casa mientras estamos en el trabajo, televisores inteligentes, asistentes virtuales, etc. Todas estas nuevas herramientas tienen el objetivo de facilitar el día a día. Pero, si no se configuran adecuadamente, pueden convertirse en la puerta de entrada a un problema. Debemos revisar las opciones de privacidad y seguridad que se describen en el manual del dispositivo y comprobar si es necesaria su configuración. Hay que mantenernos informados por si el fabricante dispone de actualizaciones o mejoras del sistema de seguridad. En cuanto a los dispositivos webcam (internos, externos o de videovigilancia), uno de los ciberataques más habituales estriba en conectarse a estos aparatos para observar o incluso publicar las imágenes que captan. Una sencilla práctica es tapar sus lentes siempre que no estén en uso o, en caso de que formen parte de un sistema de videovigilancia, extremar las precauciones.

Los dispositivos móviles

Hoy en día es mucho más común el uso de pequeños dispositivos móviles, como *smartphones* o tabletas, que el de equipos de sobremesa, sobre todo a la hora de buscar información. Estos dispositivos, al ser móviles, tienen el inconveniente de ser mucho más fáciles de perder o de ser sustraídos, por lo que debemos añadirlo a los posibles riesgos de seguridad. Veamos qué opciones tenemos para mejorar la seguridad en dispositivos:

- **Utiliza clave de bloqueo.** En caso de pérdida o sustracción, esta medida evita que alguien acceda al dispositivo. Puedes usar un pin, una contraseña alfanumérica, un patrón, etc. En la actualidad se están utilizando sistemas biométricos de acceso a dispositivos como la lectura de la huella dactilar, el iris, la cara, etc.
- **Actualizaciones automáticas.** Como ya hemos visto, mantener actualizado el sistema, evitando la vulnerabilidad del *software*, es una de las

recomendaciones de seguridad más importantes y fáciles de cumplir también en los dispositivos móviles. Repetiremos una vez más este mantra de la seguridad: actualiza tus programas.

- **Aplicaciones de seguridad.** También para *smartphones* y tabletas encontrarás potentes antivirus que mantendrán los ataques a tus dispositivos a raya.
- **Copias de seguridad.** Puedes hacer copias del contenido de tus dispositivos conectándote a un equipo de sobremesa o directamente en la nube.
- **Desactiva conexiones inalámbricas.** Los dispositivos móviles disponen de diversas formas de acceso a redes inalámbricas como las conexiones **wifi** (públicas o privadas), **Bluetooth** (transferencia de datos punto a punto) o **NFC** (comunicación de datos utilizada para realizar pagos sin tarjeta física). Una vez finalizada la comunicación mediante cualquiera de estas conexiones de red, es importante desactivarlas para evitar intromisiones no deseadas.
- **Instala aplicaciones seguras.** Para descargar una aplicación, recuerda utilizar páginas de descarga seguras, como puede ser Play Store de Google. Comprueba las opiniones de los usuarios que se han descargado la aplicación para comprobar si han tenido problemas con ella.
- **Otorga permisos a las apps imprescindibles.** Cuando instalas una aplicación, es probable que se solicite permiso para utilizar algunas utilidades del sistema, como la cámara, las opciones multimedia, etc. Piénsalo bien antes de conceder permisos. Considera si es necesario para el funcionamiento de la aplicación y si esta es lo suficientemente segura como para concederle el acceso a estas herramientas de tu dispositivo.
- **Borra todos los datos del dispositivo.** Cuando decidas deshacerte definitivamente del móvil, borra todos los datos. Formatea la tarjeta SD integrada, elimina las cuentas enlazadas y restaura los valores de fábrica.
- **Utiliza herramientas de control parental.** Si tu dispositivo va a ser usado por menores, recuerda utilizar herramientas de control parental.

ACTIVIDAD COMPLEMENTARIA

7. Estás teniendo un día muy extraño y, sí, lo has comprobado, no es martes y 13, solo que ahora eres mucho más consciente de los fallos de seguridad. Durante la mañana te han pasado algunas cosas que podrían haber puesto la seguridad de tus datos personales y profesionales en riesgo.
   Saliendo de casa, un amigo te ha pedido que, por favor, le imprimas su currículum en la impresora de la oficina y para ello te ha dado un *pendrive* con

Continúa en página siguiente >>

<< Viene de página anterior

el archivo. Atravesando la oficina de camino a tu mesa, ves que una compañera tiene escrito en un pósit su contraseña de acceso a la aplicación de la empresa. Curiosamente, en lo primero que piensas es que es poco segura. Una vez que te has sentado en tu mesa, ante tu equipo, recibes un correo electrónico de una ONG que te pide confirmar tus datos bancarios para que recibas correctamente el cobro de las cuotas de socio.

¡Y todo antes del primer café!

Recuerda lo que hemos revisado sobre la seguridad de la información, y explica cómo se podrían solventar estas situaciones sin poner en riesgo la seguridad de los datos y de las personas, es decir, ¿cómo podrías ayudar a tu amigo sin poner en riesgo el sistema?, ¿qué consejos darías a tu compañera para proteger su información y la de la empresa?, y ¿cómo solucionarías el correo electrónico de la ONG?

3. Rutinas para una navegación segura

HILO CONDUCTOR

Beltrán está en continua comunicación telemática con su empresa, su banco, clientes, proveedores, etc. Aunque se siente orgulloso de cómo ha mejorado la seguridad de sus dispositivos, aún duda de si puede mejorar sus comunicaciones. Despejemos las dudas y compartamos algunos consejos de navegación segura.

El simple hecho de conectarnos a la red nos hace vulnerables. Es como la atracción de los autos de choque de la feria. Puede que la mayoría de los conductores solo jueguen a evitar chocar con otros coches, pero unos pocos se dedican a estrellarse contra el primero que pasa, solo porque pueden y les parece divertido. Internet es como esta atracción de feria. La inmensa mayoría de las comunicaciones solo pretenden llegar a su destino sanas y salvas, mientras que unas pocas, en comparación, chocan constantemente contra estas comunicaciones con la esperanza de traspasar sus protecciones y alcanzar su meta, conseguir introducir o extraer datos de la comunicación. De nosotros depende engrosar la seguridad de nuestras comunicaciones para que cualquier ataque resulte infructuoso.

3.1. Protección de las comunicaciones

Pero seamos positivos, interceptar las comunicaciones es extremadamente complicado, y protegerlas es muy sencillo. Para asegurar que nuestros datos recorren internet con seguridad, veamos qué acciones podemos realizar durante la navegación y en el propio navegador.

Acciones durante la navegación

Como hemos visto, mantener algunas buenas costumbres puede evitarnos complicaciones en el futuro. Veamos qué acciones ayudan a preservar la privacidad y seguridad de la información.

1. **Borrar el historial del navegador, la caché y las *cookies*.** Recuerda que el historial del navegador es una lista de las páginas que has visitado, así como la duración de la visita, pero además puede guardar los datos que introducimos en un formulario o el usuario y contraseña de inicio de sesión en una web. En la caché se guardan temporalmente los elementos que componen cada página web que visitamos, con la intención de que el navegador tarde menos tiempo en cargar la página en su siguiente visita. Las *cookies,* a su vez, almacenan diferentes datos que se utilizan para identificar y conocer los hábitos del usuario, incluida nuestra ubicación. Aunque estas herramientas están pensadas para facilitarnos la navegación, acumulan mucha información que puede que no deseemos compartir. Para mantener nuestra privacidad es conveniente borrar el contenido de estos elementos. Por ejemplo, en el menú de *Chrome,* accedemos a las opciones de **Configuración.** Dentro de esta ventana, en el apartado **Privacidad y seguridad,** se puede seleccionar **Borrar datos de navegación.** En la pestaña **Básico** del cuadro de dialogo, seleccionamos el periodo de tiempo a partir del cual se borrarán los datos y comprobaremos que estén activadas las casillas de verificación del historial, las *cookies* y la caché. Ya solo nos queda seleccionar **Borrar datos.**

Menú de Chrome

2. **No activar "Recordar usuario y contraseña" ni "Mantener la sesión abierta".** Es habitual que los sitios web nos ofrezcan un registro para acceder a determinada información o aplicaciones de su web. Por ejemplo, tanto para poder comprar en una tienda virtual como para

disponer de nuestra propia cuenta en *Facebook*, debemos realizar un registro en el cual, respondiendo a una serie de preguntas o cuestionario, aportamos los datos que la administración del espacio web necesita de nosotros. Una vez registrados, accederemos a nuestro perfil o cuenta mediante un usuario y contraseña. Algunos navegadores nos ofrecen la opción de guardar los datos de acceso a una cuenta (usuario y contraseña), cumplimentando automáticamente estos datos por nosotros. También pueden ofrecernos mantener la sesión abierta, es decir, como si nunca hubieras dejado de visitar la web o abandonado la sesión, por lo que tampoco tendremos que volver a iniciar la sesión. Es indudable que esto puede facilitarnos la navegación, sobre todo al no tener que recordar los diferentes usuarios y contraseñas en cada sitio web, pero puede ser un problema para nuestra privacidad. Es fácilmente entendible que cualquiera que acceda a nuestra sesión de *Windows* podrá entrar en los espacios en los que estemos registrados, ya sea porque la sesión se encuentra abierta o porque el navegador completará los campos de registro. Para evitar este riesgo, debemos evitar utilizar este tipo de herramientas, especialmente si estamos usando una red pública o la sesión o dispositivo de otra persona.

3. **Cerrar adecuadamente la sesión.** Si alguna vez has usado una aplicación de banca *online*, recordarás que el sitio web insiste en que cierres la sesión que está en uso, es decir, que indiques claramente el momento en el cual dejas de utilizar la aplicación. Ten en cuenta que ni minimizar la ventana del navegador ni cerrar la ventana o pestaña en uso indican que se ha cerrado la sesión. En algunas aplicaciones pueden llegar a almacenarse varias sesiones abiertas. Por supuesto, aún es más necesario cerrar las sesiones abiertas en redes públicas o usando los dispositivos de otros usuarios.
4. **Usar la pestaña de navegación privada.** Una fórmula de navegación más segura para utilizar en redes públicas o para navegar desde una sesión o dispositivo de otras personas es utilizar la **navegación privada o de incógnito.** Al iniciar sesión en modo incógnito, no se guardará el historial de navegación, las *cookies* o los datos ingresados en formularios. Cuando cierres todas las ventanas de incógnito, se cerrará la sesión, y otros usuarios no tendrán constancia de tu actividad. Para los sitios web que frecuentas, serás un usuario desconocido, por lo que deberás iniciar sesión con tu usuario y contraseña.
5. **No visitar páginas sospechosas.** Como ya hemos visto, algunas páginas pueden llegar a ser peligrosas, pueden estar diseñadas para encontrar vulnerabilidades en nuestro sistema y perpetrar algún tipo de ataque. Una herramienta disponible en el navegador, gracias al antivirus, es el **verificador de páginas web.** Este verificador nos indica si la página en la que estamos es segura o no. Básicamente, comprueba si el sitio utiliza un código de cifrado SSL para la transferencia de datos. Si existe el cifrado, el verificador nos lo indica a la derecha de la barra de di-

recciones mediante un aviso gráfico (pequeño candado cerrado, alguna marca de color verde o algún otro icono como el que utiliza *Chrome*, que es una especie de sintonizador). En el caso de no estar cifrado, el verificador suele mostrar un cuadro de advertencia, un candado abierto o una marca en color rojo. Los navegadores pueden guardar un listado de sitios web peligrosos para avisar en caso de que accedas a alguno de ellos, si detecta eventos sospechosos como robos de contraseñas, etc.

Acciones en el navegador

Además de convertir en rutina los buenos hábitos que hemos visto, es interesante que saquemos el máximo partido a las aplicaciones que utilizamos para navegar. Atendiendo a nuestras necesidades, nos resultarán más prácticas unas u otras, pero en todas debemos configurar adecuadamente las diversas opciones de seguridad con las que cuentan. Veamos las más importantes:

Mantener el navegador actualizado

- Como ya hemos visto, la actualización es indispensable para mantener la seguridad. Cada día, los ciberdelincuentes estudian el código de los navegadores con la intención de encontrar nuevas formas de vulnerar la seguridad. Por su lado, los desarrolladores hacen exactamente lo mismo, poniendo a prueba la aplicación en busca de posibles fallos. A los usuarios nos corresponde mantener el sistema siempre actualizado. En las opciones de configuración de tu navegador puedes automatizar las actualizaciones para que se instalen a medida que estén disponibles.

Conocer las posibilidades de configuración

- Ello nos permitirá ajustar el navegador a las necesidades y gustos, y poder utilizar las herramientas de que disponga para la seguridad de la información. No dudes en buscar opiniones o descripciones en internet de aquellos conceptos que te resulten desconocidos. Es una fórmula perfecta para avanzar en el uso de estas aplicaciones.

Complementos y extensiones

- Además de las funciones que el navegador mantiene por defecto, podemos añadirle nuevos complementos o extensiones. Con ellos estarán disponibles otras funciones que se activarán en el navegador, entre otras muchas, cambiar su aspecto, corregir la gramática de los textos o múltiples opciones de seguridad. Recuerda comprobar si puedes confiar en estas nuevas herramientas antes de instalarlas, si disponen de nuevas actualizaciones y desinstalar aquellas que no uses.

TAREA 9

Como ya sabes, existen múltiples peligros que debemos afrontar mientras usamos dispositivos tecnológicos o navegamos por internet. Vamos a incidir en uno de los engaños más frecuentes que ya conoces: el *phishing*.

Las siguientes imágenes pertenecen a la página del Instituto Nacional de Ciberseguridad (INCIBE). Son capturas de pantalla de verdaderos ataques de *phishing* que han sido denunciados y publicados en su web para prevenir sobre estos ataques (para ver los últimos avisos de seguridad puedes acceder a su web).

Fíjate en los siguientes aspectos:

- Quién es el remitente de los mensajes y el tipo de dominio. El primer correo proviene de un dominio (accesofinanciero.com) que poco tiene que ver con una página oficial del Estado como la DGT. Igual ocurre en el tercer ejemplo,

Continúa en página siguiente >>

<< Viene de página anterior

donde se utiliza un dominio público (@hotmail.com) para una página supuestamente oficial como la Agencia Tributaria (que no la Administración Tributaria, como el correo la llama). El segundo correo supuestamente remitido por ING Direct, banca *online*, usa un falso dominio (directin.com) al que le faltaría, como mínimo, una "g".

- Los correos no están personalizados (no van dirigidos a nombre de una persona, ni aporta datos concretos sobre el destinatario, lo que implica que puede consistir en un envío masivo).
- Fíjate en la gramática y la ortografía. ¿Hay errores? Cualquier mensaje que contenga fallos de tipo gramatical u ortográficos debe, al menos, hacernos sospechar.
- Sea cual sea el mensaje, si existe una exigencia de que se realice alguna acción con precipitación, deberíamos desconfiar. Y, en cualquier caso, como ya sabes, nunca entregar datos personales, salvo que el mensaje proceda de alguien de confianza y lo estemos esperando; en caso contrario, confirma por otros medios con la entidad.
- Tanto el primer ejemplo como el tercero nos incitan a descargar un archivo; el segundo pretende que sigamos un enlace a un formulario donde verificar los datos. Insistimos, ya sabes que no deberías realizar estas acciones.

Ahora, supongamos que recibes en tu cuenta de correo electrónico una notificación para acceder a los siguientes enlaces:

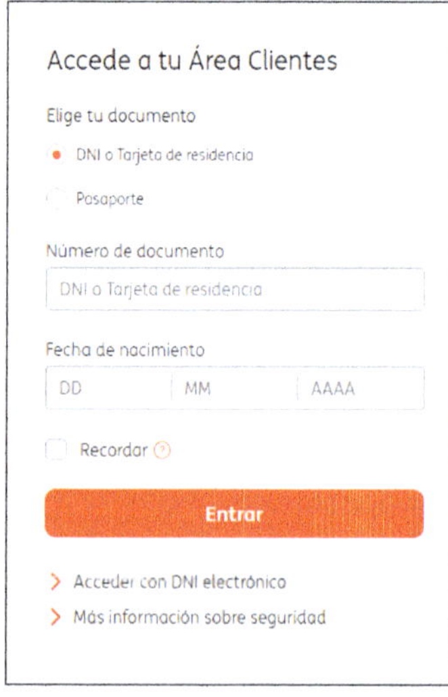

Continúa en página siguiente >>

<< Viene de página anterior

<< Viene de página anterior

¿Cómo comprobarías si estos enlaces de petición de datos son versiones fraudulentas?

4. El antivirus

HILO CONDUCTOR

Ahora que Beltrán es consciente de las múltiples amenazas que acechan las comunicaciones en internet, también sabe que prevenir es la mejor manera de enfrentar los posibles ataques. Con esto en mente, se pone manos a la obra para proteger sus dispositivos y la información que contienen. Hoy analizará la configuración de los antivirus que están instalados en sus equipos.

A lo largo de la unidad, hemos revisado diferentes amenazas que afectan a la seguridad de la información. En este apartado nos centraremos en la vulnerabilidad de los equipos ante la amenaza de virus y demás *malware.*

DEFINICIÓN

Virus informático

Es una aplicación creada con el objetivo de introducirse sin autorización en nuestros dispositivos, replicarse y provocar la alteración de su funcionamiento normal. Estos programas están diseñados para atacar al sistema operativo, secuestrando algunas de sus funciones, generando así daños que varían desde los más inocuos hasta aquellos que inhabilitan totalmente el equipo.

NOTA

Generalmente, los virus atacan a un tipo concreto de SO, aunque existen algunos que han sido diseñados para infectar a más de uno. Dado que el SO *Windows* es el más extendido, es también cierto que existe un mayor número de virus creados para atacar a este *software*.

En función del daño que persiguen y de la forma en que se replican, además de virus, existen otros programas maliciosos, todos ellos denominados ***malware.*** Veamos las principales tipologías:

Troyanos

- Este *malware* se transmite al instalar un programa de apariencia inocua. Su eficacia se debe al grado de camuflaje que puede adquirir. Con ello consigue ingresar al equipo y preparar el terreno a otro *malware* o permitir el control remoto del ordenador.

Adware

- Como los troyanos, se instala en el equipo junto a otras aplicaciones. Su función esencial es mostrar publicidad intrusiva al usuario mediante ventanas emergentes o redirigirlo hasta páginas de publicidad. No suelen dañar los equipos, pero resultan muy molestos.

Spyware

- Puede acceder al ordenador por múltiples vías. Es un *malware* que está diseñado para espiar las actividades en internet de los usuarios, robar claves de acceso y suplantar su identidad.

Continúa en página siguiente >>

<< Viene de página anterior

Ransomware

- Como en el caso anterior, puede ingresar al equipo de diferentes formas. Este tipo de *malware*, que se está extendiendo en la actualidad, consiste en hacerse con el control de los datos del usuario, cifrándolos para que no puedan ser utilizados por su propietario. Tras esto, el ciberdelincuente solicita un rescate económico al usuario para permitirle acceder a las claves del cifrado.

Gusanos

- Es un *malware* específicamente destinado a replicarse y extenderse, infectando el mayor número de equipos y generando problemas de red. Se suele utilizar para establecer redes de ordenadores que actúen simultáneamente difundiendo *malware*, *spam* o cualquier otro ataque.

APLICACIÓN PRÁCTICA

Martina cree que ha sido atacada por algún tipo de *software* malicioso. En realidad, su portátil funciona bien y no ha detectado que se ralentice, pero cuando intenta acceder a alguna URL, termina visitando una página de venta por catálogo.

¿Qué tipo de *malware* podría haber infectado su ordenador?

Solución

Podríamos descartar un virus, ya que el ordenador no presenta problemas de funcionamiento ni parece que haya perdido información. Tampoco parece que su información personal haya sido cifrada o sea inaccesible para Martina, lo que sería síntoma de un ataque *ransomware*.

Lo más probable es que Martina haya descargado, camuflado en otra descarga, *adware* que la dirige a la página de publicidad de venta por catálogo.

Los antivirus son la principal medida de seguridad para proteger los equipos informáticos frente a estas amenazas. Inicialmente actuaban contra virus, pero, en la actualidad, están compuestos por un paquete más o menos completo (según el fabricante) que puede detectar otros tipos de *malware*, por lo que también se denominan ***antimalware.*** Sus funciones esenciales se pueden resumir en:

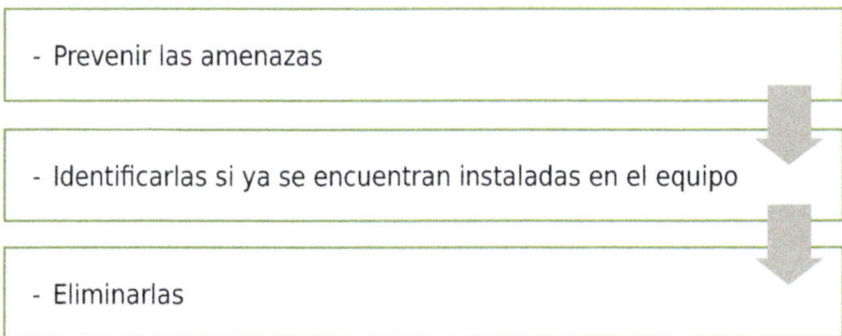

Estos programas funcionaban originariamente escaneando los equipos en busca de virus, comparando los archivos del sistema con la base de datos de *malware* que tenía el fabricante del *software*. Pero esto daba pie a que la amenaza que no estaba recogida en la base de datos tuviera acceso al equipo. En la actualidad, los antivirus utilizan además una serie de funciones logarítmicas para calcular si, por su comportamiento, un archivo puede suponer una amenaza, lo que implica una protección mucho más eficaz para los dispositivos.

A grandes rasgos, como en el caso de los virus, existen antivirus para diferentes SO, para equipos de escritorio o dispositivos móviles, instalados en el equipo o que funcionan desde la nube, y que pueden incluir más o menos funciones (además de impedir la entrada de *malware*) dependiendo del fabricante y la versión de que dispongamos. Estas funciones, principalmente, se pueden resumir como:

- ***Antispyware:*** analiza las transacciones de datos en tiempo real que se realizan en la red desde o hacia el equipo, tratando de identificar si hay algún *software* que esté interceptando esos datos.
- ***Antiphishing:*** comprueba si los enlaces y las aplicaciones que solicitan información confidencial son auténticos.
- ***Firewall* o cortafuego:** establece una barrera para bloquear los accesos no autorizados a nuestros equipos o a nuestra red, permitiendo el resto de comunicaciones que sí están autorizadas.
- **Protección del correo electrónico:** analiza los correos entrantes y salientes en busca de virus. Suele incluir un filtro *antispam* que envía los correos no deseados (correo basura) a una bandeja *spam*.

- **Copias de seguridad y optimización de la información:** algunos antivirus pueden realizar copias frecuentes del estado del equipo o de los documentos importantes y, también, eliminar procesos innecesarios que se están ejecutando en el equipo, lo que favorece la fluidez de funcionamiento de los dispositivos.

En este punto de la unidad, sabes que existen diferentes tipos de amenazas y riesgos que producen las comunicaciones en la red, y que evitarlos depende en gran medida de nuestro comportamiento. También, para que el antivirus sea efectivo, debemos poner de nuestra parte:

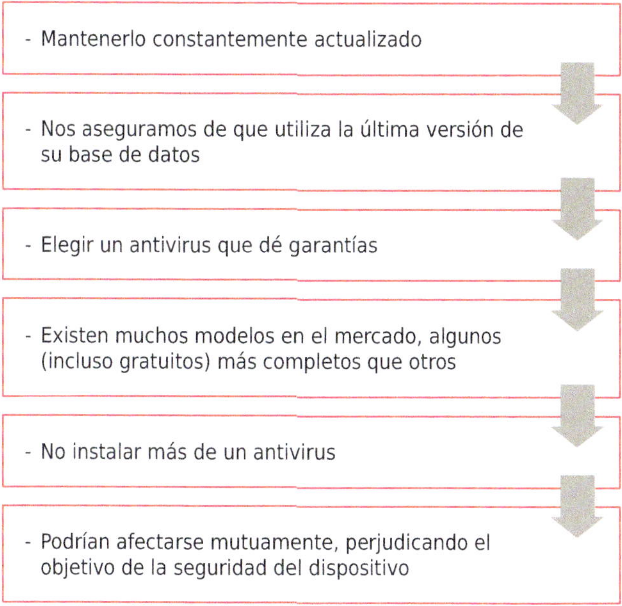

SABÍAS QUE...

La organización AV-TEST realiza análisis regulares de los paquetes de *software* antivirus *(antimalware)* para *Windows, MacOS* y *Android*, y califica las aplicaciones según su desempeño en diversos criterios de eficacia. En este enlace puedes acceder a las evaluaciones de los antivirus para *Windows* más populares.

Continúa en página siguiente >>

<< Viene de página anterior

https://redirectoronline.com/ifct45po1001

Solo nos queda recordar que, junto al antivirus, nuestra principal protección ante las amenazas de la red es no bajar la guardia y usar prudentemente los servicios de internet.

EJEMPLO

Como sabes, las vías por las que puede llegar una amenaza hasta el ordenador son varias. Por eso, en este ejercicio deberás realizar varias acciones.

Antes de nada, si tu equipo no dispone de protección *antimalware*, descarga alguna de las aplicaciones gratuitas que son valoradas positivamente por AV-TEST. Te recomendamos *Avast Free Antivirus.*

Mantener el antivirus actualizado es la primera recomendación que debemos seguir para la seguridad del sistema. Por tanto, abre el panel del antivirus que esté instalado en tu equipo (puedes acceder desde el menú de aplicaciones de *Windows* o de otros sistemas operativos) y comprueba que la aplicación está actualizada. Por lo general, la ausencia de alguna señal de alerta indica que el antivirus está operativo y actualizado. En las opciones de configuración del antivirus podrás establecer que se actualice automáticamente. Deberás localizar alguna casilla de verificación de “Actualizaciones automáticas” o similar.

La siguiente imagen corresponde al menú del antivirus *Avast,* en el que se pueden comprobar y activar las opciones de actualización.

Continúa en página siguiente >>

<< Viene de página anterior

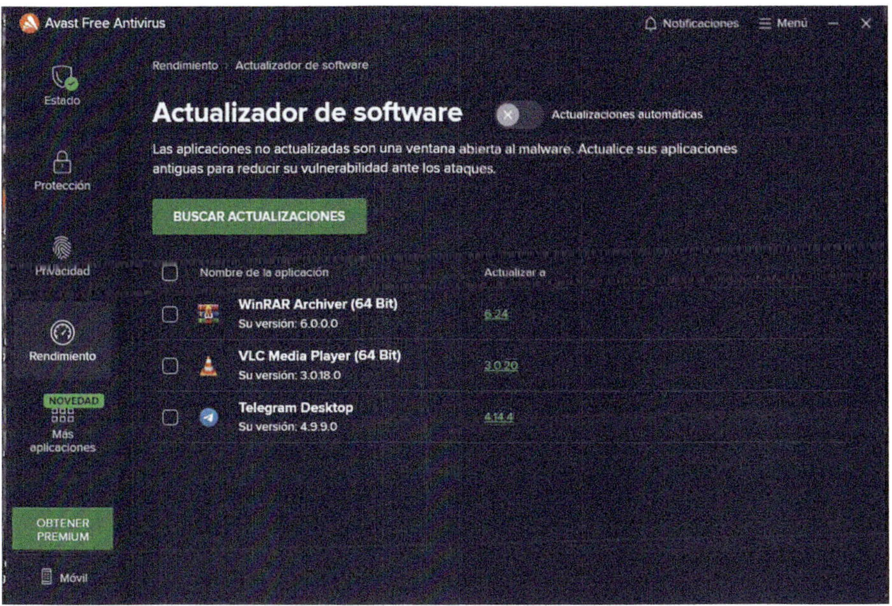

Una de las principales vías de infección de los equipos se debe a la conexión de dispositivos externos, como es el caso de una memoria USB. Conecta uno de estos dispositivos al equipo. El antivirus debe reaccionar cuando lo reconoce y realizar un escaneo de este. Pero vamos a hacerlo de manera manual. Abre el antivirus y localiza algún apartado denominado "Análisis de virus" o similar. Debe existir alguna opción para analizar archivos o carpetas concretos. Utiliza esta opción para marcar el dispositivo USB y proceder a su análisis.

La siguiente imagen localiza la opción de *Avast* para analizar carpetas, archivos o dispositivos específicos.

Continúa en página siguiente >>

<< Viene de página anterior

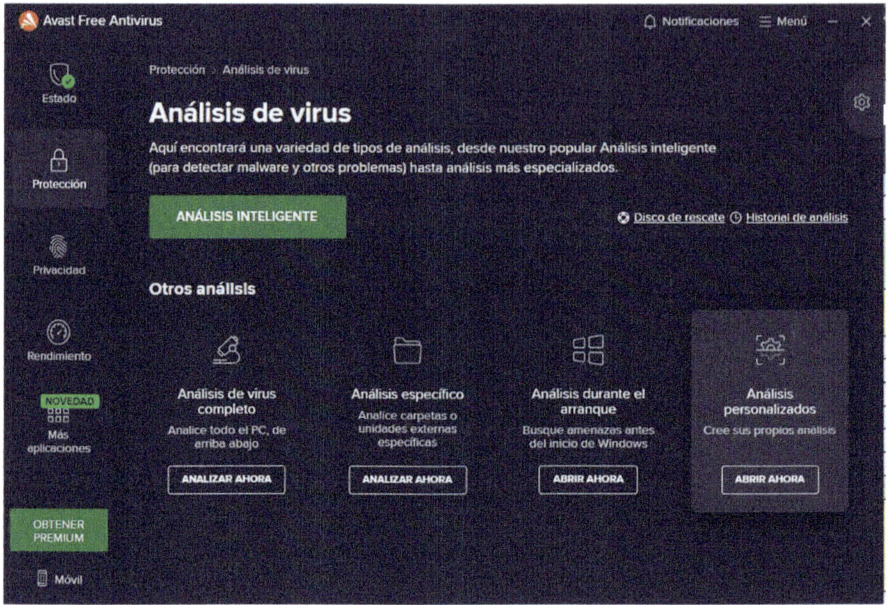

Por último, una de las medidas de prevención recomendadas es realizar copias de seguridad con frecuencia, y almacenarla en algún soporte o espacio de almacenamiento distinto al propio equipo. Para este caso, localiza la opción "Copia de seguridad", "Backup", "Disco de rescate" o similar. Por lo general, tendrás dos opciones: grabar un CD/DVD o guardar en USB. En la primera opción se crea una compilación que podremos guardar en un disco portátil o en una ubicación en la nube como OneDrive. Prueba a crear una copia de seguridad en la red.

Aquí puedes ver dónde se localiza en *Avast* la opción para crear una copia de seguridad o disco de rescate *(Rescue Disc)*.

Continúa en página siguiente >>

<< Viene de página anterior

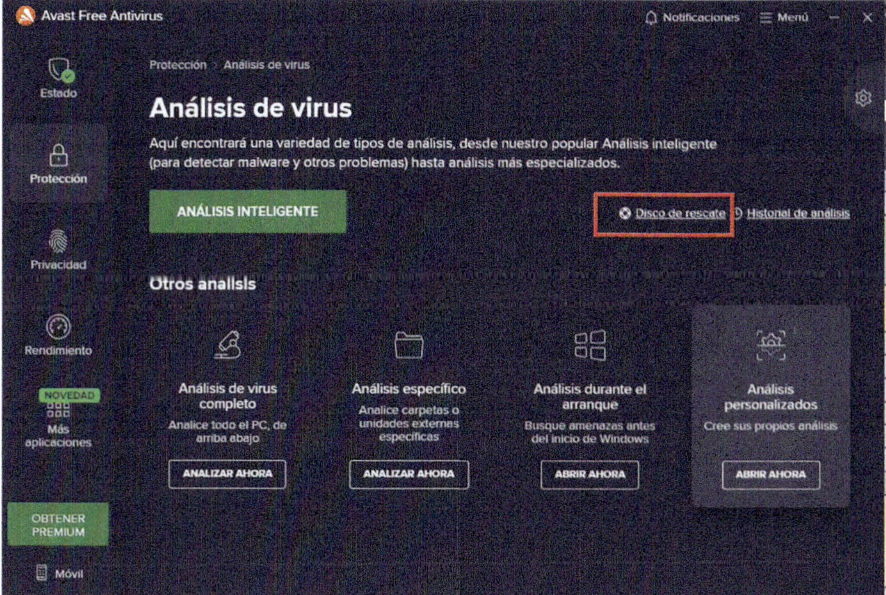

5. Resumen

La seguridad de los equipos y las comunicaciones digitales se aborda conjuntamente desde tres perspectivas complementarias:

Mientras los pilares en que se sustenta la seguridad de la información son la integridad, confidencialidad y disponibilidad.

Se identifica al componente humano como el eslabón más débil en la cadena de seguridad. Por eso hay toda una estrategia que lo utiliza para corromper la integridad del sistema, denominada **ingeniería social.** Contra estas estrategias, se recomiendan las siguientes prácticas:

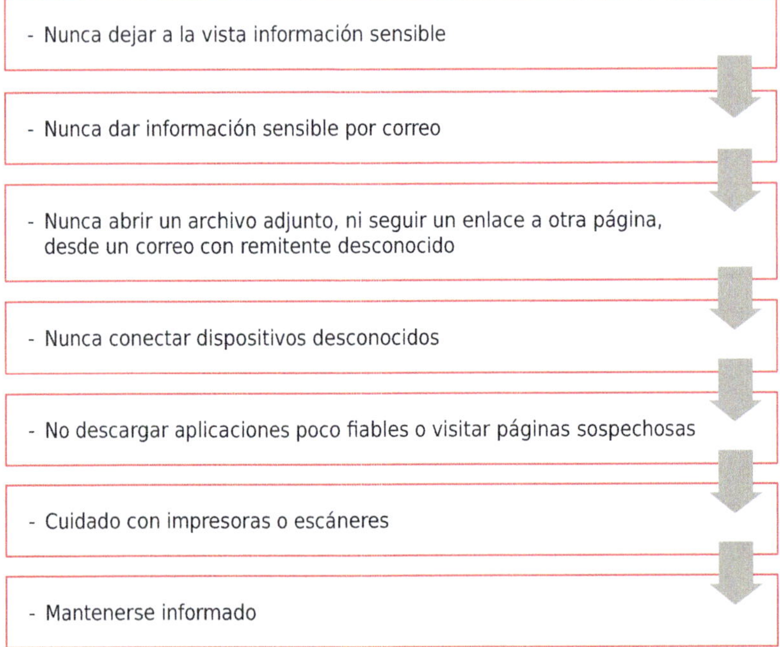

Pero hay otras vulnerabilidades que también debemos atender, el ordenador y los dispositivos móviles.

Mientras recorremos internet, otras amenazas nos acechan. Pero podemos prevenir fallos de seguridad aplicando acciones durante la navegación y acciones en el navegador.

Al margen de estas buenas prácticas, también disponemos de herramientas para la prevención contra virus informáticos y otros *malware* como:

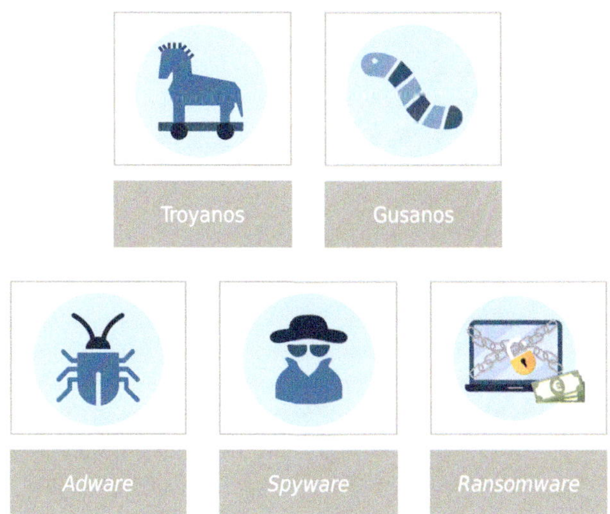

Los antivirus son la principal medida de seguridad para proteger los equipos informáticos frente a estas amenazas. Sus funciones esenciales son:

- Prevenir las amenazas
- Identificarlas si ya se encuentran instaladas en el equipo
- Eliminarlas

Pero, además, suelen estar asociados en paquetes con aplicaciones múltiples como: *antispyware, antiphishing, firewall* o cortafuego, protección del correo electrónico, copias de seguridad y optimización de la información.

Ejercicios de autoevaluación Unidad de Aprendizaje 5

1. **Principalmente, ¿a qué principio básico de la seguridad de la información benefician los mecanismos de autentificación?**

    a. Disponibilidad
    b. Integridad
    c. Confidencialidad
    d. Acceso

2. **¿Qué podemos hacer para descargar una aplicación con seguridad?**

    a. No es posible descargar aplicaciones con seguridad.
    b. Acceder a la descarga mediante un enlace que hemos recibido en el correo electrónico.
    c. Descargar las aplicaciones desde su cuenta oficial.
    d. Descargarla a través de un enlace en una página donde la recomiendan.

3. **Indica si es verdadera o falsa la siguiente afirmación: Las estrategias que concentran sus esfuerzos en atacar a personas para conseguir acceso al sistema informático son parte de la ingeniería social.**

    - Verdadero
    - Falso

4. **¿Cuál de las siguientes contraseñas es más segura?**

    a. 123456789abc
    b. ToBiC88>>%3
    c. LolaFlores
    d. HabemusClaveXVII

5. **¿Qué tipo de conexiones inalámbricas de los dispositivos móviles debemos desconectar una vez finalizamos la comunicación?**

    a. Wifi.
    b. NFC.

c. Bluetooth.
d. Hay que desconectar las conexiones de todas las opciones.

6. ¿Cuál de las siguientes acciones no es recomendable para una navegación segura?

a. Borrar el historial del navegador, la caché y las *cookies.*
b. Usar la pestaña de navegación privada.
c. Activar "Recordar usuario y contraseña".
d. Todas las opciones son correctas.

7. ¿Cómo podemos incrementar las opciones de seguridad del navegador?

a. Mediante complementos y extensiones.
b. Manteniendo abierta la sesión.
c. Actualizando el navegador una vez al año.
d. Todas las opciones son incorrectas.

8. Un *malware* diseñado para replicarse y extenderse por la red es un:

a. Troyano
b. Virus
c. Gusano
d. *Adware*

9. ¿Cuál de las siguientes opciones no es una función esencial de los antivirus?

a. Evitar ataques de ingeniería social.
b. Prevenir ataques de *malware.*
c. Identificar amenazas.
d. Eliminar *malware.*

10. ¿Qué función añadida a los antivirus bloquea los accesos no autorizados a nuestra red y equipos?

a. Cortafuegos.
b. *Firewall.*

c. *Antispam.*
d. Las opciones a y b son correctas.

Unidad de aprendizaje 6

Resolución de problemas

Contenido

1. Introducción
2. Mantenimiento del sistema operativo (actualizaciones, escaneo de discos, desfragmentación)
3. Resumen

Objetivos

El objetivo general de esta Unidad de Aprendizaje es:

- → Comprender el funcionamiento correcto de los dispositivos tecnológicos más comunes para poder detectar las anomalías.

El objetivo específico de esta Unidad de Aprendizaje es:

- → Detectar problemas técnicos e identificar posibles causas.

1. Introducción

A la hora de manejar las TIC no podemos dejar de lado la posibilidad de experimentar dificultades técnicas, derivadas de un funcionamiento anormal de los dispositivos. Esta actividad defectuosa puede estar originada por diversos factores, desde un mal uso hasta la existencia oculta de *software* malicioso, la obsolescencia, problemas debidos a errores en el sistema, etc.

Durante el desarrollo del manual, hemos insistido en la importancia de comprender las características y el funcionamiento de los dispositivos. También hemos reparado en la necesaria configuración del sistema para que su actividad sea óptima y se adapte a las necesidades personales. Pero, tanto los equipos como las conexiones que nos conectan a internet son susceptibles de sufrir alteraciones que dificulten el flujo normal de trabajo. Por lo que, consecuentemente, deberemos proceder a buscar soluciones.

En esta unidad, nos centraremos en distinguir el funcionamiento correcto de los dispositivos tecnológicos que utilizamos de manera habitual, de aquel que implica una alteración de la operatividad de estos equipos, tratando de identificar las posibles causas que podrían provocar no solo disfunciones, sino, incluso, el daño irreversible. Algunos de estos problemas técnicos podemos prevenirlos o solucionarlos con cierta facilidad. En caso contrario, será necesario recurrir al servicio técnico.

Beltrán también se enfrentará, en esta ocasión, a la pérdida de operatividad de sus equipos, y, dado que es buen momento para realizar algunas tareas de limpieza y mantenimiento, se pondrá manos a la obra, con la esperanza de que esto solucione los pequeños fallos.

2. Mantenimiento del sistema operativo (actualizaciones, escaneo de discos, desfragmentación)

Es ciertamente frustrante el momento en que los dispositivos comienzan a reducir su rendimiento o, simplemente, a dar fallos. A Beltrán, por ejemplo, le

Continúa en página siguiente >>

<< Viene de página anterior

hace desesperar la lentitud de carga de su ordenador portátil, los constantes bloqueos de su móvil y la tendencia a reiniciarse de su tableta. Por eso, ha decidido no dejar pasar ni un minuto más sin realizar una sesión de limpieza y mantenimiento de sus dispositivos. Aunque teme que no sea suficiente con esto.

Cuando nuestros equipos hacen "cosas raras", hay quien recurre a la explicación de que los duendes de la informática se han instalado en los dispositivos. Y, aunque esta posibilidad nos libere de toda responsabilidad, lo cierto es que, como dirían nuestras sabias madres, "algo habrás hecho". Aunque, realmente, la mayoría de los problemas son provocados por omisión, es decir, hemos desatendido cuestiones básicas del cuidado de los equipos.

Es normal que, en algún momento, los aparatos tecnológicos deban pasar por el taller, pero la mayoría de las veces solo precisan un poco de limpieza y mantenimiento preventivo, que podemos realizar personalmente, alargando de paso su vida útil.

Comencemos por ciertos cuidados que nada tienen que ver con unos y ceros, pero sí mucho con buenos hábitos. Veamos algunos de ellos:

- **Colocación de los equipos:** los dispositivos electrónicos son sensibles a ciertos elementos ambientales, como el calor y la humedad, que pueden dañar algunas piezas internas. La falta de ventilación dentro del dispositivo, en equipos de sobremesa y portátiles, puede llegar a provocar graves problemas técnicos, así como algunos tipos de radiación que, por ejemplo, interfieren en la frecuencia wifi. De ahí que sea importante limpiar el polvo y la suciedad que puede obturar la ventilación y, por supuesto, evitar que puedan derramarse líquidos sobre los aparatos, ya que estropearían componentes internos. También debemos cuidar la colocación de los cables para evitar dobleces que puedan dañarlos y, además, guardar debidamente aquellos dispositivos que no usamos, por ejemplo, en cajas cerradas.
- **Protección:** algunos elementos móviles, como teléfonos y tabletas, disponen en el mercado de fundas y protectores, que previenen roturas en caso de caídas o golpes. Para portátiles existen bolsas de viaje para trasportarlos con seguridad. En cuanto a los equipos de sobremesa, evitemos colocarlos en el suelo, ya que es más fácil que reciban golpes y patadas que si están colocados sobre una mesa.
- **Apagado y batería:** los dispositivos móviles disponen de baterías de iones de litio que podemos ayudar a mantener siguiendo unos pe-

queños consejos. Por ejemplo, evitando tanto temperaturas altas como muy bajas, no apurar ni cargar del todo la batería, manteniéndola entre un 20 % y un 80 %, y evitar tanto las cargas rápidas como las descargas rápidas continuadas. Por otro lado, tampoco es conveniente para el sistema mantenerlo constantemente encendido, suspendido o conectado a corriente. No olvides apagarlo.

- **Limpieza:** haz una mezcla de alcohol y agua destilada al 60 % y 40 %. Utiliza una gamuza o paño de microfibra con la que aplicar la solución. Sin empapar, solo humedecerlo. Con esto puedes limpiar todas las superficies de tus dispositivos electrónicos, de modo que, además de limpiar, higienizas. Cuidado con el sensor de huellas o las lentes de cámara, no apliques alcohol sobre ellas. Utiliza una gamuza o microfibra en seco. Recuerda no hacer presión sobre las pantallas para no estropearlas, prestar especial atención a las zonas de ventilación y asegurarte de que los paños no goteen para evitar que se filtren gotas dentro del dispositivo. Para el teclado utiliza bastoncillos de algodón impregnados de alcohol para limpiar entre las teclas.

2.1. Buenos hábitos para la conservación de equipos

Un dispositivo electrónico, como cualquier sistema, precisa de un poco de orden. Cuando forzamos al sistema a trabajar a máximo rendimiento, si permitimos el exceso de basura que hace mucho más difícil su tarea o descuidamos el estado tanto de componentes lógicos como físicos, estamos propiciando los problemas.

Si deseamos que nuestros dispositivos conserven un funcionamiento adecuado, debemos establecer rutinas de buenos hábitos que mantengan el sistema en perfecto estado. Vamos a ver cómo hacerlo.

Limpieza y orden

Como vimos, una buena estructura de carpetas nos ayudará a mantener en orden y accesible la información que almacenamos en nuestros equipos. Esta estructura nos servirá, además, para detectar con más facilidad archivos prescindibles o duplicados. Periódicamente, deberíamos disponer de un espacio de tiempo para dedicar a la limpieza de tres elementos: **el escritorio, el navegador y los dispositivos de almacenamiento.**

El escritorio, para que no se convierta en un cajón de sastre, debe mantenerse limpio y ordenado. En él solo debemos conservar aquellos enlaces a archivos o programas que usemos habitualmente, organizados según categorías.

En el navegador, procuremos hacer limpieza de enlaces favoritos, almacenando los imprescindibles en carpetas, y eliminando cualquier aplicación que no utilicemos.

Por último, pero de gran importancia, es el mantenimiento del disco duro en el que está instalado el SO, que debe disponer de suficiente espacio libre disponible para que pueda trabajar con soltura e instalar las actualizaciones necesarias para el sistema. Para conseguirlo, es importante mantener el orden, disponer de otros discos o espacios de almacenaje de información y mantener una rutina de limpieza. *Windows* ofrece un par de herramientas que nos ayudan en la tarea. Liberador de espacio en disco, aplicación que encontramos en el acceso **Herramientas de *Windows*,** dentro del listado de aplicaciones de **Inicio,** crea un listado con distintos tipos de archivos que son candidatos para ser eliminados.

Si aún disponemos de discos duros mecánicos o HDD, mediante la misma ruta de comandos, accedemos a la herramienta **Desfragmentar y optimizar unidades.** Cada vez que almacenamos información en el disco duro, esta se copia no de forma secuencial y en un bloque, sino de manera discontinua, aprovechando los espacios libres disponibles que deja la información eliminada. Cuando necesitamos acceder a determinada información almacenada, el lector del disco debe dar saltos a través de los datos grabados buscando los fragmentos que corresponden a la información que precisamos. El desfragmentador se utiliza para evitar estos saltos que ralentizan el trabajo del equipo y fuerzan el dispositivo de lectura del disco. Al desfragmentar, el sistema reestructura la información del disco, guardándola en bloques de lectura para facilitar su acceso.

Instalar y desinstalar programas

Como comentamos previamente, se recomienda instalar solo aquellos programas que sean seguros y que vayamos a utilizar, además de desinstalar los que ya no utilicemos. Es importante ser cuidadosos durante la instalación y desinstalación, ya que puede afectar al funcionamiento del sistema. Una instalación mal realizada puede dejar el sistema inhabilitado. En el caso de la desinstalación, puede eliminar archivos necesarios o, simplemente, dejar basura en el equipo. En resumen, no se deben interrumpir los procesos de instalación y, para desinstalar programas, es preceptivo hacerlo mediante la herramienta que debe disponer la propia aplicación; en caso contrario, se debe utilizar el desinstalador de *Windows.*

Procesos innecesarios

Muchas veces nuestros dispositivos pueden estar trabajando en exceso sin que seamos conscientes. El consejo más sencillo para evitarlo es, por ejemplo, no tener aplicaciones abiertas que no estén en uso. Pero, además, muchos programas, al instalarlos, nos solicitan que los incluyamos entre las aplicaciones de inicio. Estas aplicaciones son aquellas necesarias para el arranque del sistema, por lo que cualquier otra aplicación que no sea estrictamente necesaria no debería estar incluida. Presta atención a las peticiones de los programas durante su instalación.

Búsqueda de *malware*

El *software* antivirus o *antimalware* comprueba constantemente la actividad del sistema. Pero es posible que almacenemos *malware* en el equipo que no ha sido detectado anteriormente, por ejemplo, si en el momento en el que se instaló, el antivirus aún lo desconocía. Por ello, es recomendable realizar regularmente una inspección del material guardado en el dispositivo, utilizando la opción de nuestro antivirus que nos permite realizar un examen exhaustivo del contenido de nuestros discos.

Programas de mantenimiento

En el mercado podremos encontrar diversos programas para el testeo y mantenimiento de nuestros dispositivos: para monitorizar la temperatura que alcanza el equipo, el consumo o rendimiento de la memoria, el esfuerzo del microprocesador, etc. También existen utilidades para limpiar y ordenar los datos guardados como, por ejemplo, aplicaciones que buscan duplicados de archivos.

2.2. Errores de funcionamiento

Poner en práctica las anteriores recomendaciones ampliará la vida útil de los equipos. Pero con el tiempo y el uso, tanto el sistema como los componentes pueden llegar a estropearse. Por tanto, no está de más que tengamos en cuenta algunos de los "síntomas" que nos indicarán que debemos pasar por soporte técnico más temprano que tarde.

Pérdida de rendimiento

Si el ordenador procesa lento, tarda en encender y apagar, es síntoma de un problema de *software*. Puede ser debido a algún *malware* o a programas que se inician automáticamente con el encendido. También puede ser causado por un fallo de *drivers* (*software* que controla diversos componentes del equipo) o por mala fragmentación de disco. En algunos casos, puede deberse al sobrecalentamiento de algunas piezas del sistema.

Alta temperatura

Si observamos un sobrecalentamiento, puede ser por diferentes causas, por ejemplo, la acumulación de polvo y suciedad dentro del dispositivo, un fallo en el sistema de refrigeración, una degradación de la pasta o almohadillas del microprocesador o una infección de *malware*.

No enciende o tiene problemas de autonomía

Si al pulsar el botón de encendido el dispositivo no hace nada, existe un problema con el suministro de corriente eléctrica. Es importante verificar que el cable de corriente esté bien conectado. Los dispositivos de sobremesa pueden disponer de un botón de apagado en su parte posterior que también hay que comprobar. Si nada de lo anterior falla, es posible que exista un problema con la fuente de alimentación del equipo.

Por último, recordar que las baterías tienen una vida útil. Si se trata de un ordenador portátil, habrá que comprobar si funciona conectado a corriente. Esto último no es aplicable a móviles y tabletas. Con los dispositivos dependientes de baterías, si la duración de la carga se ve sensiblemente disminuida, es posible que necesitemos un cambio de esta pieza.

Bloqueos y congelaciones

Por regla general, es un síntoma de incompatibilidad, ya sea a nivel de *software* o *hardware*. Como primer paso, se puede probar a desinstalar cualquier *software* recientemente instalado; posteriormente, realizar una búsqueda de *malware* y una comprobación del sistema. Si no es ninguna de estas causas, habrá que acudir a un servicio técnico.

Pantalla azul de *Windows*

Esta pantalla de error de *Windows* se debe, habitualmente, a problemas de *hardware,* que no está funcionando de manera correcta.

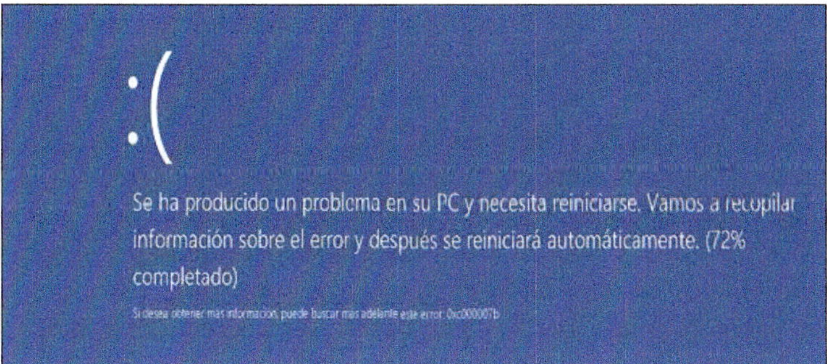

No inicia

Cuando el ordenador arranca, pero no es capaz de iniciar *Windows,* puede ser tanto un problema de *hardware* como de *software,* aunque habitualmente señale a que el sistema Windows puede haberse dañado.

Se apaga o reinicia solo

Lo más probable es que sea debido a problemas con alguna actualización automática de *software.* Si sabes cuál puede ser, prueba a eliminar el programa o desinstalar la actualización, manteniendo una versión previa.

Ruidos

Si comprobamos que en el interior del dispositivo se escucha un ruido mecánico no habitual, es posible que un disco HDD no esté funcionando bien o esté a punto de dañarse. Crea copias de la información y lleva el equipo a reparar.

Intervalos o pitidos constantes

Si al encender el ordenador comienza una secuencia de pitidos que se repiten, o mantiene un pitido constante, es la placa base que nos advierte de un fallo detectado. Apaga el equipo y llévalo a reparar.

Letras blancas en pantalla

Cuando el dispositivo, antes de iniciar el sistema operativo, se detiene mostrando en pantalla unas letras en blanco, por lo general, se trata de un problema de la BIO. Es necesario repararlo para poder recuperar la funcionalidad del equipo.

APLICACIÓN PRÁCTICA

Alejandra descubrió un *software* malicioso instalado en su portátil la semana pasada. Su antivirus consiguió neutralizarlo, pero no sabe si ha sido completamente eficaz, por lo que está atenta al funcionamiento de su ordenador para, en caso de detectar alguna anomalía, apagar el equipo y correr al servicio técnico más cercano, para que acaben con la infección.

¿Podrías explicarle a Alejandra cuál de los siguientes síntomas podría tener que ver con la existencia de *malware?*

a. No enciende o tiene problemas de autonomía.
b. Intervalos o pitidos constantes.
c. Pérdida de rendimiento.
d. Ruidos.

Solución

Aunque virus y otros *malwares* pueden crear muchas y diversas complicaciones en los dispositivos, algunos síntomas son más susceptibles de pertenecer a otro género de problemas.

El hecho de que un equipo no encienda o tenga problemas de autonomía suele estar relacionado con algún aspecto eléctrico, mientras los pitidos, por lo general, son un aviso de la placa base que ha identificado un problema de *hardware*. De hecho, por el número e intervalo de los pitidos, los técnicos pueden identificar dónde se encuentra el problema.

Por otro lado, los ruidos en el interior del equipo también están relacionados con un problema de *hardware*, más concretamente, ventilador o discos duros.

Sin embargo, la pérdida de rendimiento sí puede entenderse como síntoma de una infección por *malware*, entre otras cosas.

En algunos casos, cuando el dispositivo tiene fallos de sistema la mejor solución es reinstalarlo. Los dispositivos Android, como móviles y tabletas, disponen de una opción sencilla de restaurar el sistema, lo que se llama **restaurar en modo fábrica.** Mediante esta restauración se borra toda la información del dispositivo y se instala desde cero el sistema. Con *Windows,* también disponemos de una opción de restauración del sistema para los equipos. Veamos cómo hacerlo:

Android

- Cuando estos dispositivos comienzan a fallar, volver a reinstalar el sistema desde cero puede ser una solución. Para ello, disponemos de la herramienta **restaurar o volver al estado fábrica.** Ten en cuenta que se eliminará toda la información almacenada, por lo que es necesario realizar una copia de seguridad de los archivos que deseemos conservar, que deberás guardar en una tarjeta o en otro dispositivo. El acceso a esta herramienta de restauración puede variar, al responder a distintas rutas según el fabricante, pero generalmente podremos encontrarla ingresando en **Ajustes,** dentro de la opción **Sistema,** y seleccionando **Opciones de recuperación.** Dentro de esta última opción, al seleccionar **Volver al estado de fábrica,** comenzará el proceso de borrado y posterior instalación del sistema operativo.

Windows

- Este sistema operativo también dispone de una restauración similar al modo fábrica. Como en el caso de Android, debemos procurar salvar del disco toda información de interés antes de reinstalar el sistema. Para activar esta función, debemos acceder a **Inicio,** seleccionar **Configuración** y, posteriormente, **Sistema.** Aquí encontraremos el menú **Recuperación** donde encontraremos varias opciones. Deberemos seleccionar la opción **Restablecer este** equipo mediante el botón **Restablecer el equipo.** Esta acción abrirá una nueva ventana donde elegir **Mantener mis archivos,** lo que elimina mantiene los archivos creados pero elimina la configuración del sistema actual y las aplicaciones, o **Quitar,** que elimina todo. Esta acción abrirá una nueva ventana donde elegir **Restablecer ajustes de fábrica.**

SABÍAS QUE...

Los dispositivos electrónicos suponen un gran problema para el medioambiente. Por ello, te recomendamos que adquieras aquello que sea imprescindible, lo utilices con conciencia y lo cuides para que dure lo máximo posible. En este enlace podrás obtener toda la información necesaria sobre este grave problema medioambiental.

Continúa en página siguiente >>

<< Viene de página anterior

https://redirectoronline.com/ifct450601

Aquí cerramos este recorrido por las competencias digitales básicas, requeridas para el manejo de las TIC y los medios digitales.

TAREA 10

Durante el desarrollo de esta unidad, hemos hablado sobre las incidencias que nos hacen sospechar que en nuestros dispositivos algo no está funcionando correctamente. Imagina que estás trabajando con varios compañeros y que estos comentan distintos fallos en sus dispositivos.

Ana: su móvil se sobrecalienta.

Enrique: no consigue encender su equipo de sobremesa.

Ángel: su móvil se bloquea o congela frecuentemente.

¿Podrías ofrecerles algún consejo para solucionar sus problemas?

ACTIVIDAD COMPLEMENTARIA

8. A pesar del cuidado que podamos poner en el mantenimiento y protección de los dispositivos digitales, es probable que, en algún momento, los equipos presenten problemas técnicos que no podamos solucionar con los

Continúa en página siguiente >>

<< Viene de página anterior

conocimientos de los que disponemos. En estos casos, necesitaremos pedir ayuda a alguna persona con más formación en el área técnica de las TIC o recurrir a un servicio técnico.

Para estos casos, es importante saber comunicar con detalle cuál es el problema que hemos identificado o, en caso de no identificar un problema concreto, explicar qué es lo que nos hace sospechar de una deficiencia en el sistema.

Haz un poco de memoria y explica qué tipo de problemas de funcionamiento se han expuesto durante la unidad. Trata de exponerlos ordenadamente, como una lista de cuestiones que pueden fallar mientras trabajamos con estas tecnologías, teniendo en cuenta cuál sería la información principal que deberíamos comunicar a la persona que va a tratar de solucionar el problema.

3. Resumen

Algunos buenos hábitos de cuidados pueden alargar la vida útil de los dispositivos tecnológicos:

Por otro lado, existen rutinas que colaboran a optimizar su funcionamiento:

- Limpieza y orden
- Instalar y desinstalar programas
- Procesos innecesarios
- Búsqueda *malware*
- Programas de mantenimiento

Sin embargo, con el tiempo y el uso, los equipos se deterioran y, en ese momento, nos puede servir detectar las posibles causas de los fallos:

- Pérdida de rendimiento
- Alta temperatura
- No enciende o tiene problemas de autonomía
- Bloqueos y congelaciones
- Pantalla azul de *Windows*
- No inicia
- Se apaga o reinicia solo
- Ruidos
- Intervalos o pitidos constantes
- Letras blancas en pantalla

Una de las opciones, cuando no parece haber mucha alternativa, es restaurar el SO. Esta acción se puede realizar en:

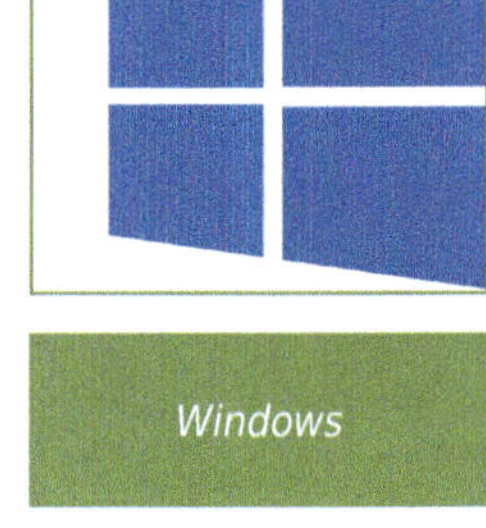

Ejercicios de autoevaluación Unidad de Aprendizaje 6

1. **¿Por qué es importante evitar la acumulación de polvo y suciedad en nuestros dispositivos?**

    a. Porque puede obturar la ventilación, sobrecalentando piezas internas.
    b. Porque puede obturar la ventilación, aumentando la humedad interna.
    c. Porque interfiere en la frecuencia del wifi.
    d. Para no estropear la batería.

2. **¿En qué franja de carga debemos mantener la batería de los dispositivos?**

    a. Al 100 %.
    b. Debemos descargarlos todo lo posible para cargarlos después al máximo.
    c. Debemos mantenerlos entre un 20 % y un 80 %.
    d. Debemos mantenerlos conectados constantemente.

3. **¿Con qué solución limpiamos los dispositivos?**

    a. Con agua y jabón sobre una gamuza o paño de microfibra.
    b. Solo utilizamos un paño de microfibra seco.
    c. Con una mezcla de 40 % alcohol y 60 % de agua destilada.
    d. Con una mezcla de 60 % alcohol y 40 % de agua destilada.

4. **¿Por qué es importante el espacio libre en el disco de sistema?**

    a. Para guardar las copias de seguridad.
    b. Para mantener ordenada la información almacenada.
    c. Para que disponga de espacio suficiente para que el sistema trabaje e instale sus actualizaciones.
    d. Para que trabaje menos el disco duro.

5. ¿Para qué es necesario desfragmentar?

a. Para liberar espacio en disco.
b. Para fragmentar la información en diferentes archivos.
c. Para que los datos se guarden en bloques compactos y no fragmentados, facilitando la lectura del disco y ahorrando tiempo al sistema.
d. Para favorecer el orden de almacenaje de la información.

6. ¿Cómo desinstalamos un programa en *Windows?*

a. Siempre desde la aplicación de desinstalación del programa.
b. Siempre desde la aplicación de desinstalación de *Windows.*
c. Mejor no desinstalar nunca.
d. Desde la aplicación propia del programa, y si no dispone de ella, desde la aplicación para desinstalar de *Windows.*

7. Indica si la siguiente afirmación es verdadera o falsa: No es conveniente tener aplicaciones abiertas que no estemos usando mientras trabajamos con otras aplicaciones.

- Verdadero
- Falso

8. Si el dispositivo no enciende...

a. ... puede no estar bien conectado a la corriente.
b. ... puede que la batería esté estropeada.
c. ... puede ser un fallo de la fuente de alimentación del equipo.
d. Todas las opciones son correctas.

9. La fragmentación del disco de sistema puede provocar:

a. Alta temperatura.
b. Pérdida de rendimiento.
c. Ruidos provocados por el disco duro.
d. Intervalos o pitidos constantes.

10. ¿Qué debemos procurar antes de utilizar la restauración de modo fábrica?

a. Limpiar y organizar el dispositivo.
b. Desinstalar los programas que no usamos.
c. Crear copias de seguridad y guardarlas en otro dispositivo.
d. Borrar el historial del navegador.

Glosario

Actualización

Debido al continuo avance de la tecnología, los programas suelen incluir periódicamente nuevas herramientas o solucionan fallos de una versión concreta. A la instalación de todas estas novedades o mejoras se le llama "actualización". Puede usarse como sinónimo de "parche", pero no es lo mismo que una versión de programa. Una actualización suele estar formada por distintas partes, nuevas o mejoradas, de un programa. Por ello, su instalación se realiza sobre el programa instalado.

Alojamiento

Es el servicio que provee de un espacio de almacenaje en un servidor web para guardar toda la información de una página o sitio web. Es lo que se suele llamar alojamiento web o, en inglés, *web hosting.* Se trata de una analogía con el hospedaje de personas en hoteles, en este caso son las páginas web las que se alojan u hospedan en un espacio del servidor.

Atajo de teclado

También llamados "métodos abreviados de teclado", son una combinación de teclas que, al ser pulsadas a la vez o en secuencia, realizan una función de forma automática ahorrando más tiempo que si lo ejecutamos a través de la interfaz gráfica. Existen atajos de teclado estandarizados, concretos de un *software,* incluso, personalizables.

Autenticación/autentificación

Es el proceso que seguir para tener acceso a un sistema o red. Este proceso pretende identificar al usuario (nombre de usuario) y autenticar, es decir, demostrar que el usuario es quien dice ser (contraseña). Existen distintos métodos de autentificación y combinaciones de estos.

BIOS

Siglas en inglés de *Basic Input Output System,* sistema básico de entrada y salida. Es fundamental para el arranque del ordenador, ya que es lo que le explica al *software* cómo manejar el *hardware,* por lo que se activa nada más encender el equipo. El BIOS dispone de opciones de configuración. Para acceder a ellas debemos pulsar la tecla SUPR o alguna de las teclas de funciones, dependiendo del equipo, antes de que inicie el sistema operativo.

Blog

Son páginas web donde el autor, llamado bloguero, publica regularmente artículos cortos sobre temas específicos a su elección. Los blogs se han popularizado, ya que permiten que cualquier persona tenga un espacio en internet donde expresar sus intereses, experiencias u opiniones. Existen multitud de compañías que ofrecen un servicio para la publicación de estos contenidos, sin necesidad de tener que realizar la parte técnica de la creación de la web, como por ejemplo *Blogger.*

Caracteres especiales

Los caracteres son símbolos o gráficos que se utilizan para componer los diferentes alfabetos (a, b, c, d, etc.). También utilizamos otros caracteres que tienen sentido universal como (%, €, &, etc.). Estos últimos son lo que llamamos "caracteres especiales". En un teclado podemos encontrar algunos caracteres especiales (+, -, *, /, @, #, etc.). Los distintos lenguajes informáticos también han desarrollado sus propios caracteres para identificar de forma gráfica algunas funciones.

Chat

Proviene de la palabra inglesa *chatter,* que significa "charla" o "conversación". Los chats son aplicaciones de mensajería instantánea que permiten mantener una conversación entre varios usuarios. Como ejemplos podemos indicar aplicaciones como *WhatsApp o Google Chat.*

Código de programación

Es el lenguaje utilizado para que funcionen los ordenadores. Este código puede ser:

- Código fuente: un lenguaje más sencillo de interpretar por las personas.
- Código binario: es el lenguaje que entiende la computadora.

Habitualmente, se programa en código fuente y luego se traduce a código binario. Los códigos también se pueden clasificar en:

- Código abierto: aquel que permite su copia, análisis y modificación por cualquier persona.
- Código cerrado: que solo puede ser modificado por su autor.

Cuenta de usuario

Un usuario es la persona que utiliza un sistema. Por seguridad, el usuario deberá identificarse antes de acceder al sistema, por lo que será necesario estar en posesión de un nombre de usuario o cuenta asociada a una contraseña. Una cuenta de usuario, en definitiva, nos permite identificarnos en un sistema para acceder a una parte de los recursos.

Driver

Es un controlador de dispositivo, es decir, un *software* que comunica los distintos elementos del dispositivo y sus periféricos con el sistema. Estos programas, además de asegurar que el sistema entiende y maneja estos dispositivos, permiten a los usuarios configurar características concretas de los mismos. Por ejemplo, controlar el volumen de las tarjetas de sonido.

Formato

En informática, el término formato se utiliza para referirse a distintas funciones. Utilizaremos el término "formato de archivo" para distinguir entre los diferentes tipos de función de los archivos (.jpeg, .doc, .exe, etc.). El término "formato de disco duro" se refiere al tipo de sistema de archivo que utiliza, es decir, al *software* que administra la memoria de este dispositivo. Se suele decir que "formateamos" cuando eliminamos la información del disco duro y restauramos el sistema de archivo. También hablamos de "dar formato" cuando elegimos una línea estética para un documento de texto (tipo de letra, fuente, color, etc.).

Interfaz

Significa "superficie de contacto" (en inglés *interface).* Es el mecanismo o herramienta que permite la comunicación entre un ente (sea humano o no) y un ordenador. Utiliza iconos y elementos gráficos como símbolos de la tarea que podemos realizar a través de ellos. Existen dos tipos de interfaces: la física, que utiliza objetos como medio para manejar la computadora (teclado, ratón, etc.), y la gráfica o GUI *(Graphic User Interface),* que emplea elementos gráficos (iconos, botones, ventanas, etc.).

Marketing

Traducido al castellano como "mercadeo" o "mercadotecnia", se basa en el análisis del comportamiento de venta/compra de las empresas y los consumidores. El *marketing* digital estudia esta relación creando estrategias de comercialización en medios digitales.

Microchip

Circuito electrónico, de pocos milímetros de área, también llamado "circuito integrado". El microprocesador es el microchip más complejo de un ordenador, funcionando como su "cerebro".

Placa base

También llamada "tarjeta madre", es la parte fundamental para montar cualquier computadora. Sus microchips gestionan el resto de componentes del equipo, por lo que todo se conecta a ella.

Plataforma

Una plataforma es el conjunto de *software* y *hardware* con el que una aplicación es compatible. Por ejemplo, el sistema operativo iOS es compatible solo con un conjunto de *software* y *hardware:* los equipos Mac de Apple. De la misma forma, Windows es una plataforma para equipos soportados por esta. En estos ejemplos, hablaríamos de plataformas Mac o Windows, es decir, el conjunto de *software* y *hardware* específico para cada una de ellas. También podemos hablar de plataformas web o virtuales, que son espacios donde se pueden ejecutar un conjunto de distintas aplicaciones o programas.

Portal

Es un tipo de sitio web que sirve de punto de partida para navegar en busca de información. Como principal función, los portales pretenden ayudar al usuario a encontrar contenidos de interés. Podemos hablar, por ejemplo, de portales con información institucional, portales para entornos de trabajo, portales de estudiantes, etc.

Protocolo

En informática se refiere a las normas que regulan la comunicación entre dos o más sistemas. Los protocolos son lenguajes o códigos que permiten que los sistemas informáticos se comuniquen eficaz y ordenadamente en el mismo idioma. Por ejemplo, hablaríamos del protocolo TCP/IP (internet), DNS (dominios), HTTP (hipertextos y web) o POP (correo electrónico).

Refrescar

Sinónimo de "actualizar", en informática es el proceso de recargar el contenido de una ventana o página web. Al realizar algún cambio o cuando un proceso no termina de ejecutarse, puede llegar a ser necesario vaciar los datos y volverlos a cargar para ver el contenido actualizado y completo.

Registro

Es un conjunto de datos almacenados en un sistema. En informática, existen distintos tipos de registros, pero todos hacen referencia al mismo concepto de almacenaje, gestión y facilidad de uso de la información.

Sesión

Es el intercambio de información entre una persona y un ordenador. Una sesión tiene una duración no determinada, que comienza y finaliza atendiendo a las necesidades de la persona o del sistema. Por ejemplo, en *Windows* si deseamos cambiar de cuenta de usuario, tendremos antes que cerrar la sesión en la que nos encontremos.

Sincronización

En informática, podemos hablar de sincronización cuando varios procesos se ejecutan a la vez para realizar una tarea, o de sincronización de datos cuando dos dispositivos se actualizan para contener los mismos datos. También puede hacer alusión a la sincronización, ajuste y reproducción correcta de audio y vídeo, de un archivo multimedia.

Sistema

Según la RAE, un sistema es un conjunto de cosas relacionadas entre sí ordenadamente que contribuyen a determinado objeto, es decir, que contribuyen y funcionan como un todo. Aunque, a veces, se utiliza como sinónimo de plataforma, un sistema informático es aquel que permite almacenar y procesar información, utilizando componentes tanto de *software* y *hardware* como personal humano. Por último, el sistema operativo es el *software* principal de un sistema informático.

Telemática

Con este término nos referimos a la combinación de la informática y la tecnología de la comunicación tanto para el envío como para la recepción de datos. Podemos hablar de aplicaciones telemáticas cuando nos referimos a la mensajería instantánea *(WhatsApp)*, al correo electrónico, el *e-Commerce*, etc., aunque el ámbito donde se usa más este término es en el conjunto de aplicaciones de comunicación con entes públicos (Hacienda, por ejemplo).

TIC

Las tecnologías de la información y la comunicación son el conjunto de innovaciones científicas y de ingeniería que se desarrollan actualmente para crear productos que permitan la comunicación digital eficiente.

Usabilidad

Se refiere a la facilidad con que una persona puede manejar una herramienta. En informática, se utiliza como atributo de calidad que mide la facilidad de uso de una interfaz.

Versión

En informática, la versión de un *software* es el título que se le asigna a un programa para indicar lo avanzado que está en su proceso de desarrollo desde su nacimiento o el número de actualizaciones que ha sufrido. Una versión es el programa completo, por lo que suele precisar de la desinstalación de la versión anterior para la instalación de versiones más recientes.

Bibliografía

Monografías

→ CARRETERO, S.; VUORIKARI, R.; PUNIE, Y.: *DigComp 2.1. The Digital Competence Framework for Citizens.* Joint Research Centre. Luxemburgo: Publications Office of the European Union, 2017.

En 2013, la Comisión Europea presentó una propuesta de marco común de referencia para las competencias digitales, con 5 áreas de las que dependen 21 competencias. Esta es su versión más reciente, *DigCom 2.1,* publicada en mayo de 2017.

Textos electrónicos, bases de datos y programas informáticos

→ Creative Commons: Acerca de las licencias CC. Disponible en web: <https://creativecommons.org>.

Una visión de las licencias *Creative Commons* con información sobre cómo otorgar derechos de autor, garantizar la atribución adecuada y permitir que otros copien, distribuyan y hagan uso de trabajos colaborativos.

→ Fundación UPC: *Guía del taller de iniciación a la informática.* Obra Social Fundación "la Caixa", 2008. Disponible en web: <https://fundacionlacaixa.org>.

Esta guía está pensada para aquellas personas mayores que quieran ampliar su formación en el uso de las tecnologías, permitiendo que disfruten de una vida más activa y participativa.

→ Gobierno de Navarra: *Herramientas para principiantes TIC. Acércate a las TIC.* Disponible en web: <https://www.navarra.es>.

"Acércate @ las TIC" es un programa promovido por el Gobierno de Navarra dentro de un plan de actuación que pretende acercar la cultura de la sociedad de la información y de las TIC a la ciudadanía. Esta es una guía básica para principiantes.

- INCIBE: *Guías de ciberseguridad.* Oficina de Seguridad del Internauta (OSI). Disponible en web: <https://www.osi.es>.

  La web de la OSI, dependiente del Instituto Nacional de Ciberseguridad (INCIBE), es una herramienta de información y soporte para la resolución de problemas de seguridad sobre la navegación en internet. Dentro de la web, se destaca un espacio que expone distintas guías descargables con contenidos imprescindibles sobre seguridad.

- Libreoffice: *La ayuda de LibreOffice.* Disponible en web: <https://help.libreoffice.org>.

  En la página oficial de LibreOffice disponemos de un buscador que permite encontrar artículos de ayuda sobre este paquete de programas de código abierto.

- Microsoft: *Soporte técnico de Microsoft.* Ayuda *online* de Microsoft. Disponible en web: <https://support.microsoft.com/>.

  Un buscador que muestra apartados de ayuda publicados por Microsoft.